Hjalmar Johansen hat als Einziger die beiden großen Polarforscher Fridtjof Nansen und Roald Amundsen ins Eis begleitet. Er ertrug Entbehrungen und Gefahren. Mit Nansen überwinterte er neun Monate in einer Hütte am Nordpol, auf einer Südpolexpedition rettete er einen Kameraden vor dem Tod. Aber Johansen stand auch lebenslang im Schatten der beiden berühmten Polarforscher – ein Schicksal, an dem er schließlich zerbrechen sollte.

Ragnar Kvam jr. hat eine fesselnde Biographie geschrieben, die zugleich am Mythos der großen Polarforscher rüttelt und Johansen den Platz einräumt, der ihm in der Geschichte der Polarexpeditionen gebührt.

Ragnar Kvam jr. wurde 1942 in Oslo geboren. Er ist Historiker, Publizist und Abenteurer. 1987 verkaufte er seinen Besitz und brach zu einer mehrjährigen Weltumsegelung auf.

Ragnar Kvam jr.
Im Schatten

Die Geschichte des Hjalmar Johansen, des »dritten Mannes« zwischen Fridtjof Nansen und Roald Amundsen

Aus dem Norwegischen von Knut Krüger

Berliner Taschenbuch Verlag

Januar 2002
BvT Berliner Taschenbuch Verlags GmbH, Berlin,
ein Unternehmen der Verlagsgruppe Random House GmbH
Die Originalausgabe erschien 1997 unter dem Titel
Den tredje mann
bei Gyldendal Norsk Forlag ASA, Oslo
© 1997 Gyldendal Norsk Forlag ASA, Oslo
Für die deutsche Ausgabe
© 1999 Berlin Verlag, Berlin
Alle Rechte vorbehalten
Umschlaggestaltung: Nina Rothfos und Patrick Gabler, Hamburg,
unter Verwendung einer Photographie von © Aschehoug
Gesetzt aus der DTL Haarlemmer durch psb, Berlin
Druck & Bindung: Elsnerdruck, Berlin
Printed in Germany · ISBN 3-442-76018-6

INHALT

ERSTER TEIL: AUFRUHR
7

ZWEITER TEIL: JAHRE DER SUCHE
59

DRITTER TEIL: VORWÄRTS
115

VIERTER TEIL: TRIUMPH
171

FÜNFTER TEIL: NIEDERLAGE
241

LETZTER TEIL: TRAGÖDIE
287

NACHWORT
319

Dank 327
Literaturangaben 328
Quellen 330
Bildnachweis 331
Karten 332

ERSTER TEIL

AUFRUHR

1 Hjalmar Johansen sah, wie die erschöpften Hunde eine Blutspur im Schnee hinterließen, und er wußte, einige von ihnen würden bald sterben. Seit mehreren Tagen hatten sich Männer und Hunde bei minus fünfzig Grad und beißendem Nordwestwind vorwärtsgekämpft.

Der Wind schliff die Schneekristalle zu scharfen Messern, die in die Pfoten der Hunde schnitten. Hin und wieder hielten sie an, um sich die Wunden zu lecken, und Hjalmar mußte vom Schlitten steigen, um sie weiterzutreiben.

Die Eiswüste ließ alles um Hjalmar und sein Hundegespann verschwimmen. Himmel und Schnee gingen ineinander über; die niedrigstehende Sonne nahm ihnen die Sicht, als wären die Augen voller Sand. Alles war unendlich weiß, nur das Blut zog eine Spur durch den Schnee.

Hjalmar hatte Frostbeulen an Fingern und Nase, doch das kümmerte ihn nicht; schlimmer wäre es, würden die Zehen und Fersen erfrieren, die während der Schlittenfahrt so schwer warmzuhalten waren.

Er hatte kein Zeitgefühl mehr; seine Uhr war in der Kälte stehengeblieben. Aber was bedeutete Zeit für ihn – seinetwegen konnten die Sekunden erstarren. Er war ins Eis zurückgekehrt, in die geliebte polare Einöde, deren Stille die Einsamkeit beschützte. Hier fühlte er sich wieder lebendig und plagte sich im Kampf gegen den ewigen, unerbittlichen Schnee, wie damals vor fünfzehn Jahren, als er mit Fridtjof Nansen das Nordpolarmeer überquerte.

Nun aber hatte Hjalmar sich Roald Amundsen angeschlossen. Einige Tage zuvor, am 8. September 1911, waren sie zu acht gestartet. Ihr Ziel war der Südpol. Doch die Kälte war so schlimm geworden, daß sie Hals über Kopf hatten umkehren müssen. Auf dem Rückweg war die Mannschaft in ihrer Panik auseinandergerissen worden, denn es ging um Leben und Tod. Die robustesten Männer gingen voran, die schwächeren fielen zurück.

Hjalmars Hunde wurden plötzlich langsamer, und er begriff, daß sie eine Pause benötigten. Das Gespann sah besorgniserregend aus: Liket und Dæljen waren völlig entkräftet, und um Uranus und Neptun stand es nicht viel besser. Die arme Kamilla war schon wieder auf dem Packeis zurückgeblieben.

Er öffnete eine Kiste und gab den Hunden etwas Pemmikan. Normalerweise stritten sich die Tiere ums Futter, aber jetzt waren sie kaum in der Lage, etwas herunterzubekommen. Er selbst aß Kekse, die einzige Nahrung, die noch übrig war.

Doch Hjalmar konnte nicht warten. Er mußte weiter, das war seine Pflicht. Von den zwölf Hunden, mit denen er losgefahren war, konnten acht immer noch ziehen. Er brüllte und schrie, tätschelte und streichelte sie, bis sie sich endlich wieder in Bewegung setzten.

Wie er diese Hunde umsorgt hatte! Er hatte ihr Vertrauen gewonnen, ja sogar ihre Liebe. Manchmal schien es ihm, als wäre es leichter, mit Hunden zu sprechen als mit Menschen. Wenn er seine Hände in ihrem dichten Fell vergrub, konnte er unter den kalten Sternen sitzen und von seinen Sehnsüchten erzählen, die so stark geworden waren, weil ihm das Leben so oft jede Illusion geraubt hatte, von dem brennenden Wunsch, etwas zustande zu bringen, das er selbst und andere respektieren konnten. Er hoffte, von dieser Südpolexpedition gestärkt zurückzukehren, um den Menschen, die er zu Hause enttäuscht hatte, endlich ins Gesicht sehen zu können.

Die Fahrt mit der *Fram*, die Schlittenexpedition mit Fridtjof Nansen bis 86° 14' nördlicher Breite sowie die Überwinterung in einem Doppelschlafsack in der Steinhütte auf Franz-Josef-Land

Hjalmar in seinem Reich. Mit dem Leben in der Zivilisation kam er nicht zurecht, und deshalb sehnte er sich immer in die polare Einöde zurück.

hatten aus ihm einen nationalen Helden gemacht, dem alle Türen offenstanden. Er hatte seine Jugendliebe geheiratet – sie, die drei Jahre in Angst gelebt hatte, während er sich oben im Eis aufhielt. Kaum hatte er die Braut erobert, war er zum Hauptmann des Heeres ernannt worden, ein Rang, den er angestrebt hatte, auf den man stolz sein konnte und der es ihm ermöglichte, seine Frau und die vier Kinder zu versorgen, die so schnell hintereinander gekommen waren. Aber alles war ihm wieder entglitten; auf merkwürdige Weise war alles in seinen Händen zerfallen, die Familie und seine Stellung; er versuchte es zu verstehen, aber es gelang ihm nicht, obwohl er in seltenen Momenten zur Selbstkritik fähig war. Eine Frage ließ ihn indes nicht los: Gab es am Ende Menschen, die ihm Steine in den Weg legten? Dieser Verdacht erfüllte ihn mit Bitterkeit.

Er betrachtete erneut seine Hunde. Es war lange her, daß er

sie mit dem Schwanz wedeln gesehen hatte. Ihr Elend schmerzte ihn; als hätte jemand den Stolz aus ihren zitternden Leibern herausgerissen.

Niemand konnte behaupten, er hätte Roald Amundsen nicht gewarnt, so frühzeitig aufzubrechen. Bei dieser Kälte wäre die Schlittenexpedition ein Vabanquespiel, hatte er gesagt, am schlimmsten würde es für die Hunde werden. Man dürfe doch nicht immer nur an das eine denken: den Südpol vor den Engländern zu erreichen.

Amundsen aber hatte sich unnachgiebig gezeigt. Die Sonne war nach der dunklen Zeit gerade erst zurückgekehrt, als er den Befehl zum Aufbruch gen Süden gab. Blind vor Ehrgeiz, Kapitän Robert F. Scott beim Wettlauf zum Pol hinter sich zu lassen, hatte der sonst so gewissenhafte Organisator die üblichen Vorsichtsmaßnahmen vernachlässigt. Jetzt stand Hjalmar Johansen da und starrte auf das Ergebnis: ein zugrunde gerichtetes Hundegespann.

Der frühe Aufbruch und die niedrigen Temperaturen setzten nicht nur Johansens Hunden zu; die Kälte wütete in allen Gespannen. Beim Versorgungsdepot, das sich 80° südlicher Breite befand, hatte auch Amundsen, nachdem sie sechs Tage lang unterwegs gewesen waren, einsehen müssen, daß sie nicht weiter konnten, und den schnellstmöglichen Rückzug zum Basislager nach Framheim angeordnet. Den Südpol mußte man für dieses Mal verloren geben. Jetzt galt es zu retten, was noch zu retten war – auch die Hunde.

Dennoch waren es nicht die Hunde, die Hjalmar Johansen in diesem Moment am meisten beschäftigten. Es war Kristian Prestrud.

Als sie am letzten Tag des Rückzugs morgens um sieben Uhr das Lager verließen, sollte der jüngste Expeditionsteilnehmer, Oberleutnant Kristian Prestrud, sich Johansen anschließen. Von

Prestruds Hunden waren inzwischen so viele erschöpft oder verendet, daß sein Gespann nicht mehr einsetzbar war. Auch Prestrud selbst war stark angeschlagen. Er hatte Erfrierungen an Beinen und Füßen und brauchte Hilfe, um mit den anderen Schritt zu halten.

Der junge Leutnant hatte sich mit einer Leine an Johansens Schlitten gebunden und auf Skiern mitziehen lassen. Eine Weile hatte das ganz gut funktioniert, doch dann konnten die Hunde das zusätzliche Gewicht nicht mehr bewältigen, und ihr Gespann war hinter den anderen zurückgefallen.

Sie waren davon ausgegangen, daß Amundsen sicherlich warten würde, wie üblich, wenn einer zurückblieb. Doch je länger sie fuhren, desto einsamer fühlten sie sich; und als sie nach beschwerlichen zwanzig Kilometern die anderen immer noch nicht in Sichtweite hatten, hatte Hjalmar beschlossen, den Weg allein, ohne Prestrud, fortzusetzen. Er wollte die anderen einholen und sagen, es sei unmöglich, zu zweit mit nur einem Schlitten vorwärtszukommen. Währenddessen sollte Prestrud auf seinen Skiern hinterherstapfen, bis auch er zu den anderen aufgeschlossen hatte.

Der eisige Wind aus Nordwest fuhr mit minus fünfzig Grad durch Kleider und Felle. Männer und Hunde litten erbärmlich, einige mehr als andere. An der Spitze: der Chef, der an einem Seil vom schnellsten Schlitten gezogen wurde. Ganz hinten: Prestrud, der erfrieren würde, wenn er keine Hilfe bekam.

Hjalmar brauchte lange, um zu den Vorderleuten aufzuschließen, und machte nur der Hunde wegen ab und zu eine Rast. Schließlich erreichte er den letzten Mann vom Haupttroß, Sverre Hassel, den Amundsen mitgenommen hatte, weil er ein Experte für Polarhunde war.

Hassel war sowohl Schiffskapitän als auch Steuermann und hatte in den Jahren 1898–1902 an Otto Sverdrups großer Expedition zur Ellesmere-Insel westlich von Grönland teilgenommen, die auch als zweite *Fram*-Expedition bekannt ist.

Es war ein Uhr mittags. Hassel wußte nicht, wo der Chef war. Hjalmar tobte und zeigte sich verbittert über Amundsens Rücksichtslosigkeit, der sie allein zurückgelassen hatte. Hassel gab ihm recht.

Fast eine Stunde lang redeten sie miteinander. Als Hassel aufbrechen wollte, sagte Hjalmar, man müsse auf Prestrud warten. Hassel lehnte dies jedoch ab. Angesichts der ungefähr dreißig Kilometer, die sie noch immer von Framheim entfernt seien, ziehe er es vor, die Fahrt fortzusetzen. Die Qualen seien doch dieselben, ob sie nun von zwei oder drei Leuten geteilt würden, meinte er.

Um Hassels Hunde stand es ebenfalls schlecht. Einer konnte nicht mehr weiter, und drei andere trotteten mit Mühe neben dem Schlitten her, als Hassel aufbrach.

Hjalmar blieb allein in der windgepeitschten Einöde zurück. Er hatte die Hunde angetrieben, um seine Kameraden einzuholen, doch der einzige, auf den er gestoßen war, hastete einfach weiter.

Er blinzelte in Richtung Süden, wo Schnee und Himmel verschmolzen, und wartete auf den Mann, der auf Skiern nachkommen sollte. Dann betrachtete er die Hunde, ging geduldig von einem zum anderen. Ihre Pfoten bluteten immer noch.

Hjalmar ließ seinen Blick die blutigen Hundespuren entlang zurückschweifen, um zu sehen, ob er Prestrud nicht doch ausmachen konnte. Aber die Zeit verstrich, und Prestrud kam nicht.

Hjalmar war außer sich. Was zum Teufel fiel dem Chef ein? Warum achtete er nicht das oberste Gebot einer Polarexpedition: die Mannschaft zusammenzuhalten? Hier kämpften sich acht erschöpfte Männer in einem Gebiet vorwärts, in dem binnen Minuten ein Sturm losbrechen konnte, und der Chef hielt keine Verbindung zu den anderen Expeditionsteilnehmern?

An Oscar Wistings Schlitten gebunden, hatte Amundsen an diesem Tag die Nachzügler abgehängt, und das, obwohl es immer noch fünfundsiebzig Kilometer bis nach Framheim waren. Verschwendete er keinen Gedanken an die Schwächsten der Gruppe? Daß auch die anderen Hals über Kopf davonzogen, um mit ihrem Meister Schritt zu halten, machte die Situation nicht besser.

Während er auf dem Schlitten saß und die Hunde versorgte, begriff Hjalmar, daß er der einzige war, der auf Prestrud warten würde. Sie beide mußten sich allein bis nach Framheim durchschlagen. Er hatte weder einen Petroleumkocher noch Paraffin oder Kochgeschirr – dies alles befand sich auf den anderen Schlitten. Und ein Zelt hatte er erst, seit Hassel ihm eines überlassen hatte. Und Prestrud, womit konnte er sich helfen, während er ohne Hunde auf seinen Skiern durch Schnee stakte, der so trocken und fein war wie der Sand der Sahara?

Das einzige, das sie retten konnte, waren einige sogenannte Schlittenkekse, ein Schlafsack und jetzt, nach der Begegnung mit Hassel, ein Zelt.

Ohne Verpflegung und mit mangelhafter Ausrüstung konnte es für beide den Tod bedeuten, wenn sie ein Lager aufschlügen. Ohne Petroleumkocher besaßen sie keine Wärmequelle, also konnten sie sich auch nichts zu trinken beschaffen; in der Schneewüste quält einen der Durst wie unter der sengenden Tropensonne. Auch wenn sie sich viel langsamer bewegten als die anderen, *mußten* sie noch am selben Tag nach Framheim zurückkehren. Aber wo war Prestrud geblieben?

Hjalmar starrte vor sich hin. Eine erniedrigende Erinnerung quälte ihn. Es war auf der Fahrt mit Nansen gewesen. Sie hatten die *Fram* verlassen und bewegten sich auf den Nordpol zu. Plötzlich öffnete sich ein Spalt vor ihnen, und beim Versuch, diesen schnell zu überqueren, brach er bis zur Hüfte ins Eiswasser ein. Er kletterte sofort wieder heraus, aber es waren minus dreißig Grad, und innerhalb von Sekunden gefroren seine Kleider zu einem Panzer. Hjalmar wollte seine Hosen ausziehen und in den Schlafsack kriechen, um sich aufzuwärmen. Als er Nansen fragte, ob sie nicht ein Zelt aufschlagen könnten, fauchte der ihn an: »Herrgott, wir sind doch keine Weiber!«

Hjalmar zuckte zusammen, biß die Zähne aufeinander und folgte, blau vor Kälte, Nansen, der die Hundepeitsche schwang und unbeirrt weiterfuhr.

Mit dem Wort »Weiber« hatte Nansen ihn als *Schwächling* bezeichnet; dies war es, was Hjalmar nicht vergessen konnte.

Wie auch immer, Nansen besaß seinen vollen Respekt, soviel war klar, er war doch sein Freund. Aber damals hatte er, Hjalmar, geschuftet wie ein Bär, hatte ohne zu murren zwei schwere Schlitten gezogen – Nansen jedoch nur einen –, nur um dann gesagt zu bekommen, er sei ein Waschlappen.

Und jetzt Amundsen – der sich während des strapaziösen Rückwegs den Schlitten mit den besten Hunden ausgesucht und den anderen mitgeteilt hatte, sie sollten ohne Unterbrechung nach Framheim fahren, das mindestens zwei Tagestouren entfernt lag.

Es war, als würde der Chef vor der tödlichen Kälte fliehen, ohne daran zu denken, daß einige seiner Männer weder über Proviant noch Zelt, Kocher oder Geschirr verfügten.

Das war eines Expeditionsleiters nicht würdig.

Erneut biß Hjalmar Johansen die Zähne zusammen, wie damals im nördlichen Eis. Dann sah er endlich Leutnant Prestrud kommen.

2 Hjalmar war völlig durchgefroren. Zwei Stunden hatte er auf Prestrud gewartet und immer wieder versucht, sich warmzuklopfen, was jedoch nicht geholfen hatte.

Nicht nur die Kälte in seinem Körper machte ihm zu schaffen; er hatte das Gefühl, als ob etwas völlig aus dem Ruder gelaufen sei. Wie hatte der Leiter der Expedition sich nur einfach davonmachen und die Gemeinschaft der Männer zerstören können, die so unerschütterlich zusammengehalten und nur ein Ziel vor Augen gehabt hatten, seit sie vor Monaten aufs Packeis gegangen waren: den Südpol für Norwegen zu erobern.

In einer gottverdammten Gegend, in die nie zuvor jemand seinen Fuß gesetzt hatte, bei Temperaturen, denen die Hunde reihenweise zum Opfer fielen, hatte der Chef offensichtlich vergessen, daß eine Kette nur so stark war wie ihr schwächstes Glied. War nicht der Chef selbst jetzt dieses Glied?

»Herrgott, wir sind doch keine Weiber!« hatte Nansen gesagt. Nein, dem Herrgott sei Dank dafür.

Kristian Prestrud erreichte den Schlitten in einem erbärmlichen Zustand. Er litt sehr unter seinen Erfrierungen.

Schon seit mehreren Tagen hatte Prestrud das Nachtlager stets als letzter erreicht. Er hatte die schlechtesten Hunde und war vielleicht auch selbst nicht der Widerstandsfähigste. Vor der letzten Etappe hatten sie seine verbliebenen Hunde auf die anderen Gespanne verteilt und seinen Schlitten auf den von Hassel gelegt.

Inzwischen war es halb vier. Seit fünf Uhr morgens hatten sie weder etwas getrunken noch etwas Warmes gegessen. Normalerweise machten die Männer gegen Mittag eine Pause, um heiße Schokolade zu trinken und zu warten, falls jemand zurückgeblieben war. Doch heute war alles anders.

Prestrud war enttäuscht und fühlte sich gedemütigt. Er war so stolz darauf gewesen dabeizusein. Als Amundsen seine Mannschaft für diese Expedition zusammenstellte, hatte er zu den ersten gehört, die berücksichtigt worden waren. Jetzt aber, zusammengesunken und zitternd vor Kälte, wurde ihm eines klar: Er war der Verlierer, der Klotz am Bein der anderen, die ihn im Vertrauen darauf, daß Hjalmar Johansen, der berühmte Polarfahrer, sich seiner annehmen würde, bereits aufgegeben hatten. Jetzt war er dem Helden der Nansen-Expedition ausgeliefert, denn was blieb ihm in seinem entkräfteten und hilflosen Zustand anderes übrig, als auf Hjalmars Fähigkeiten zu vertrauen?

Und an diesen zweifelte er nicht. Sein Respekt vor Hjalmar Johansen war unerschütterlich. Den hatte er nicht von anderen übernommen, sondern selbst gewonnen.

Kristian Prestrud hatte die Marineakademie absolviert und einige Jahre als Offizier auf einem Panzerkreuzer gedient. Er war ein versierter Navigator und Skiläufer, aber ein Grünschnabel im arktischen Eis.

Seit Roald Amundsen und seine Männer im Januar 1911 das Polarschiff *Fram* verlassen hatten und bei der Bay of Whales an Land gegangen waren, um das Lager Framheim zu errichten, in dem sie überwintern wollten, bevor sie zum Südpol vorstießen, hatte der junge Marineleutnant Hjalmars Umgang mit den Hunden und der Ausrüstung beobachtet. Die Grundregeln einer Polarexpedition erlernte er vor allem bei den anstrengenden Depot-Touren auf die Schelfeisplatte, die sie unternommen hatten, bevor die Polarnacht hereingebrochen war.

Während der zweiten Depot-Tour im Februar/März waren die Temperaturen unter minus vierzig Grad gesunken. Hjalmar nahm sich deshalb vor, nach seiner Rückkehr in Framheim einen Doppelschlafsack anzufertigen. Die neun Monate mit Nansen in der Hütte auf Franz-Josef-Land hatten ihn gelehrt, daß zwei Männer es wärmer hatten, wenn sie zusammen in einem Schlafsack lagen, anstatt jeder in seinem eigenen.

Amundsen hatte für den Doppelschlafsack von Anfang an nur Verachtung übrig. Diesem introvertierten Mann, der kaum Gefühle zeigen konnte, muß allein schon der Gedanke, den Schlafsack mit jemandem zu teilen, Unbehagen verursacht haben. Auch die meisten der anderen Teilnehmer hatten nicht viel von der Idee gehalten, aber Prestrud, der den Erfahrungen Johansens vertraute, hatte sich überzeugen lassen. Er bereute es nicht.

Sie aßen einige Kekse und machten sich zur Weiterfahrt bereit. Dæljen war mittlerweile so erschöpft, daß Hjalmar den Hund auf den Schlitten setzen mußte.

Aus Erfahrung wußten sie, daß der Untergrund jetzt heimtückisch wurde. Sie näherten sich einem Gebiet mit tiefen Rissen im Eis; ein Fehltritt konnte hier fatale Folgen haben. Auf der dritten Depot-Tour hatten sie sich damals im dichten Nebel verlaufen. Während sie wie Blinde umhertasteten, waren zwei von Hjalmars Hunden in eine Eisspalte gestürzt. Die Männer hatten sich daraufhin aneinandergebunden, damit ihnen nicht dasselbe passierte. Nun aber besaßen sie nicht einmal ein Seil, und so würde wohl das Schicksal über ihr Fortkommen entscheiden.

Prestrud sollte auf Skiern neben dem Schlitten hergehen, aber seine Beine waren so steif, daß er nicht Schritt halten konnte. Von Zeit zu Zeit mußte Hjalmar anhalten und warten.

Hungrig und abgemagert schleppten sich die Hunde über das Eis, während das Schlittengeschirr in ihre Seiten stach. Hjalmar trieb sie nicht mehr mit der Peitsche an; sie waren zu müde, als daß ihnen Hiebe etwas ausgemacht hätten. Er mußte ihnen klarmachen: Wenn *er* konnte, dann konnten sie auch, Schritt für Schritt, Meter für Meter.

Da plötzlich, vor ihnen, ein Gegenstand, ein anderer Schlitten, ein Mann! Das mußte Wisting sein. War der Chef am Ende doch so besonnen gewesen, ihn warten zu lassen? Wisting hatte ja den Petroleumkocher und das Kochgeschirr auf seinem Schlitten. Falls sie doch gezwungen wären, das Zelt über Nacht aufzuschlagen, könnten sie also Schnee schmelzen. Auch die Hunde schienen Witterung aufzunehmen, denn es ruckte leicht im Geschirr. Hjalmar drehte sich freudestrahlend zu Prestrud um und signalisierte mit winkenden Armen, er solle sich beeilen. Heiße Schokolade wartete auf sie!

Doch die Freude währte nicht lange. Als er näherkam, erkannte Hjalmar, daß es sich bei dem Schatten, den er von weitem im Schnee ausgemacht hatte, weder um einen Mann noch um einen Schlitten handelte, sondern um vier Hunde, die die anderen vor ihnen zurückgelassen hatten.

Schweigend starrte er auf die vier ausgemergelten, sterbenden Tiere, und mehr denn je wunderte er sich über Amundsens Verhalten.

Minus fünfzig Grad waren schon teuflisch genug, was aber, wenn sie in einem so zerklüfteten Gebiet plötzlich von einem Schneesturm überrascht würden? Hjalmar befürchtete das Schlimmste; mehr als einmal hatte er beobachtet, wie schnell in dieser Gegend selbst bei niedrigen Temperaturen der Wind auffrischen konnte. Es war September, was dem März auf der nördlichen Halbkugel entspricht. In dieser allerfrühesten Phase des Frühlings war die Zeit der Winterstürme noch nicht vorbei.

Weit vor ihnen hasteten die versprengten übrigen Mitglieder von Amundsens Südpolexpedition voran. An der Spitze befand sich Helmer Hanssen aus Vesterålen. Er hatte zur Besatzung der *Gjøa* gehört, als Roald Amundsen in den Jahren 1903–1906 die Nordwestpassage eroberte. Er war gelernter Steuermann und, falls dies überhaupt möglich war, ein noch besserer Schlittenhundeführer als Hassel und Johansen. Hanssen war zwar der schnellste, doch auch er litt Qualen auf seinem Schlitten. Wie Prestrud hatte er schlimme Erfrierungen an den Füßen, insbesondere der rechten Ferse.

Ihm folgte unmittelbar das Gespann Oscar Wistings mit Amundsen im Schlepptau. Besonders während der zweiten Depot-Tour hatte Amundsen gezeigt, daß er nicht in der Lage war, ein Hundegespann zu führen; bei seinem ersten Vorstoß zum Pol hatte er deshalb nur Skier mitgenommen.

Wisting stammte aus Horten und war Kanonier bei der Marine gewesen. Auch er war gelernter Steuermann, aber kein erfahrener Skiläufer oder Hundeführer, als er Norwegen verließ. Doch er fühlte sich wohl in der Kälte und lernte schnell. Wisting sollte mit der Zeit zu Amundsens aufopferungsvollstem Begleiter werden.

Weit hinter diese Vorhut zurückgefallen, einsam und jeder für sich, fuhren Jørgen Stubberud, Olav Bjaaland und Sverre Hassel. Genau wie Hjalmar fragten sie sich, was hier eigentlich vor sich ging, denn eine Expedition dieser Art hatten sie noch nie erlebt.

Stubberud war Tischler. In Amundsens Heimatort, draußen in Svartskog, hatte er eine Hütte aus großen Fertigteilen gezimmert, die sich jetzt in Framheim befand.

Stubberud hatte am längsten versucht, mit den Vorderleuten mitzuhalten, aber je stärker er seine Hunde antrieb, desto langsamer wurden sie, und schließlich wollten sie nicht weiter. Er wußte, daß er mit Hunden nicht besonders gut umgehen konnte, und als er sie in der Hoffnung, sie würden sich wieder aufrappeln, zu füttern versuchte, wurde alles nur noch schlimmer, weil die Tiere glaubten, er wolle ein Lager aufschlagen. Stubberud war der dritte in der Mannschaft, der schwere Erfrierungen erlitten hatte. Wie Hanssen hatte er heftige Schmerzen in den Füßen, besonders in der linken Ferse.

Während die Hunde regungslos vor dem Schlitten standen und er mutterseelenallein in dem großen, unbekannten Nichts war, malte sich auch Stubberud aus, was geschehen könnte, wenn der Wind auffrischte. Wie Prestrud war er ein Neuling im

Polargebiet, hatte inzwischen aber gelernt, daß jederzeit unvermittelt ein Sturm losbrechen konnte. Auf seinem Schlitten befanden sich weder Brennmaterial noch Petroleumkocher, Zelt oder Proviant. In Anbetracht der unbrauchbaren Hunde blieb ihm nichts anderes übrig, als auf die Nachzügler zu warten. Nach einer Weile hörte Stubberud Hundegebell. Erleichtert sah er, wie sich Olav Bjaalands Gespann näherte.

Hanssen, Wisting und Amundsen hatten mit ihren Schlitten volle Fahrt aufgenommen, kaum daß sie das Lager nach dem Frühstück verlassen hatten, und schon bald hatte Bjaaland von ihnen nur noch eine weiße Wolke am Horizont gesehen. Während er sich vorwärtskämpfte, dachte er über die vielen Hunde nach, die während dieses ersten törichten Vorstoßes zum Südpol der Kälte zum Opfer gefallen waren.

Olav Bjaaland war nicht irgend jemand. Wie Prestrud und Stubberud verfügte er zwar nicht über Polarerfahrung, doch er hatte den 50-Kilometer-Langlauf von Holmenkollen gewonnen und war zäh wie nur wenige, ein Landwirt und Skibauer aus Morgedal, Sondre Norheims berühmter Ortschaft, von manchen als die Wiege des Skisports bezeichnet.

Als Stubberuds Hunde Bjaalands Gespann bemerkten, erwachten sie zu neuem Leben und schleppten sich weiter, Bjaaland vor der Nase und Stubberud im Rücken.

Von Hassel, Johansen oder Prestrud war nichts zu sehen. Die Männer wußten zwar von Prestruds Erfrierungen und davon, daß Hjalmars Hunde sich in einem denkbar schlechten Zustand befanden, aber gleichwohl waren sie nicht bereit zu warten. Der Rückzug zum Basislager artete folglich in Chaos aus; die meisten kämpften für sich allein und nahmen keine Rücksicht auf die anderen.

Die Mannschaft hatte sich aufgelöst, war letztlich von einem Chef gesprengt worden, der sich mit dem lebenswichtigen Petroleumkocher aus dem Staub gemacht hatte. Erst sein Beispiel war das entscheidende Signal dafür gewesen, daß jeder einzelne – ob mit oder ohne Proviant – auf sich allein gestellt war.

Um vier Uhr nachmittags, nur eine halbe Stunde nachdem Prestrud den wartenden Johansen eingeholt hatte, erreichten Amundsen, Hanssen und Wisting Framheim, wo der Koch Adolf Henrik Lindstrøm sie mit Pfannkuchen und heißen Getränken empfing.

Lindstrøm kam aus Hammerfest und war kein Skiläufer, obwohl er mehr Zeit im Polargebiet verbracht hatte als die anderen. Wie Helmer Hanssen hatte er mit Amundsen auf der *Gjøa* die Nordwestpassage durchquert. Außerdem hatte er als Koch an Otto Sverdrups zweiter *Fram*-Expedition teilgenommen.

Nachdem Amundsen zum Südpol aufgebrochen war, war Lindstrøm allein in Framheim zurückgeblieben, wo er nicht nur sich und die bei ihm verbliebenen Hunde versorgte, sondern auch einige einfache meteorologische Untersuchungen durchführte.

Gegen sechs Uhr kamen Bjaaland und Stubberud im Winterquartier an, ausgelaugt, aber einigermaßen wohlbehalten.

Um halb sieben hielt Hassels Gespann vor der Tür. Einer seiner großen Zehen war erfroren.

Draußen in der Kälte schleppten sich Prestrud und Johansen weiter vorwärts. Das Thermometer zeigte minus einundfünfzig Grad, und es hatte zu schneien begonnen.

Bei Einbruch der Dunkelheit lagen noch achtzehn Kilometer vor ihnen.

3 Wie ein riesiger Gletscher erstreckt sich das Ross-Schelfeis in die Meeresbucht zwischen der König-Eduard-VII.-Halbinsel und Victoria-Land. Allerdings handelt es sich nicht um einen Gletscher im herkömmlichen Sinn, denn das Eis befindet sich auf dem Wasser, nicht auf dem Land.

Wegen ihrer gut dreißig Meter hohen Steilwand, die senkrecht zum nördlich liegenden Meer abfällt, könnte man diese Eisbarriere auch als den größten Eisberg der Welt betrachten, obwohl sie im Osten wie im Westen mit dem Festland verbunden ist und nicht frei im Wasser treibt. Wie eine uneinnehmbare Klippe erstreckt sie sich jenseits aller Bergrücken über fast achthundert Kilometer.

1841 wurde sie von dem britischen Seefahrer James Clark Ross entdeckt, dem es als erstem gelang, mit dem Schiff das Packeis zu durchqueren, das sich wie ein Gürtel um die Antarktis spannt.

Das Schelfeis ist in ständiger Bewegung, und wenn seine Steilwand kalbt und felsgroße Eisstücke ins Meer stürzen, hört es sich an wie Kanonendonner.

Amundsen war ganz ergriffen gewesen, als er vom Deck der *Fram* aus das Ross-Schelfeis zum ersten Mal erblickt hatte.

Hjalmar hatte es für unbezwingbar gehalten.

Doch Amundsen hatte alles genauestens geplant und sich die Beobachtungen anderer Expeditionen zunutze gemacht. Er hatte die einzige Stelle der Eisbarriere angesteuert, an der man an Land gehen konnte: die Bay of Whales. Dort wollte er Framheim errichten.

Die Bay of Whales besaß noch einen weiteren entscheidenden Vorteil. Hier war die Barriere so niedrig und die Steigung so sanft, daß man mit Hilfe von Hundegespannen auf das Plateau gelangen konnte.

Es existierte allerdings nur eine einzige, für Männer und Hunde zwar befahrbare, aber keineswegs leichte Passage auf glattem Eis mit breiten Rissen und tiefen Spalten. Ausbrechende Hunde oder ins Schleudern geratene Schlitten konnten Männer und Gespanne in den Abgrund reißen. In diesem unübersichtlichen Terrain hatten sie im Laufe des Winters bereits mehrere Hunde eingebüßt.

Hjalmar Johansen hatte seine Hunde unzählige Male die Passage hinauf- und hinabgeführt, aber weder er noch die Hunde waren jemals so erschöpft gewesen wie jetzt.

Die Sonne war untergegangen, und gemeinsam mit Kristian Prestrud schleppte Hjalmar sich weiter. Mit der Dunkelheit kam der Nebel und mit dem Nebel etwas Schnee. Die Spuren der anderen waren kaum noch zu erkennen.

Hjalmar mußte zuerst versuchen, den Punkt auf der Schelfeiskante zu finden, von dem aus sie hinuntergelangen konnten, was an sich schon eine schwierige Aufgabe war. Anschließend mußte er den schwer mitgenommenen Prestrud an Rissen und Abgründen vorbeilotsen und gleichzeitig Hunde und Schlitten unter Kontrolle halten. Und schließlich galt es, die Hütte selbst zu finden.

Im Eis war Hjalmar Johansen daran gewöhnt, sich den Problemen zu stellen, wie sie sich ergaben, und auch diesmal wollte er ihnen nicht ausweichen. Selbst unter größter Belastung vermochte er sich klarzumachen, daß alles nur vorübergehend war. Den kompliziertesten Aufgaben begegnete er in der Regel positiv und geduldig wie nur wenige.

Sicherlich hatte er viel gelitten. Die Schlittenexpedition mit Nansen hatte ihre Spuren hinterlassen, ihn aber auch gestählt. Während Nansen nach den Strapazen im Norden bekundet hatte, er sei das letzte Mal in der Arktis gewesen, hatte Hjalmar sich schon bald nach Eis und Schnee zurückgesehnt.

Der große irisch-britische Polarforscher Ernest Shackleton sagte einmal, um erfolgreich zu sein, müsse man drei Eigenschaften besitzen: Optimismus, Geduld und physische Stärke. Mut erwähnte er auch, aber ohne ihm allzuviel Bedeutung beizumessen. Mut sei zwar etwas, das die meisten Teilnehmer an Polarexpeditionen besäßen, doch ohne die drei anderen Eigenschaften sei er ohne Wert.

Das größte Hindernis, das einen Polarfahrer erwarte, so Shackleton, sei die *Enttäuschung*. Die Enttäuschung über Schneestürme im ungünstigsten Moment, defekte Ausrüstungen, zu kleine Essensrationen, frierende Füße und Finger, Expeditionsleiter, die einen im Stich lassen, und Männer, die nicht halten, was sie versprochen haben, und nicht zuletzt: die Enttäuschung, umkehren zu müssen, ohne das Ziel erreicht zu haben.[*]

Optimismus ist die wichtigste Waffe im Kampf gegen Enttäuschungen, er tötet sie ab. Außerdem geht es dem Optimisten nach einem Rückschlag, ob groß oder klein, mehr denn je darum, weiterzumachen. Einen Optimisten wirft so schnell nichts um. Im Gegensatz zu seinem großen, erbitterten Rivalen Robert F. Scott, der den Südpol drei Jahre später erreichte, verfügte Shackleton in hohem Maße über die genannten Eigenschaften. Er verlor zwar den Kampf um den Pol, rettete aber sein Leben gerade deshalb, weil er der Niederlage rechtzeitig ins Auge sah und sich mit ihr auseinandersetzte. Optimismus, Geduld und eine gute Portion Mut gaben ihm die Kraft, sich dem fast unerreichbaren Ziel, das er sich gesteckt hatte, anzunähern, aber auch umzukehren, als er das Scheitern seines Bemühens

---

[*] Diese letzte Enttäuschung kannte Shackleton sehr genau, nachdem er 1909 seinen Versuch, den Südpol zu erobern, nur einhundertsechzig Kilometer vor dem Ziel hatte aufgeben müssen.
Durch seine Expedition wies Shackleton seinen Nachfolgern sozusagen den Weg zum Pol. Und er entdeckte etwas, das niemand mit Sicherheit gewußt hatte: daß der Südpol gut dreitausend Meter über dem Meer liegt. Shackleton ist sozusagen der eigentliche Entdecker des Südpols.

einsah. Scott verfügte bei seiner Niederlage weder über Optimismus noch über Geduld, obwohl er zweifellos mutig war. Doch mehr von Pflichtgefühl als von Verlangen getrieben, machte er nicht kehrt und verlor sowohl den Kampf um den Pol als auch sein Leben.

Jetzt war Amundsen von der Kälte zur Umkehr gezwungen worden. Sein früher Aufbruch von Framheim und sein Verhalten während des Rückzugs hatten seinen Mangel an Geduld bewiesen. Auf der Eisbarriere war man nun einer Katastrophe bedrohlich nahe. Denn während Amundsen wieder in Framheim war und Pfannkuchen aß, mobilisierte Hjalmar Johansen die letzten Kräfte, um sein Leben und das von Kristian Prestrud zu retten.

Nur im äußersten Notfall, wenn die Dunkelheit ihn daran hindern sollte, die Passage oder die Hütte zu finden, wollte Hjalmar ein Lager aufschlagen. Dann würde er sich im Doppelschlafsack an Prestrud schmiegen und auf das Tageslicht warten. Vom Aufstellen eines Zeltes konnte keine Rede mehr sein; dazu waren sie zu schwach.

Prestrud war am Ende seiner Kräfte. Hjalmar mußte ihn unentwegt stützen, damit er nicht stürzte und liegenblieb.

Ohne etwas zu trinken, bei mörderisch niedrigen Temperaturen, hatte Prestrud auf seinen verletzten Beinen mehr als fünfzig Kilometer zurückgelegt. Von der Mannschaft war er der einzige, der die gesamte Strecke *gelaufen* war, abgesehen von ein paar Kilometern zu Beginn, als Hjalmars Hunde noch stark genug gewesen waren, auch ihn zu ziehen. Diejenigen, die jetzt im Lager waren, hatten auf ihren Schlitten gesessen oder sich die meiste Zeit über ziehen lassen.

Die beiden Männer erreichten die schmale Passage, die vom Plateau aus hinabführte. Hjalmars unbändiger Wille und seine untrügliche Intuition im Eis hatten ihn nicht im Stich gelassen. Jetzt aber, fürchtete er, erwartete sie mit dem Abstieg das schwerste Stück Arbeit. Sich hier zurechtzufinden war selbst bei Tageslicht schon kompliziert genug.

Dann ging es bergab; Hunde, Zugleinen und Schlitten waren ein einziges Wirrwarr, und Prestrud bewegte sich so unsicher, daß Hjalmar ihn zeitweise huckepack nehmen mußte. Auch Nansen hatte er schon einmal so getragen.

Hjalmar Johansen war es jedoch gewohnt, seinen Beitrag zu leisten. Sein Schicksal im Eis bestand darin, anderen Menschen zu helfen. Er redete nicht von Taten, sondern führte sie aus. Ohne seine Opferbereitschaft wären Fridtjof Nansen und Roald Amundsen verloren gewesen. In ihrer Welt war er die Nummer zwei, zugleich aber – wie sich erweisen sollte – ihr Retter. Niemals waren die beiden großen Polarhelden Norwegens ihrem eigenen Untergang so nah gewesen wie in den Momenten, als Nansen wider alle Vernunft die *Fram* verließ, um zum Nordpol aufzubrechen, oder als Amundsen, blind vor Sehnsucht nach dem Südpol, von Framheim aufbrach, bevor der Winter seinen eisigen Griff gelockert hatte.

Hjalmar fuhr mit der Hand übers Gesicht. Ein paar Frostbeulen an den Wangen, wunde und aufgesprungene Lippen, nun gut, aber weiter nichts, was Anlaß zur Besorgnis gegeben hätte. Die Füße waren heil und unbeschadet.

Er besaß der Kälte gegenüber offenbar größere Widerstandskraft als viele andere. Nie hatte er Erfrierungen gehabt, weder schwarz verfärbte Zehen noch weiße, gefühllose Fersen. Nur die Finger wurden manchmal in Mitleidenschaft gezogen, besonders wenn er die Hunde versorgte, wozu er die Handschuhe ausziehen mußte. Oder wenn er die Kisten auf dem Schlitten festzurrte.

Auch zu Beginn der Nansen-Expedition war es unangenehm kalt gewesen, genau wie bei diesem Unternehmen. Die Temperaturen waren unter minus vierzig Grad gesunken, und dort, im Packeis, hatten sie sich sogar auf dem Meer befunden, mit sich öffnenden und wieder schließenden Fahrrinnen, aus denen ein feuchter Frostrauch aufstieg.

So kalt wie hier in der Antarktis war es jedoch nicht gewesen. Die Liste mit den Temperatureinträgen für die bisherigen Expeditionstage sah folgendermaßen aus: erster Tag: −42°, zweiter Tag: −43°, dritter Tag: −40°, vierter Tag: −56°, fünfter Tag: −53°, sechster Tag: −60°, siebter Tag: −52°, achter Tag: −52°, neunter Tag: −51°.

Der Fluidkompaß war eingefroren. Die Berechnung des Kurses war immer ein wesentliches Element von Amundsens Expeditionsphilosophie gewesen. Nun fehlte ihm das wichtigste Hilfsmittel jeder Navigation. Auf dem Rückweg nach Framheim konnten sie jedoch zumindest den Spuren vom Hinweg folgen, solange ein Sturm sie nicht verwischte.

Ein Großteil der Ausrüstung war ebenfalls steifgefroren, was die Bedingungen zusätzlich erschwert hatte. Schlafsäcke, das Geschirr der Hunde, Kleider, Taue – alles war wie Keramik, bis die Männer es mit ihrer verbliebenen Körperwärme wieder auftauten. Es war ein allabendlicher Kampf, in den Schlafsack zu gelangen, besonders wenn es sich um einen jener engen, schnürbaren handelte.

Zwei Thermosflaschen waren gefroren und geplatzt. Daß man jedoch zwei Flaschen Schnaps eingebüßt hatte, war schon schwerer zu verdauen. Amundsen hatte einen Genever und einen Aquavit mitgenommen. Eines Abends hatte er Wisting gebeten, Genever vom Schlitten zu holen. Der kam mit einer tiefgefrorenen Flasche zurück. Beim Versuch, sie aufzutauen, zersprang sie. Wisting ging daraufhin zum Schlitten und holte den Aquavit, der ebenfalls steinhart war. Diesmal aber gelang es ihnen, den Inhalt aufzutauen, ohne daß die Flasche zu Bruch ging, und voller Freude prosteten sie sich zu. Doch was für eine

Enttäuschung! Sie hatten sich darauf gefreut, daß der Schnaps Körper und Seele wärmen würde, aber davon war nichts zu spüren. Die Kälte hatte den edlen Tropfen – Lysholm Nr. 1 – in ein ekliges, klebriges Etwas verwandelt.

Der Abstieg von der Eisbarriere gelang. Prestrud klammerte sich an Hjalmar, der sicheren Halt hatte. Die Hunde rutschten mehr, als daß sie liefen, und der Schlitten holperte hin und her. Ab und zu mußte Hjalmar seinen Kameraden allein lassen, um das Gespann zu führen, doch gleich darauf war er wieder bei Prestrud, den er halb trug, halb stützte. Der Leutnant stöhnte jedesmal auf, wenn er das Gewicht auf die eigenen Füße verlagern mußte.

Da Framheim auf der anderen Seite der Bay of Whales lag, mußten die beiden Männer sich auf das Packeis begeben, um weiterzukommen. Doch dort, wo das Eis der Barriere in das des Meeres überging, war es von neuen Rissen durchzogen. Außerdem wurde hier unten am Meeressaum der Nebel noch dichter.

Prestrud löste sich von Hjalmar und torkelte weiter. Das Terrain war nun flacher, und er glaubte, allein zurechtzukommen.

Mit einem Mal sah Hjalmar Prestruds dunkle Gestalt verschwinden. Die irritierten Hunde hielten ruckartig an. Leise fluchend ließ Hjalmar den Schlitten stehen und robbte zu der Eisspalte, die zum Glück nicht tief war. Er bekam Prestrud zu fassen und zog ihn nach oben. Prestrud taumelte weiter, während Hjalmar versuchte, die lethargischen Hunde anzutreiben. Zuerst rührten sie sich nicht vom Fleck, und er mußte widerwillig zu rigorosen Mitteln greifen, damit sie sich wieder in Bewegung setzten.

Prestrud stürzte mehrere Male. Doch das Schicksal schien es gut mit ihm zu meinen, und er entging den tieferen Spalten, die seinen Tod bedeutet hätten. Währenddessen mühte sich Hjalmar damit ab, die entkräfteten Hunde anzutreiben.

Sie erreichten das Meereseis, hatten aber nur eine ungefähre Vorstellung davon, wie spät es war, vielleicht zehn Uhr abends. Dann wären tatsächlich schon fünfzehn Stunden vergangen, seit sie das letzte Mal etwas getrunken hatten. Die Bodenverhältnisse verschlechterten sich spürbar. Ihre Augen konnten in der Dunkelheit und in dem Nebel kaum etwas erkennen. Es gab keine Spuren, keine Markierungen – nur die Kälte. Die Hütte lag Nordost, aber wo war Nordost?

In Framheim hatte man es gemütlich. Während die anderen unterwegs gewesen waren, hatte sich der beleibte Koch Adolf Henrik Lindstrøm in Seelenruhe die Zeit vertrieben. Amundsen hatte für die Polarexpedition hundert Tage veranschlagt, aber dennoch war Lindstrøm nicht sonderlich überrascht, als der Chef, gefolgt von Hanssen und Wisting, nach nur neun Tagen wieder bei der Hütte eintraf. Der berühmteste Koch der norwegischen Polargeschichte hatte schließlich das Thermometer im Auge behalten.

Den eindringlichen Warnungen des Kochs zum Trotz war Amundsen an einem Freitag in Richtung Südpol aufgebrochen – eine Todsünde in den Augen des abergläubischen Lindstrøm. Und jetzt, da Amundsen gescheitert und kleinlaut zurückgekehrt war, konnte er der Versuchung, seinen Triumph etwas auszukosten, nicht völlig widerstehen.

Es gab wenige, die es wagten, auch nur harmlose Späße mit Amundsen zu treiben, der schon über das geringste Anzeichen von Kritik an seiner Person in Wut geraten konnte. Wohl erst recht in einer Situation wie dieser, in der er als Chef und Expeditionsleiter ganz unzweifelhaft versagt hatte, und zwar nicht aufgrund des verdammten Freitags, sondern weil er sich von der Furcht vor Scott und den Engländern zu übereilter Hast hatte hinreißen lassen. Außerdem befanden sich noch mehrere seiner Männer irgendwo da draußen in der Kälte. Obwohl er sich darauf verließ, daß Johansen die Lage unter Kontrolle hatte, konnte man doch nie wissen. Schließlich sah er, daß das Wetter sich verschlechterte.

Als Bjaaland und Stubberud eintrafen, wollte Amundsen sofort wissen, ob sie Johansen und Prestrud gesehen hätten. Stubberud schüttelte den Kopf. Er hatte die beiden nicht zu Gesicht bekommen, seit sie morgens um sieben Uhr das Lager verlassen hatten.

Nicht? – Amundsen war sich jedoch sicher, daß »Johansen als alter erfahrener Polarfahrer« bei diesen schlechten Sichtverhältnissen »die Nacht im Zelt verbringen« würde.

Stubberud entgegnete, Johansen habe weder Zelt noch Kocher auf seinem Schlitten.

Bemerkten die Männer den Anflug eines Zweifels auf Amundsens Stirn? Der Chef setzte sein Vertrauen in den erfahrenen Johansen, obwohl sie diesen allein gelassen hatten, ohne sich zu vergewissern, ob er nicht zumindest über ein Zelt verfügte.

Als dann Hassel mit seinem erfrorenen Zeh durch die Tür humpelte, berichtete er, Johansen habe gegen ein Uhr mittags an der Sechzehn-Meilen-Markierung* zu ihm aufgeschlossen, also etwa dreißig Kilometer von Framheim entfernt. Prestrud habe weit zurückgelegen, weil er aufgrund der Erfrierungen an Füßen und Beinen nicht mehr habe Schritt halten können. Johansen habe auf Prestrud warten wollen, und bevor er, Hassel, weitergefahren sei, habe er Johansen sein Zelt überlassen.

Mit keinem Wort erwähnte Hassel jedoch Johansens Verbitterung über das Verhalten des Chefs. Auch von seiner eigenen Erregung ließ er sich nichts anmerken.

Die Stimmung war gedrückt. Trotz Lindstrøms Gaumenfreu-

---

* Meilen beziehen sie hier auf eine Viertelmeile, die auch einer Seemeile oder 1852 Metern entspricht. Auf der Eisbarriere setzte Amundsen etwa jede fünfte Viertelmeile eine Markierung.

den konnten die Männer die Gedanken an die beiden, die sie im Stich gelassen hatten, nicht beiseite schieben.

In der Zwischenzeit kümmerten sich diejenigen, die Erfrierungen erlitten hatten, um ihre Wunden; Amundsen war eine Art Notarzt. Er hatte in jungen Jahren Medizin studiert, nicht aus eigenem Antrieb, sondern weil er seiner Mutter auf ihren ausdrücklichen Wunsch hin versprochen hatte, Arzt zu werden.

Sie war gestorben, bevor sie bemerken konnte, daß der Sohn keinesfalls daran dachte, sein Versprechen zu halten, und nach ihrem Begräbnis hatte er die Lehrbücher weggeworfen. Roald Amundsen hatte andere Pläne.

Mit einem Skalpell konnte er gleichwohl umgehen, und mit raschen Schnitten öffnete er die Wundblasen an Stubberuds und Hanssens Fersen und an Hassels großem Zeh. Danach drückte er die Flüssigkeit heraus und machte Umschläge mit Borwasser. Die Verletzungen waren so schwerwiegend, daß er die Männer für die kommenden Wochen von ihren Pflichten befreite. Der Zeitpunkt für den nächsten Aufbruch zum Südpol war damit auf unbestimmte Zeit verschoben.

Stunden vergingen. Von Johansen und Prestrud fehlte weiterhin jede Spur. Die Männer in Framheim quälte das schlechte Gewissen.

Jørgen Stubberud tröstete sich mit dem Gedanken, daß Johansen ein Meister seines Fachs sei. Er hatte doch schließlich Nansen begleitet! Hoffentlich schlugen er und Prestrud bei dieser Kälte kein Zelt auf – ohne Wärmequelle und Verpflegung wäre das ein zu großes Risiko.

Auch der wortkarge Morgenmuffel Olav Bjaaland hatte Gewissensbisse. Er glaubte, die beiden hätten bei der Sechzehn-Meilen-Markierung ein Lager aufgeschlagen, und war sich ganz und gar nicht sicher, wie das enden würde. Ihn schauderte bei dem Gedanken an die furchtbare Nacht, die die zwei erwartete.

Sverre Hassel machte sich seine eigenen Gedanken. Er war der letzte, der Johansen gesehen hatte, und teilte dessen heftige Kritik am Chef. Doch als Johansen ihn gebeten hatte zu warten, bis Prestrud sie eingeholt habe, hatte er sich mit der merkwürdigen Begründung geweigert, es sei doch besser, wenn nur zwei litten anstatt drei. Hassel, ein Zollbeamter und äußerst korrekter Mann, ließ sich gleichwohl nichts anmerken.

Oscar Wisting machte sich selten Sorgen, solange der Chef den Anschein der Ruhe wahrte. Am Abend beschlich ihn allerdings Unsicherheit. Er mußte – Hand aufs Herz – wohl einräumen, daß der Chef hätte warten sollen.

Selbst Helmer Hanssen, dem treuesten Gefährten Amundsens von der *Gjøa*-Expedition, waren Zweifel gekommen.

Auch Roald Amundsen war sichtlich nervös, obwohl er die Männer mit dem Hinweis auf Hjalmar Johansens Tüchtigkeit zu beruhigen versuchte. Hassels Information, er habe Johansen sein Zelt überlassen, beruhigte ihn ein wenig. Außerdem wußte Amundsen, daß sich Johansen niemals von seinem Doppelschlafsack trennte, den er selbst im Verlauf des Winters so nachsichtig belächelt hatte.

Je weiter der Abend voranschritt, desto sicherer wurde Amundsen, daß Johansen und Prestrud ein Lager aufgeschlagen hatten. Er redete sich ein, es könne ihnen nichts passieren, solange sie Zelt und Schlafsack besaßen.

Dennoch begab er sich immer wieder in den Windfang, um auf Hundegebell zu horchen. Selbstverständlich war ihm klar, was auf dem Spiel stand, sollte Johansen und Prestrud etwas zustoßen. Es hatte ihn große Überwindung gekostet, sich auf dem Schelfeis für Rückzug zu entscheiden. Für eine so ehrgeizige und empfindliche Natur wie Amundsen kam Umkehr einer Niederlage gleich. Darum mußte er zu großen Worten greifen, um seinen Entschluß im Tagebuch zu rechtfertigen:

»Das Leben von Tieren und Menschen aufs Spiel zu setzen,

nur um den begonnenen Weg halsstarrig fortzusetzen – das würde mir nicht im Traum einfallen. Wollen wir das Spiel gewinnen, muß jeder Zug richtig bedacht sein. Ein falscher Zug – und alles wäre verloren.«

Jetzt hatte er ein paar Züge ausgeführt – doch hatte er einen Fehler begangen, als er Johansen und Prestrud im Stich ließ? Er befürchtete, der Wettkampf um den Südpol wäre verloren, sollte in dieser Nacht jemand im Eis erfrieren.

Draußen auf dem Eis in der Bay of Whales irrten Hjalmar Johansen und Kristian Prestrud in Nebel und Dunkelheit umher. Hjalmar hoffte, die Hunde würden die Fährte der anderen aufnehmen, aber entweder waren sie zu müde, oder das Lager lag noch zu weit entfernt.

Sollten sie sich in den Schlafsack legen und das Tageslicht abwarten? Nein, dazu besaßen sie zuwenig Körperwärme. Sie mußten weiter. Hjalmar ging voran und mobilisierte seine letzten Kräfte. Vielleicht dachte er an Frau und Kinder. Er stapfte ja schließlich nicht nur um seinetwillen hier in der Antarktis herum. Das geschah auch um ihretwillen, für die kleine Familie, die er so schlecht versorgt hatte. Er wußte, daß der Südpol seine letzte Chance war, nach Hause zurückzukehren und aus seinem Leben etwas zu machen.

Nun aber ging es um das Leben eines Freundes. Sie hielten kurz inne, um sich in der Dunkelheit zu orientieren. Die Hunde verfingen sich immer mehr in ihrem Geschirr, und nach und nach gab er es auf, sein Gespann in Ordnung zu halten. Er sah, daß die Tiere nicht mehr wollten – doch sie mußten, und er trieb sie mit der Peitsche weiter.

Er hatte geglaubt, am schlimmsten würde der Abstieg von der Eisbarriere werden, aber die Konturlosigkeit auf dem Meereseis war schlimmer. In der Passage wußte er, wo er sich befand; hier draußen wußte er gar nichts. Hatten sie begonnen, im Kreis zu gehen?

Stundenlang zogen sie weiter, bevor Männer und Hunde plötzlich aufhorchten. Sie hörten Hundegebell. Kaum witterten Hjalmars Hunde ihre Kameraden, zogen sie mit unerwarteter Kraft und preschten mitsamt ihrem Geschirr, Hjalmar und dem hinterherhumpelnden Prestrud über das Eis.

In Framheim sprang Amundsen auf, als er draußen die lärmenden Hunde hörte. Auch Sverre Hassel hatte sich nicht schlafen gelegt. Sie sahen auf die Uhr. Es war nach Mitternacht.

Wie eine geschlossene Nachhut erreichte der letzte Teil der Expeditionsmannschaft die Hütte. Johansen stellte das Hundegespann ab. Der Kilometerzähler hinter dem Schlitten belegte, daß sie an diesem Tag zweiundvierzigeinhalb Viertelmeilen, das heißt fast achtzig Kilometer zurückgelegt hatten.

Hjalmar stützte Prestrud auf den letzten Metern zur Hütte. Plötzlich nahm er Amundsens Gestalt im Windfang wahr, und sofort überkam ihn die Wut. Leise schimpfte er über ihn und darüber, daß er sie auf der Eisbarriere im Stich gelassen hatte. Prestrud nickte schwach.

Drinnen prickelte schon bald die Wärme in ihren verfrorenen, aufgesprungenen Gesichtern. Sie waren nicht in der Lage, ihre steifen Anoraks auszuziehen, sondern sanken sogleich auf die Hocker. Mit zitternden Händen nahmen sie die Becher mit Lindstrøms kochendheißem Kaffee, bevor sie sich im nächsten Augenblick über den Pfannkuchenstapel hermachten. Von einigen Schlittenkeksen abgesehen, hatten sie seit achtzehn Stunden nichts gegessen und auch nichts getrunken.

Langsam tauten sie auf, so daß sie die Stiefel und die äußerste Schicht Kleider abstreifen konnten. Bjaaland, der aufgestanden war und sich dazugesellte, sah, daß Prestrud erbärmlich verfroren war. Besonders um seine Füße stand es schlecht, die wurstgroße Frostbeulen aufwiesen und völlig wundgerieben waren.

Während Amundsen sich mit seinem Skalpell bereitmachte, fragte er, wie es ihnen ergangen sei.

Hjalmar Johansen sah den Chef wie versteinert an. Ihm lag einiges auf der Zunge, doch er würdigte ihn keiner Antwort.

4 Roald Amundsens Südpolexpedition war ursprünglich als Nordpolexpedition geplant gewesen. Es war der Pol unter dem Polarstern, von dem er geträumt und zu dessen Eroberung er sich nach der Bestätigung der Nordwestpassage berufen gefühlt hatte. Der Pol unter dem Kreuz des Südens gehörte im übrigen zur erklärten Interessenssphäre des britischen Königreichs.

Wie Nansen hatte er mit der *Fram* über das Nordpolarmeer treiben wollen, allerdings mit einem wesentlichen Unterschied: Um sicherzugehen, daß ihn die Drift dem Pol näherbringen würde, als dies Nansen gelungen war, hatte er geplant, daß das Schiff weiter östlich festfrieren sollte. Während Nansens Kurs nördlich von Norwegen und an der sibirischen Küste entlangführte, hatte Amundsen Kap Hoorn umsegeln und das den Nordpol umschließende Meer von der Beringstraße aus in Angriff nehmen wollen.

Während der Expeditionsvorbereitungen erreichte sie die Meldung, daß der Amerikaner Robert Peary 1909 den Nordpol erobert hatte. Um dieses Ziel betrogen, setzte sich Amundsen insgeheim ein neues: den Südpol. Ohne mit der Wimper zu zucken, forderte er damit zugleich das britische Weltreich heraus.

Als die *Fram* am 7. Juni 1910 am Drøbak-Sund auslief, glaubte Hjalmar ebenso wie die meisten anderen an Bord, sie befänden sich auf dem Weg nach Kap Hoorn und der Beringstraße. Als

Hjalmar Johansen an Bord der *Fram* kurz vor der Abreise mit Amundsen. Alle glaubten, Amundsen wolle über Kap Hoorn und die Beringstraße den Nordpol erreichen, doch auf Madeira gab er bekannt, daß sein Ziel der Südpol sei.

sie jedoch einen Zwischenstopp auf Madeira einlegten, ließ Amundsen die Katze aus dem Sack und verkündete, er wolle, obwohl der Nordpol immer noch sein Endziel sei, auf dem Weg dorthin einen Abstecher zum Südpol machen – eine »Extratour«, wie er es in einem demütigen Brief an Nansen zum Ausdruck brachte. Denn selbst Nansen hatte er vor der Abreise nicht in seinen heimlichen Plan eingeweiht. Er wußte um seinen Verrat und bat jetzt seinen großen Wohltäter und Beschützer, ihm zu glauben, daß er kein Phantast sei.

Den Mitgliedern der Mannschaft, denen sein Plan mißfiel, stand es frei, auf Madeira abzumustern und mit dem ersten Schiff die bezahlte Heimreise anzutreten. Niemand musterte ab, abgesehen vom Steward, der wegen Unfähigkeit entlassen wurde.

Die *Fram* war für eine Drift im Eis konzipiert worden, nicht für lange Segelfahrten über das offene Meer. Seine klobige Form ließ das Schiff heftig schlingern. Die Überfahrt von Norwegen bis zur Antarktis dauerte fast fünf Monate.

Danach war Amundsen an Johansen herangetreten, weil er vermutete, daß dieser sicherlich froh sei, sich mit der Antarktisexpedition einen alten Wunsch erfüllen zu können. Dieser Wunsch war während der Überwinterung auf Franz-Josef-Land geboren worden, als Nansen Pläne ausgearbeitet hatte, wie er, mit Johansen als Expeditionsteilnehmer, der erste Mann am Südpol sein würde.

Von Amundsen abgesehen, war Hjalmar Johansen der Star der Mannschaft gewesen, als sie Norwegen verließen. Vierzehn Jahre waren vergangen, seit er von der Expedition über das Nordpolarmeer zurückgekehrt war, doch die Menschen hatten seine Verdienste nicht vergessen. Er war der Matador der norwegischen Polargeschichte, der zusammen mit Nansen gezeigt hatte, was der menschliche Wille zu leisten vermag. Nun sollte er es erneut beweisen.

Amundsen war jedoch wachsam. Früh schon befürchtete er, Johansens Erfahrung könnte seine eigene Autorität untergraben. Bereits bei der Abreise wollte der Chef deutlich machen, daß Johansen nur ein ganz gewöhnliches Mitglied der Expedition sei. Trotz seines Rufes als Nansens Gefolgsmann und trotz seines Ranges als Hauptmann beim Heer, wurde er als »einfaches Mitglied« angemustert.

Nach dem Auslaufen aus Madeira bezog ihn der Chef dennoch enger in die Planung der beabsichtigten »Extratour« mit ein. Während milde Passatwinde die Segel bauschten und die *Fram* über einen sengendheißen Äquator trieben, saßen Johansen und Hassel zusammen mit Amundsen in dessen Kabine und vertieften sich in die Zahlen über die Eiswüste. Das Hauptversorgungsdepot lag auf dem 80. südlichen Breitengrad, eines auf dem 85., ein weiteres auf dem 87. Neun Männer sollten vom Hauptdepot aus aufbrechen. An den 85er und 87er Depots sollten jeweils zwei umkehren. Nur drei Männer sollten den Vorstoß bis zum 90. Breitengrad fortsetzen.

Während dieser trockenen Zahlenspiele drängte sich rasch die Frage auf: Wer würden die drei sein, die bis zum Pol vorstoßen sollten? Saßen die drei bereits in Amundsens Kabine beisammen?

Eines Tages, sie befanden sich immer noch auf See, gab Amundsen eine Entscheidung bekannt, die sich auf die anfängliche Arbeitsverteilung an der Barriere des Schelfeises bezog. Hjalmar fand seinen Namen unter Punkt 1: »Johansen schließt sich dem Chef an ...«

Nach einer gut viermonatigen Schiffsreise von Madeira aus wurde die *Fram* im Januar 1911 in der Bay of Whales vertäut. Während die anderen mit dem Ausladen beschäftigt waren, erkundeten Amundsen und Johansen die Umgebung. Sie hatten Hunde, Schlitten und die notwendige Ausrüstung dabei. Vor allem ging es darum, einen Platz für das Winterquartier zu finden, an dem sie Stubberuds Hütte aufbauen konnten. Sie mußten nicht lange suchen.

Hjalmar war stolz auf das Vertrauen, das ihm Amundsen entgegenbrachte. Parallel zu all der Arbeit, die nötig war, um das Winterlager bezugsfertig zu machen, gingen sie häufig auf Robbenjagd, und Amundsen nahm Johansen oft in seine Mannschaft auf. Während der Depot-Touren waren die Männer auf zwei Zelte verteilt; Amundsen residierte in dem einem, überließ aber Johansen die Führungsrolle in dem anderen.

Auf der zweiten Depot-Tour bekam Amundsen infolge der Kälte Beschwerden am Enddarm. Die »Darmwunde«, wie sie genannt wurde, wollte nicht heilen, und Amundsen mußte in Framheim bleiben und sich schonen, während die dritte und letzte Fuhre mit Proviant auf die Eisbarriere geschafft werden sollte.

Er beauftragte Johansen, den Ältesten und Erfahrensten, mit der Führung, und langsam verfestigte sich bei den anderen der Eindruck, daß Amundsen den Gewährsmann Nansens als eine Art stellvertretenden Expeditionsleiter betrachtete und agieren ließ.

Ihren Höhepunkt erreichte diese Einträchtigkeit am 7. Juni 1911, in der tiefen Dunkelheit der Polarnacht. Der 7. Juni war zugleich ein wichtiger Tag für die Expedition und ein wichtiges Datum in der norwegischen Geschichte. Ein Jahr war vergangen, seit die *Fram* Amundsens außerhalb von Kristiania (dem heutigen Oslo) gelegenen Heimatort Svartskog verlassen hatte, und es war sechs Jahre her, seit das norwegische Parlament die Union mit Schweden gelöst hatte. Amundsen zog es daher vor, den 7. Juni als norwegischen Nationalfeiertag zu begehen, anstatt den 17. Mai, wie es seit langer Zeit üblich war. Framheim wurde für das Fest geschmückt.

Die Mannschaft verrichtet Näharbeiten während der Überwinterung in Framheim. *Von links*: Olav Bjaaland, Sverre Hassel, Oscar Wisting, Helmer Hanssen, Roald Amundsen, Hjalmar Johansen, Kristian Prestrud und Jørgen Stubberud.

In seiner Rede während des üppigen Abendessens hob Roald Amundsen den Zusammenhalt als wichtigsten Grund dafür hervor, daß norwegische Polarexpeditionen so einzigartige Ergebnisse erzielt hätten. Es sei derselbe Zusammenhalt, der auch die gegenwärtige Expedition präge. Er bedankte sich für den Einsatz und trank auf das Wohl seiner Männer.

Beim Kaffee erhob sich Hjalmar Johansen und brachte einen Toast auf den Chef aus. Er sagte, wenn die Zusammenarbeit während der Expedition leicht falle, so liege es daran, daß sie einen so »guten, verständigen und liebenswürdigen Chef« hätten.

Viele Male wurden an diesem Abend die Gläser erhoben. Immer wieder wünschte der eine, dann der andere Glück für die große bevorstehende Reise, die sich bis in den Frühling erstrecken würde. Niemand zweifelte daran, daß sich der Pol in ihrer Reichweite befand. Alle verspürten eine starke Loyalität gegenüber dem Chef und dem Projekt.

Amundsen und Johansen waren eigenbrötlerische Dickschädel, denen nichts mehr am Herzen lag als das einsame Leben in Eis und Schnee. Im Norden hatte sich jeder von ihnen allein durchgekämpft. Jetzt stand ihnen eine gemeinsame Antarktisexpedition bevor.

Es war wohl kaum zu vermeiden, daß zwischen solchen Männern Spannungen entstanden.

Die Leute in Framheim begriffen schnell, daß Johansen, was die praktische Arbeit betraf, dem Chef überlegen war. Er konnte schwerere Fuhren ziehen, größere physische Belastungen aushalten und besser mit den Hunden umgehen. Vor allem aber hatte er ein sichereres Gespür für den sensiblen Balanceakt, den man beherrschen mußte, um bei einer Schlittenexpedition möglichst gut voranzukommen. Während der Nansen-Expedition hatte er viel über das Wechselspiel zwischen Männern und Hunden gelernt und über das heikle Verhältnis zwischen dem Gewicht, der Zugkraft und der Unterlage, auf der die Schlitten glitten.

Schon auf dem Schiff hatte er Amundsen mehrfach darauf hingewiesen, daß die Ausrüstung, die dieser beim Marsch zum Pol benutzen wollte, zu schwer sei. Das galt in erster Linie für die Schlitten.

Amundsen hatte die Einwände zurückgewiesen. Johansen war schließlich nicht der einzige, der im Norden Hundeschlitten benutzt hatte; er selbst besaß die Erfahrung der *Gjøa*-Expedition. Im übrigen solle sich Johansen nicht um das Gewicht sorgen. In Norwegen hatte die *Fram* neunundneunzig Hunde an Bord genommen; sie hatten also Zugkraft genug.

Bei den Depot-Touren zeigte sich jedoch, daß Johansen recht gehabt hatte. Nicht die Anzahl der Hunde war das Entscheidende, sondern das zu ziehende Gewicht. Die Art und Weise, wie die Schlitten und Schlittenkisten konstruiert waren, machte sie zu schwer. Amundsen ordnete an, ihr Gewicht zu reduzieren.

Den gesamten Winter hindurch waren Bjaaland und Stubberud damit beschäftigt, Schlitten und Kisten umzubauen. Es gelang ihnen, das Gewicht jedes Schlittens von fünfundsiebzig auf zweiundzwanzig Kilogramm und das jeder Kiste von neun auf drei Kilogramm zu verringern.

Aber Hjalmar hatte noch etwas gelernt. Genauso wichtig wie das Verhältnis zwischen Hunden und Gewicht war das zwischen Hunden und Außentemperatur. Im August wurden die Vorbereitungen für den Vorstoß zum Pol mit Hochdruck vorangetrieben. Obwohl sich die Temperaturen zwischen minus fünfzig und minus sechzig Grad bewegten, wollte Amundsen am 24. des Monats aufbrechen, dem Tag, an dem die Sonne an den Rand des Schelfeises zurückkehrte. Am Sonntag, dem 20., schrieb Hjalmar in sein Tagebuch:

»Der August war der kälteste Monat, den wir bisher erlebt haben ... Am Donnerstag, dem 17., hatten wir minus achtundfünfzig Grad und eine Windgeschwindigkeit von sechs Sekundenmetern, und ich muß sagen, es war ganz schön unangenehm, sich draußen aufzuhalten. Ich glaube nicht, daß schon einmal so niedrige Temperaturen bei so kräftigem Wind gemessen worden sind. Bei solchem Wetter wäre eine Schlittenexpedition zum Scheitern verurteilt. Und wir können nicht aufbrechen, solange die Temperaturen so niedrig bleiben ... Ich glaube, für die Hunde würde es am schlimmsten werden.«

Auch die anderen sträubten sich, aber Hjalmar Johansen war der einzige, der Amundsen offen warnte, so frühzeitig aufzubrechen. Abgesehen von den niedrigen Temperaturen solle der Chef auch bedenken, daß nach der Winterruhe weder Hunde noch Männer in besonders guter Verfassung seien.

Das Wetter veranlaßte Amundsen zwar, mit der Abreise bis zum 8. September zu warten, doch Hjalmar sollte recht behalten. Nach nur wenigen Tagen begannen die Hunde im Schnee zu versinken, und sie mußten sich auf den Heimweg machen.

Diese Niederlage löste bei Amundsen einen wachsenden Groll nicht nur gegen Johansen, sondern auch gegen Fridtjof Nansen aus. Letzterer war die treibende Kraft gewesen, die dafür gesorgt hatte, daß Johansen Mitglied der Expeditionsmannschaft wurde. Nansen hatte Amundsen gegenüber anklingen lassen, er müsse Johansen als Dank dafür anheuern, daß er sich die *Fram* habe ausleihen dürfen. Auf diese Weise wollte Nansen seinem alten Freund nach den vielen schwierigen und erniedrigenden Jahren an Land zu einer neuen Chance im Eis verhelfen.

Nansen hatte, seit er mit der *Fram* über das Nordpolarmeer gefahren war, Ambitionen verspürt, den Südpol zu erobern, aber aufgrund anderer Verpflichtungen keine Zeit für ein solches Unternehmen gefunden. Durch Johansens Anwesenheit auf seinem alten Schiff war er nun gleichsam selbst mit von der Partie. Und vielleicht war das auch einer der Gründe, weshalb er Amundsen nicht öffentlich an den Pranger stellte, nachdem er dessen unterwürfige Mitteilung aus Madeira erhalten hatte, sie nähmen Kurs in Richtung Südpol. Sollte Johansen unter denen sein, die die norwegische Fahne in den südlichsten Punkt der Erde steckten, wäre auch er, Nansen, vertreten.

Amundsen stellte die Mannschaften für seine Expeditionen mit der größten Sorgfalt zusammen. Das Fehlverhalten eines Teilnehmers konnte der Expedition größeren Schaden zufügen als die schlimmste Kälte. Die wichtigste Eigenschaft, die er von seinen Männern verlangte, war Loyalität – allerdings eine Loyalität, die auf Gehorsam, nicht auf Überzeugung beruhte.

Mit Johansen hatte er einen Teilnehmer, den er nicht selbst ausgesucht hatte. Er wußte um dessen schwierige Jahre, ihm war aber auch bekannt, daß Johansen sich bei den Expeditionen nach Spitzbergen in den Jahren 1907, 1908 und 1909 untadelig verhalten hatte und immer noch von enormer Stärke und Ausdauer im Eis war. Im übrigen war es nicht nur Nansen gewesen, der Johansens Bewerbung unterstützt hatte.

Amundsens insgeheime Abneigung, Johansen mitzunehmen, hatte jedoch vor allem einen psychologischen Hintergrund, denn mit Hjalmar bürdete er sich auch Nansens Schatten auf. Könnte Johansen selbst mit seiner ungebrochenen Autorität als Polarfahrer seinen, Amundsens, eigenen Führungsanspruch gefährden?

Es standen viele Fragen im Raum, und es herrschte eine angespannte Atmosphäre, als sich die Männer am Morgen nach der dramatischen Heimkehr in Framheim um den Frühstückstisch versammelten.

5 Die gescheiterten Polarfahrer waren noch völlig steif in den Knochen und erschöpft, als Lindstrøm am 17. September sein übliches »Aufstehn!« rief, um bekanntzugeben, daß das Frühstück fertig sei. Keiner hatte besonders gut geschlafen. Das Stöhnen derer, die unter ihren schmerzhaften Erfrierungen litten, hatte die anderen wach gehalten.

Ausgebrannt und verzweifelt, war Hjalmar schließlich in einen kurzen Schlaf gefallen, nur um durch Lindstrøms Rufen und die allgemeine Unruhe im Raum, in dem die Männer aus ihren Kojen krochen und nach ihren verdreckten und nach Schweiß riechenden Kleidern tasteten, wieder aufzuschrecken.

Die Hütte war klein, sie maß nur acht mal vier Meter. In der Stube hatten die Expeditionsteilnehmer mit ihren Rauchutensilien und ihrem Nähzeug gesessen. Hier hatten sie gelesen, geschnarcht und gefurzt, an ihren Geburtstagen ihr Glas erhoben und den König, die Königin und das Vaterland hochleben lassen. Hier hatten sie von Zusammenhalt und Stärke geschwärmt, und nicht zuletzt hatten sie hier an langen, dunklen Abenden davon geträumt, wie wunderbar es sein würde, als erste den Südpol zu erreichen.

Lindstrøm hauste in der kleinen Küche.

Eine jämmerliche Gruppe nahm am Frühstückstisch Platz. Es war Sonntag, ohne daß davon etwas zu spüren gewesen wäre. Wie Nansen hielt Amundsen auf seinen Expeditionen keine Andachten. Jeder für sich mußte seinem Gott, sofern er denn einen hatte, Rechenschaft ablegen, und wenn jemand den Drang zum Gebet verspürte, mußte er hinausgehen und sich einen Altar aus Eis bauen.

Roald Amundsen saß ganz hinten am Fenster. Es drang kein Licht herein, denn die Hütte lag unter Schnee begraben. Er war neununddreißig Jahre alt, sah aber älter aus.

Hjalmar Johansen war vierundvierzig und der älteste Expeditionsteilnehmer. Sein Sitzplatz war an der Seite des Chefs.

Lindstrøm hatte allerlei Leckereien aufgetischt: Schinken und Mixed Pickles, Sardinen, Käse und Butter, Robbenfleisch, Säfte und Saucen, sogar Sahne zum Kaffee. Vor allem aber hatte er seine berühmten Pfannkuchen gebacken, wie für jedes Frühstück in Framheim. Wenn sich ihr Duft in dem schwülen Raum ausbreitete, roch es wie in einer Bäckerei, und in solchen Momenten wurde wohl selbst der hartgesottenste Polarfahrer von Heimweh ergriffen.

Heute aber war alles anders. Keine Anekdoten, keine munteren Zurufe, keine Begeisterung über den reich gedeckten Tisch. Nur mürrische, unschlüssige Männer, die ihren Pfannkuchen anstarrten und nicht einmal den Nachbarn um Zucker oder Marmelade baten.

Amundsen betrachtete von seinem Tischende aus die Mannschaft, die ihn zum Südpol bringen sollte, auf daß sich der Ruhm des noch jungen Norwegen in der ganzen Welt verbreitete. Was hatte diese Verstocktheit zu bedeuten? Er wußte, daß sie erschöpft waren – er selbst war es auch –, aber warum sagte dieser sonst so redselige Haufen kein Wort? Sollten sie ihm am Ende Vorwürfe machen? Weshalb? Es war doch schließlich nichts Weltbewegendes passiert. Zwei, drei erfrorene Fersen und ein paar tote Hunde – das konnten sie ja wohl verkraften.

Er trank etwas Kaffee und setzte seinen Becher mit einem lauten Scheppern ab. Dann wandte er sich an Hjalmar Johansen und fragte:

»Sag mir, warum seid ihr gestern erst so spät heimgekommen?«

Hjalmar starrte ihn ungläubig an. *Warum* sie so spät nach Hause gekommen waren? Was meinte er? Der Chef hatte Prestruds zerschundene Füße doch mit eigenen Augen gesehen. Er hatte die abgemagerten, blutigen Hunde und den leeren Schlitten gesehen – und jetzt wollte er wissen, warum sie so spät gekommen waren? Ja, glaubte er denn, daß sie sich zum Vergnügen bei minus einundfünfzig Grad herumgetrieben hatten?

Hjalmar spürte, wie sein Blut kochte, und ehe er noch wußte, was er eigentlich sagen wollte, fing er an zu sprechen.

Wie es einem Expeditionsleiter überhaupt möglich sei, zwei Männer auf der Eisbarriere allein zu lassen, obwohl er wußte, daß sie weder Verpflegung noch Brennmaterial bei sich hatten, ja nicht einmal ein Zelt, und das alles in einem tückischen Terrain, in dem das ruhige Wetter von einem Moment zum anderen in einen Sturm umschlagen konnte. So etwas habe er noch nie erlebt, und er müsse sich entschuldigen, aber über eine solche Verhaltensweise könne man eigentlich nur lachen. Er, der Chef, hätte sie zumindest über seine Pläne informieren sollen, so daß man Verpflegung und Ausrüstung besser auf die Schlitten hätte verteilen können. Aber sie, die sich ganz am Ende befanden, hätten nicht ein Wort darüber gehört.

Und warum habe er nur die Warnungen vor einem frühzeitigen Start in den Wind geschlagen? Er hätte wissen müssen, daß es bei so niedrigen Temperaturen die Hunde am schwersten treffen würde und daß sie auf Dauer nicht in der Lage wären, die schweren Lasten zu ziehen. Ob er denn nichts aus der zweiten Depot-Tour gelernt habe? Wie er sich bestimmt erinnere, habe diese im März stattgefunden, zu einer Zeit also, in der der hiesige Sommer langsam zu Ende gehe, und zu ihrer großen Überraschung seien die Temperaturen auf dem Eis auf minus vierzig Grad gesunken und hätten sich auf diesem Niveau eingependelt. Aber schon minus vierzig Grad hätten sich für die Hunde, deren Zustand sich Tag für Tag verschlechterte, auf Dauer als zu kalt erwiesen. Mehrere seien gestorben, ja, selbst das Gespann von Amundsen habe sich nach und nach aufgelöst; er könne doch nicht vergessen haben, daß von den sechs Hunden, die zu Beginn dabeigewesen waren, nur Lasse überlebt habe. Wie er sich sehr wohl erinnere, hätten sie 83° südlicher Breite angepeilt, seien aber gezwungen gewesen, bei 82° umzukehren. Er, Johansen, müsse sich fragen, was Amundsen bewogen habe zu glauben, daß die Temperaturen für Männer und Hunde im September erträglicher sein würden, der doch, verglichen mit März, keineswegs ein günstigerer Monat sei. Ursprünglich habe er doch geplant gehabt, am 1. November zum Pol aufzubrechen, also nach dem Erscheinen der Mitternachtssonne; warum habe er sich nicht daran gehalten? Ob er denn nichts anderes im Kopf habe als die Engländer?

Vor Erregung außer sich, schloß Johansen mit erhobener Stimme:

»Das nenne ich keine Expedition, sondern Panik!«

Roald Amundsens Augen verengten sich zu schmalen Schlitzen, so eisig und unbarmherzig wie das Wetter. Er bat Johansen zu überdenken, ob er seine Aussagen nicht zurücknehmen wolle. Hjalmar verneinte. Er stehe zu dem, was er gesagt habe.

Nansens Schüler wollte die Konfrontation! Na gut! Johansen fand also nicht nur die Art und Weise der Rückkehr unverantwortlich; dieser Mann machte ihm gleichzeitig seine Führungsposition streitig!

Das Grobe und *Unverzeihliche* von Johansens Äußerungen bestand darin, daß sie in der Gegenwart aller vorgebracht worden waren. Sowohl im Hinblick auf seine Führungsrolle als auch im Interesse des Zusammenhalts der Expedition durfte Amundsen ein solches Auftreten nicht auf sich beruhen lassen. Es ging schließlich um seine Autorität. Seine Vorgehensweise stand bereits fest. »Der Stier mußte bei den Hörnern gepackt werden, und es galt, augenblicklich ein Exempel zu statuieren.«

Kristian Prestrud gelang es, ein paar Worte zu Hjalmars Verteidigung einzuwerfen. Was er hätte tun sollen, wenn auch Johansen nicht auf ihn gewartet hätte? Es sei bisher doch üblich gewesen, daß die Vorausfahrenden mindestens einmal am Tag anhielten, um auf diejenigen zu warten, die aus dem einen oder anderen Grund zurückgeblieben waren. Warum habe Amundsen diesmal nicht angehalten?

Die anderen saßen erschrocken auf ihren Plätzen und hörten gebannt zu. Lindstrøm war aus der Küche hereingekommen. Seine Pfannkuchen hatte keiner angerührt. Es herrschte ein bedrückendes Schweigen.

Amundsen ließ die Stille einige Sekunden lang wirken. In seinem Gesicht war kein versöhnlicher Zug auszumachen. Er hatte Johansens Angriff als Beleidigung empfunden. In aller Höflichkeit hatte er sich nach den Gründen für ihr langes Ausbleiben erkundigt, doch anstatt zu antworten, hatte Johansen es vorgezogen, ihn persönlich anzugreifen. Ja, er war so weit gegangen, ihm panisches und lächerliches Verhalten vorzuwerfen.

Der Chef lehnte sich über den Tisch: Johansen habe so etwas also noch nie erlebt? Er solle noch mehr erleben! Er solle sich an den Spruch erinnern, daß man lernt, solange man lebt. Und damit eines klar sei: er sei weitergefahren, um Helmer Hanssen und Jørgen Stubberud zu retten, die schwere Erfrierungen an den Fersen hatten. Sie mußten so schnell wie möglich zurück nach Framheim, um behandelt zu werden. An der Sechzehn-Meilen-Markierung habe er anhalten wollen, um, wie üblich, auf die übrigen zu warten. Aber das Wetter sei gut und die Spuren seien klar zu erkennen gewesen; deshalb sei er weitergefahren. Die Verletzungen der beiden anderen hätten Vorrang gehabt. Hätte er von Prestruds schlimmen Erfrierungen an der einen Ferse gewußt, hätte er ihm einen Platz auf Wistings Schlitten zugewiesen. Doch Prestrud habe nicht über den Zustand seiner Füße geklagt, als sie am letzten Tag der Heimreise das Lager verließen.

Amundsen schwieg. Er sah einen nach dem anderen an. Hatte er denn nicht richtig gehandelt?

Hjalmar kämpfte mit sich. Seine Worte waren vielleicht zu scharf gewesen. Er hatte Amundsens Frage wie Salz in der Wunde empfunden und konnte nichts dafür, daß alles aus ihm herausgebrochen war. Und jetzt benutzte der Chef Hanssen und Stubberud als Vorwand. Es war ja schön und gut, daß er sich um ihre wunden Fersen Sorgen gemacht hatte, aber Stubberud hatte er schließlich auch allein gelassen! Als Jørgens Hunde streikten, hatte dieser hilflos auf seinem Schlitten gesessen, bis Olav Bjaaland gekommen war. Und warum äußerte sich Amundsen nicht zu dem alles entscheidenden Punkt, daß er sie ohne Ausrüstung zurückgelassen hatte?

Panik! Wie sollte man das sonst bezeichnen?

Daß Amundsen nichts über den Zustand von Prestruds Füßen gewußt haben wollte, konnte er ebenfalls nicht begreifen. Er selbst hatte zwar auch nichts davon mitbekommen, daß Hanssen und Stubberud angeschlagen waren, aber was war das für ein Expeditionsleiter, der sich nicht über den gesundheitlichen Zustand seiner Leute auf dem laufenden hielt und dafür sorgte, daß alle ausreichend informiert waren?

Hjalmar wußte, daß die anderen seine Meinung über die Ereignisse des Vortages teilten, Helmer Hanssen vielleicht ausgenommen und wohl auch Lindstrøm. Hinter Amundsens Rücken hatten Hassel und Bjaaland, die ebenso wie Stubberud im Stich gelassen worden waren, Kritik geübt. Selbst Wisting hatte in einem unbeobachteten Augenblick über das unverantwortliche Verhalten Amundsens den Kopf geschüttelt. Hjalmar ließ daher den Chef wissen, daß mehrere im Raum seiner Meinung seien.

»Dann sind sie wohl auch Manns genug, es zu sagen«, entgegnete Roald Amundsen.

Hjalmar schaute seine Kameraden an. Einer nach dem anderen wich seinem Blick aus. Sie wandten sich von ihm ab, als er sie am meisten brauchte. Sogar Prestrud schwieg.

Hjalmar hatte ausgesprochen, was alle dachten. Doch es sah so aus, als müsse er die Konsequenz alleine tragen, wie damals, als er der einzige gewesen war, der Amundsen vor einem frühen Aufbruch gewarnt hatte.

Er ging hinaus zu den Hunden. Liket und Dæljen wedelten matt mit dem Schwanz, als er sie hinter den Ohren kraulte. Die armen Teufel. Sie sahen nicht gut aus. Aber sie hatten es, auf dem Schlitten sitzend, nach Hause geschafft – im Gegensatz zu Kamilla, die im Eis zurückgeblieben war.

Den Tag über war jeder mit sich selbst beschäftigt. Die Kranken legten sich in die Kojen, wo sie ihren stillen Kampf mit den Schmerzen fortsetzten, während die anderen doppelt soviel zu tun hatten, weil sie auch die Hunde ihrer Kameraden versorgen mußten.

Während des Kaffeetrinkens am Nachmittag sagte Amundsen plötzlich, er habe eine Mitteilung zu machen, die ihn traurig stimme. Den Äußerungen, die am Morgen gefallen seien, entnehme er, daß Johansen der Meinung sei, er, Amundsen, tauge nicht zum Leiter einer Südpolexpedition. Eine weitere Zusammenarbeit sei daher unmöglich, und so habe er beschlossen, Johansen von der Expedition auszuschließen. Unter der Leitung von Kristian Prestrud solle Johansen statt dessen eine Forschungsreise gen Osten zur König-Eduard-VII.-Halbinsel antreten.

Er müsse in Betracht ziehen, fuhr Amundsen fort, daß Johansen nach den Vorkommnissen einen schlechten Einfluß auf die übrigen Teilnehmer ausüben könnte. Aus eigener Erfahrung als Polarfahrer könne er nicht ausschließen, daß Johansen bei ihnen intrigieren und so das ganze Unternehmen blockieren würde.

In seinem Tagebuch ging Amundsen noch weiter:

»Das war ein trauriges Ende unseres großartigen Zusammenhalts. Aber ich finde, es war nach seinem Betragen das einzig richtige, ihn auszuschließen. Während unserer Expedition darf es keine Kritik geben. Und wenn sie von einem alten Polarfahrer wie ihm kommt, ist sie doppelt gefährlich.«

Damit schien die Sache erledigt.

Aber ganz sicher war sich Amundsen seiner Sache immer noch nicht. Einen nach dem anderen zitierte er zu sich in die Küche, wo er die Männer aufforderte, ihm Treue zu schwören. Alle taten es. Selbst Kristian Prestrud kroch zu Kreuze und entschuldigte seine Parteinahme für Johansen mit seinem heftigen Temperament.

Amundsen konnte zufrieden sein. Unerwartet hatte ihm das Schicksal einen Sündenbock in die Hände gespielt, so daß er keine Rechenschaft über die Folgen seines ungeduldigen und verfrühten Starts abzulegen brauchte – und er besaß gute Gründe zu glauben, daß mehrere seiner Männer eine solche Rechenschaft verlangten. Nicht ein einziges Mal während der Auseinandersetzung hatte er einen Fehler einräumen müssen. Mit dem Schwur der Widerstandslosen in der Tasche, konnte er mit Hjalmar machen, was er wollte. Er wählte die Höchststrafe. Er nahm ihm den Pol weg.

Damit griff die Hand, die Nansen bei der Eroberung des letzten weißen Flecks der Erde vertreten sollte, ins Leere.

Hjalmar empfand seine Verbannung auf die König-Eduard-VII.-Halbinsel als ungerecht und entwürdigend. Indem Amundsen ihn dem Kommando des jüngeren Prestrud unterstellte, der über keine Polarerfahrung verfügte und dessen militärischer Rang unter dem seinen lag, kränkte er ihn zusätzlich. Sein eigenes Verhalten bedauerte Johansen jedoch nicht, auch wenn er durch die Feigheit der anderen zum Sündenbock der Expedition wurde. Daß die Kameraden ihm schließlich den Rücken kehrten, unter ihnen Prestrud, für dessen Rettung er so hart gekämpft hatte, enttäuschte ihn letztlich wohl mehr als der Verlust des Südpols.

Prestrud muß trotzdem schreckliche Gewissensbisse gehabt haben, denn er unternahm einen Versuch, Amundsen zu überreden, Johansen an seiner Stelle zum Expeditionsleiter im Osten zu ernennen. Amundsen wies ihn jedoch ab.

Isoliert und ohne Beistand, dachte Hjalmar an seinen alten Gefährten aus der Arktis. Als er sich an diesem Abend über das Tagebuch beugte, schrieb er:

»Wenn die Zeit gekommen ist, wird es mich doch interessieren, was Nansen sagt, wenn ich ihn von den tatsächlichen Umständen in Kenntnis setze.«

Irgendwann im Laufe dieses schicksalsschweren Tages kam es zu einer Schlägerei zwischen ihm und Roald Amundsen. Es ist unklar, wer den Anfang machte. Vielleicht war es Amundsen, als er draußen im Windfang stand und Johansens Beleidigungen hörte. Vielleicht war es Johansen, nachdem er erfahren hatte, daß er von der Südpolexpedition ausgeschlossen war.

Keiner der Anwesenden erwähnte in seinem Tagebuch etwas von einer Schlägerei, und selbst nachdem sie nach Hause zurückgekehrt waren, wurde nicht darüber gesprochen. Die Loyalität gegenüber Amundsen war immer noch stark, auch bei Johansen.

Später jedoch bestätigte einer von ihnen, daß es eine Schlägerei gegeben hatte. Als Helmer Hanssen viele Jahre darauf das Leben an Land, in Tromsø, wieder aufnahm, sprach er manchmal von der Rauferei in Framheim, aus der Johansen als Sieger hervorgegangen sei.

Auch Per Johansen, Hjalmars jüngster Sohn, hat von einer solchen Auseinandersetzung berichtet. Seiner Version zufolge sind die beiden Polarfahrer unmittelbar, nachdem Johansen und Prestrud Framheim erreicht hatten, aneinandergeraten.

Das Schicksal seines Vaters beschäftigte Per Johansen sein Leben lang, und er stellte umfangreiche Nachforschungen an, um die Ereignisse von Framheim aufzuklären. Es ist unwahrscheinlich, daß er von der Schlägerei erzählt hätte, wenn er seiner Sache nicht völlig sicher gewesen wäre.

Anfangs weigerte sich Hjalmar, Amundsens Verweis anzunehmen. Die Verbitterung der beiden war so groß, daß sie in den folgenden Tagen in der kleinen Hütte nur schriftlich kommunizierten. Anstelle von Johansen sollte daher Stubberud – ganz und gar gegen seinen Willen – Prestrud zur König-Eduard-VII.-Halbinsel begleiten. Hjalmar blieb jedoch keine Wahl, wollte er seine Zeit nicht mit Lindstrøm allein in Framheim verbringen. Zum einen hatte Framheim nach der Auseinandersetzung etwas Trauriges und Ungemütliches bekommen, zum anderen war er ein Naturbursche, der nicht untätig sitzen bleiben konnte, wenn die Hunde angespannt wurden. Er beschloß daher, als Privatperson an der Ostexpedition teilzunehmen. Das teilte er Leutnant Prestrud allerdings erst mit, als Amundsen schon mit seinen Männern in Richtung Südpol unterwegs war.

Während der Wartezeit in Framheim, die auf die Auseinandersetzung folgte, hoffte Johansen, Amundsen werde seinen Beschluß ändern und ihn doch noch mitnehmen. Lindstrøm, der als einziger so etwas wie ein persönliches Verhältnis zu Amundsen pflegte, bestärkte ihn in dieser Hoffnung. Doch die Tage vergingen, ohne daß Amundsen sich rührte, und von sich aus wollte und konnte Johansen das Thema nicht wieder aufgreifen. Am 8. Oktober begrub er alle Hoffnungen und fällte im Tagebuch ein bitteres Urteil über den Mann, der seinen Traum zerstört hatte:

»Er ist tödlich beleidigt, weil seine Führungsqualitäten Schiffbruch erlitten haben ... Er ist wohl doch nicht der Mann, für den ich ihn gehalten habe, und er ist nicht geeignet, eine Expedition wie diese zu leiten.«

Ohne daß ihm das bewußt war, scheint hier seine stille Sehnsucht nach Fridtjof Nansen durch.

Am 20. Oktober war die Mannschaft zum erneuten Aufbruch bereit. Seit dem Tag des großen Aufruhrs hatte Amundsen kaum ein Wort mit Johansen gesprochen, der am Tisch mit Stubberud den Platz getauscht hatte, damit sie nicht mehr nebeneinander saßen. Jetzt aber kam der Chef zu ihm und verabschiedete sich. Hjalmar wünschte ihnen eine gute Fahrt.

Auch Olav Bjaaland wandte sich an ihn. »Es ist schlimm, daß wir einen Kerl wie dich zurücklassen müssen«, sagte er. Das waren die ersten wohlwollenden Worte, die Hjalmar seit einem Monat vernommen hatte.

Es waren fünf Mann, vier Schlitten und zweiundfünfzig Hunde, die sich in Bewegung setzten. Zur Mittagszeit waren sie wohlbehalten auf das Plateau gelangt und entschwanden in die bekannte Richtung.

Hjalmar sah ihnen lange nach. Er war in Ungnade gefallen, weil er die Wahrheit gesagt hatte. Das stand für ihn fest.

Er hatte nie den Wunsch verspürt, Amundsen die Führungsposition streitig zu machen. Dazu besaß er weder den Willen noch die Durchsetzungskraft. Hjalmar war ein *Teilnehmer*, nie ein Anführer gewesen. Aber er besaß ein tief verankertes Gerechtigkeitsgefühl, und das hatte Amundsen mit Füßen getreten.

Es war Robert F. Scott gewesen, der auf seiner ersten Antarktisexpedition im Jahr 1902 die König-Eduard-VII.-Halbinsel vom Deck der *Discovery* aus gesichtet hatte. Das Ziel der Schlittenexpedition von Prestrud, Stubberud und Johansen war, dieses Gebiet zu erforschen, in das niemals zuvor jemand seinen Fuß gesetzt hatte.

Am 8. November verabschiedeten sie sich von Lindstrøm. Acht Hunde bildeten Hjalmars Gespann, unter ihnen wie gewöhnlich Dæljen und Liket, die wieder zu Kräften gekommen waren. Dem Schlitten am nächsten aber lief Kamilla. Inmitten eines Sturms war sie überraschend zum Lager zurückgekehrt, mit wunden Pfoten und trächtig. Hjalmar war sicher gewesen, sie sei erfroren. Zehn Tage lang hatte sie allein im Packeis ausgehalten.

So hatte er doch noch einen kleinen Anlaß zur Freude, als er sich auf den Weg in sein trostloses Exil machte ...

ZWEITER TEIL

JAHRE DER SUCHE

6 Jens Johansen, der Hausmeister im Justizgebäude, ärgerte sich über das Wetter. Der Kalender zeigte den 1. Februar, man schrieb das Jahr 1887, und in Skien goß es in Strömen wie an einem Herbsttag im November. Er stand bei den Überresten der Prinsensgate und sah einige klatschnasse Frauen, die in Richtung des Marktes und der ausgebrannten Kirche hasteten.

An der Ecke zur Telemarksgate stand ein Gaul und ließ dampfende Pferdeäpfel in den Rinnstein fallen. Ein Bauer aus dem nördlich der Stadt gelegenen Venstøp war mit einer Fuhre Brennholz da. Der Hausmeister kannte ihn, weil er selbst einen kleinen Hof in Venstøp besaß.

Es war gleichwohl nicht das Wetter, das Jens Johansen an diesem Tag am meisten beschäftigte. Bald würde es wieder den sogenannten »Markt« geben, und nie fanden sich mehr Schnapsleichen in der Stadt als in den Tagen dieses Wintermarktes. Als »Justizhausmeister« – oder »Rathausdiener«, wie es weniger respektvoll in der Stadt hieß – war Johansen für die grölenden Leute verantwortlich, die von der Polizei in die Ausnüchterungszellen gesteckt wurden. Ihm graute vor jedem »Markt«.

Wie er in diesem Jahr seiner Arbeit nachkommen sollte, war ihm schleierhaft, denn das Gefängnis, in dem die Zechbrüder üblicherweise saßen, war ebenso wie der Rest des Stadtzentrums vor sechs Monaten bei einem Brand in Flammen aufgegangen. Allerdings hatte Johansen ein paar Zellen in Porsgrunn organisiert, die ihm die dortigen Behörden zur Verfügung stellten. Das Verhältnis zwischen den rivalisierenden Städten Skien und Porsgrunn war, wie jedermann wußte, nicht gerade freundschaftlich, und schon gar nicht nach dem Stadtbrand, den man in Porsgrunn der Sauferei, Gleichgültigkeit und Unwilligkeit der Skiener Bevölkerung zuschrieb. Genau dieses war jedenfalls ein paar Tage nach dem Brand in einem groß aufgemachten Artikel der Porsgrunner Zeitung *Grenmar* zu lesen gewesen. Der Redakteur erhob noch mehr Vorwürfe: Während die alarmierten Löschmannschaften der Porsgrunner Feuerwehr im Kampf gegen den Brand einen heroischen Einsatz gezeigt hätten, habe »die Skiener Bevölkerung mit den Händen in den Hosentaschen herumgestanden und Zigarren geraucht«.

Johansen hatte sich in diese Städtefehde nicht eingemischt, obwohl er die Verärgerung der Skiener Bevölkerung über soviel unverhohlene Frechheit nachvollziehen konnte. Er war ein friedliebender Mann, der sich in dieser Welt um seine eigenen Dinge scherte, um seine Frau und die fünf Kinder. In seinem kleinen Provisorium hier in Skien kümmerte er sich so gut er konnte um die Säufer vom »Markt«. Diejenigen, denen man schwerere Vergehen zur Last legte, konnte er dafür nach Porsgrunn schicken, wie er es seit dem Brand des Gefängnisses getan hatte. Auch der Brandstifter selbst war dort gelandet, ein schwedischer Drehergeselle namens Samuel Lindblom. Die ihn kannten, schworen vor Gericht, daß er trunksüchtig sei und stets in der Werkstatt, die ihm der Tischler Peder Anderssen im sogenannten Blumenhof zur Verfügung gestellt habe, auf einem Haufen Hobelspäne geschlafen habe. Am Brandabend war er durch die Wirtshäuser der Stadt gezogen, und als er schließlich in die Werkstatt wankte, um sich in die Hobelspäne zu legen, hatte er unbändige Lust auf eine Tonpfeife verspürt. Während er mit den Streichhölzern hantierte, hatten die Späne Feuer gefangen. Der Richter verurteilte den reumütigen Schweden zu zwanzig Tagen bei Wasser und Brot, sah aber von Schadensersatzforderungen mit der Begründung ab, Lindblom sei zu betrunken gewesen, um zu wissen, was er tat.

Johansen dachte in dieser Zeit viel an seinen Sohn Hjalmar, der im Jahr zuvor an der neuen staatlichen Lateinschule der

Stadt in Brekkeby, dort, wo die Kongensgate in die Rektor Ørnsgate übergeht, das Abitur gemacht hatte. Der Junge hatte als Durchschnittsnote zwar nur ein »Befriedigend« bekommen, was den Hausmeister aber dennoch mit Stolz erfüllte.

In den achtziger Jahren des neunzehnten Jahrhunderts legten in jedem Frühjahr nur etwa zwei- bis dreihundert Schüler in Norwegen das Abitur ab – wie viele Hausmeistersöhne mochten sich unter ihnen befinden? Jawohl, Johansen hatte Grund genug, stolz zu sein, und vor allem jetzt, da der Sohn die Universität in Kristiania besuchte. Er befand sich gerade in den vorbereitenden Prüfungen, dem sogenannten Zweiten Examen. Im Frühling sollte er Prüfungen in Griechisch und Latein ablegen, was sicher kein Problem sein würde, denn das waren schon seine Abiturfächer gewesen. Außerdem standen Philosophie, Geschichte, Deutsch und Zoologie auf dem Programm.

Johansen selbst hatte, abgesehen von der allgemeinen Volksschule, keine nennenswerte Schulbildung genossen. Er war in Løiten in der Provinz Hedmark als einziges Kind eines Bauern aufgewachsen und hatte 1862 Maren Pedersen aus dem Nachbardorf Stange geheiratet. Kurz darauf waren sie nach Skien gezogen und dort geblieben. Mit seiner Stellung als Hausmeister im Justizgebäude war er zufrieden, auch wenn er einen Teil seiner Arbeit als Gefängniswärter oder »Schließer«, wie man das nannte, verrichten mußte. Er hatte es geschafft, sich im Leben ein Stück nach oben zu strampeln, und konnte es sich leisten, seinen Sohn nach Kristiania auf die Universität zu schicken.

Maren und Jens hatten 1864 ihr erstes Kind bekommen. Sie tauften es auf den Namen Petra Mathilde, riefen es aber nur Tilla.

Drei Jahre später, am 15. Mai 1867, schenkte ihnen der Herr einen Sohn. Sie brachten ihn mit der Bitte zum Pfarrer, er möge ihn auf den Namen Fredrik Hjalmar taufen. Der neue Name klang so schön, als er durch das Kirchenschiff hallte. Die Gemeinde bedachte sie mit anerkennenden Blicken für den kräftigen und gesunden Jungen.

Hjalmar selbst mochte den klingenden Doppelnamen anscheinend nicht, denn von Fredrik blieb mit der Zeit nur noch das schriftliche *Fr.* übrig. Diejenigen, die den Vornamen benutzten, sagten einfach Hjalmar, nahe Freunde nannten ihn Hjalle.

Der Justizhausmeister sollte noch mehr Kinder haben. 1869 erblickten Julie Margrethe und 1874 Milda Johanne, genannt Hanna, das Licht der Welt. Drei Töchter und ein Sohn, alle gesund – besser hätte es nicht kommen können, darin waren sich Mutter und Vater einig. Die Nachkommenschaft war gesichert, und weitere Kinder erwarteten Jens und Maren Johansen auch nicht mehr, bis 1881 der Nachzügler Johan Peder folgte. Seine Eltern gaben ihm den zusätzlichen Namen Hedemarken in Erinnerung an die Herkunft seiner Vorväter. Die Leute nannten ihn Makken.

Jens Johansen knöpfte die Jacke wegen des Regens gut zu und machte einen Abstecher zum abschüssigen letzten Stück der Kongensgate. Hier sollte das neue Gefängnis gebaut werden.

Er blieb vor dem verkohlten Grundstück stehen, auf dem sich das alte Rathaus befunden hatte. Seine gesamte Familie hatte in diesem Haus gewohnt, in einer Wohnung im ersten Stock, die zu seiner Stellung als Hausmeister dazugehörte. Seine Kinder waren hier aufgewachsen.

Hjalmar und einige seiner Freunde vom neugegründeten Sportclub Odd hatten versucht, das Gebäude zu retten. Sie hatten ein Sprungtuch auftreiben können, das sie mit viel Mühe zum Nachbarhaus hin aufspannten. Aber das Tuch hatte die Flammen nicht aufhalten können, die sich schließlich in der Stadt ausbreiteten. Das Flammenmeer war mit der Zeit so gewaltig geworden, daß es angeblich den gesamten Nachthimmel zwischen Færder und Øksøy erleuchtet hatte. Und während die jungen Mitglieder des Sportclubs hilflos zusehen mußten, fraß sich die Feuersbrunst sowohl durch den Saal der Stadtverordneten als auch durch Hjalmars Elternhaus. Zusammen mit dem Sekretär des Gerichtspräsidenten, der dabei schwere Verbrennungen erlitt, gelang es dem Hausmeister zumindest, einen Großteil des Gemeindearchivs zu retten.

Der Küster hatte die Kirchenglocken Sturm läuten lassen, um die Bürger der Stadt zu alarmieren, doch als die ersten Flammen am Kirchturm züngelten, mußte er sich in Sicherheit bringen. Der Propst war mit ein paar Leuten von der Straße herbeigeeilt, und gemeinsam hatten sie das Altarbild sowie die Abendmahlskelche und Hostienteller gerettet. Der Turm brannte bald lichterloh, und als die Glocken hinabstürzten und den Altar zerschmetterten, war das Getöse in der ganzen Stadt zu hören.

Der Brand beendete gleichzeitig die alten Zeiten. Die weißen Holzhäuser wurden nicht wieder errichtet. Zuvor war die Stadt bereits siebenmal durch Brände verwüstet worden, aber noch nie so verheerend wie jetzt. Zweihunderteinundvierzig Höfe lagen in Schutt und Asche. Die Stadtverordnetenversammlung faßte den Beschluß, daß beim Wiederaufbau der Stadt ausschließlich Stein verwendet werden sollte. Weil aber Steinhäuser viel Geld kosteten, zogen die Bürger auf die umliegenden Anhöhen, in Orte wie Falkum und Brekke, Duestien und Banejordet, wo man immer noch die billigeren Holzhäuser bauen durfte. Die neuen Stadtgründer und Geschäftsleute bemächtigten sich der entstandenen Baulücken. Die Straßen wurden breiter, die Anzahl der von Lattenzäunen umsäumten Gärten geringer und die neuen Häuser im neogotischen Stil häßlicher. Der Brand habe Skien von einem weißen Schwan in ein häßliches Entlein verwandelt, sagten viele Zeitgenossen. Über die Tatsache, daß das Høiers Hotel und die Norges Bank vom Brand verschont geblieben waren, konnte sich auch niemand so recht freuen, denn Stockmanngården, das Geburtshaus von Henrik Ibsen, war abgebrannt.

Der einzige Trost der Bevölkerung bestand darin, daß der Brand an den Brücken haltgemacht hatte, so daß die Sägewerke, allen voran *Union*, ihren Betrieb fortsetzen konnten. Dort und nicht in den niedergebrannten Häusern verdienten die Menschen schließlich ihren Lebensunterhalt. Außerdem war es Löschmannschaften und Freiwilligen durch ihren unermüdlichen Einsatz gelungen, die *Lundetangen*-Brauerei vor den Flammen zu bewahren.

Auch für Hjalmar hatte der Stadtbrand im August 1886 eine neue Zeit eingeläutet. Während der Rauch noch aus den Ruinen emporstieg, war er, das Abiturzeugnis in der Tasche, nach Kristiania gegangen. Ohne es selbst zu ahnen, unternahm er damit den ersten Schritt, sich von Skien zu lösen. Auch in Zukunft sollte er von Zeit zu Zeit hier wohnen, aber als der Brand seine Heimatstadt und sein Elternhaus zerstört hatte, war auch in ihm selbst etwas zerstört worden. Von dem Moment an, als er den Zug bestieg und in die Hauptstadt fuhr, hatte ihn eine große Unruhe befallen. Er besaß das Abitur, in jenen Tagen ein goldumrandetes Stück Papier, doch er begann sich zu fragen, was er damit überhaupt anfangen sollte.

Und genau diese Zweifel beschäftigten seit einer Weile auch den Justizhausmeister. Er hatte einen Brief des Sohnes erhalten, in dem Hjalmar ihm mitteilte, er könne während des »Marktes« leider nicht nach Skien kommen. Das hatte ihn gewundert, denn er wußte, welche Freude es Hjalmar immer bereitet hatte, auf dem Baggersplass zwischen den vielen Buden hin und her zu laufen, wo Händler aus Oppland und den Nachbarstädten ihre verlockenden Waren anpriesen. Honigkuchen stand bei ihm besonders hoch im Kurs. Auch den Gauklern, Akrobaten und Schwertschluckern, die sich bei Mudringen und den Brücken aufhielten, hatte er gern zugesehen. Aber schließlich war er ja kein kleiner Junge mehr, und so gesehen war es vielleicht nicht verwunderlich, daß er lieber seinem Studentenleben in Kristiania nachging.

Ihre letzte Begegnung lag noch nicht weit zurück. Hjalmar hatte sie zu Weihnachten in Venstøp besucht, wohin der Hausmeister mit seiner Familie nach dem Brand gezogen war. Er hatte versucht, den Sohn über das Leben an der Universität und über dessen Pläne für die Zeit nach dem Zweiten Examen auszufragen, aber nicht allzu viele Auskünfte erhalten – außer der, daß alles sehr teuer sei und Hjalmar wahrscheinlich mehr Geld brauche.

Der Justizhausmeister hatte für seinen Sohn hingegen eine Militärschule im Sinn. Eine Offizierskarriere würde Sicherheit und Prestige bringen. Er ließ Hjalmar gegenüber die Möglichkeit durchblicken, die Examensvorbereitungen an der Universität sausen zu lassen und sich statt dessen auf die Aufnahmeprüfung zur Militärschule zu konzentrieren. Ihm sei klar, daß Hjalmar in diesem Fall Privatstunden nehmen müsse, um sich in den Naturwissenschaften auszubilden, doch er würde ihn darin finanziell unterstützen.

Hjalmar zeigte an einer solchen Alternative kein sonderliches Interesse, wenn er sie auch nicht direkt ablehnte. In jedem Fall wollte er zuerst das Zweite Examen ablegen; das mit der Militärschule konnte er sich hinterher immer noch überlegen.

Jens Johansen gab sich damit zufrieden. Allerdings sah er sich jetzt mit der Tatsache konfrontiert, daß Hjalmar weitere Besuche bei ihnen unterließ, um einem erneuten Gespräch über seine Zukunftspläne aus dem Weg zu gehen. Er entschloß sich daher, seinem Sohn einen versöhnlichen Brief zu schreiben und ihm zu verstehen zu geben, daß es sicherlich das Beste für ihn sei, im Frühjahr das Universitätsexamen abzulegen, so wie er es vorhabe. Im Frühsommer könnte er sich dann auf der Rekrutenschule in Gråtenmoen außerhalb von Skien anmelden, denn seinen Militärdienst müsse er ja ohnehin irgendwann ableisten. Falls es mit einer militärischen Karriere nichts würde, hätte er ja in jedem Fall das Zweite Examen und könnte an der Universität weiterstudieren.

Der Justizhausmeister beendete seinen Spaziergang entlang den verkohlten Grundstücken und begab sich völlig durchnäßt ins provisorische Rathaus, das die Stadtverordneten im Gebäude der »Totalen Abstinenzler« eingerichtet hatten. Dort erwarteten ihn ein paar kleinere Arbeiten, bevor er Pferd und Karren nehmen und die gut dreißig Kilometer nach Venstøp zurückfahren konnte.

Auf dem Vorhof lief ihm seine jüngste Tochter Hanna mit dem kleinen Makken entgegen. Er war schon vor dreizehn Jahren so vorausschauend gewesen, den kleinen Hof zu erwerben, den er *Jordveien* (Erdweg) genannt hatte. Die Landwirtschaft, auf die eine Grundbuchschuld von einer Mark und einundachtzig Öre eingetragen war, ernährte ein paar Kühe und ein Pferd, außerdem bauten sie dort Kartoffeln an.

Einige Tage später schrieb er einen Brief, den er an die St. Olavsgate adressierte, wo Hjalmar ein Zimmer bewohnte. Ihm war offenbar schon leichter ums Herz, wenn er auch noch nicht aller Sorgen ledig war, denn er schloß mit dem Satz:

»Ich weiß, daß Du nicht viel Geld hast, deshalb schicke ich Dir zehn Kronen, aber Du mußt sorgsam mit ihnen umgehen, denn auch hier in Skien ist das Geld knapp.«

Der Vater übermittelte die besten Grüße aller in Venstøp. Sie seien gesund und munter.

7 Die zehn Kronen des Vaters kamen wie gerufen. Hjalmar besuchte zwar nicht seine Heimatstadt, um an den Feiern des Februarmarkts teilzunehmen, aber er bereitete ein Fest in Kristiania vor. Die Studenten aus Skien hatten sich zu einem kleinen Kreis zusammengeschlossen, und am dreizehnten Markttag statteten sie auf dem Weg zu Hjalmars Bude in der St. Olavsgate dem Schnapshändler einen Besuch ab. Dann tranken sie »das Wasser des Lebens von der lichtvollen Insel und Bier aus dem Wald, an dem alle sich freuen, während wir wehmütig der großen Zeit in der Heimat gedenken«*, wie er in einem Brief an Samuel Jørgensen, seinen besten Freund in Skien, schrieb.

Die kräftige Mischung aus Bier und Aquavit stieg ihnen zu Kopf und ließ sie schon bald nach Cognac verlangen. Mit den letzten Groschen machte sich Hjalmar auf den Weg zum Schnapshändler. Doch als er zurückkehrte, waren seine Freunde und er bereits so betrunken, daß sie kaum die Flasche aufbekamen. Als unbändige Neunzehnjährige hatten sie den uralten Kampf unter Studenten, wer am meisten trinken konnte, ausgefochten, und so war das Fest aus dem Ruder gelaufen, bevor es richtig begonnen hatte.

Völlig verkatert beteuerte Hjalmar am nächsten Morgen im schon erwähnten Brief an seinen Freund, daß ihm das Trinken in Kristiania keine Freude bereite, obwohl ein oder zwei Grogs durchaus die Stimmung heben könnten: »Ein Rausch kann die Sorgen verscheuchen. Aber hinterher, hinterher wird es gefährlich, dann ergreift dich der Mißmut mit doppelter Kraft und läßt dich erneut Zuflucht im Alkohol suchen. Auf diese Weise sind schon viele zu Trinkern geworden. Hör auf meine Worte!«

---

* Die Wortspiele »lichtvolle Insel« und »Wald, an dem alle sich freuen« beziehen sich auf den Aquavit namens *Lysholm* (Lichtinsel) und die Biersorte *Frydenlund* (Freudenwald).

Doch Kater geraten in Vergessenheit und mit ihnen alle guten Vorsätze. Im Kristiania der Boheme waren die Türen der Cafés stets geöffnet; das Modegetränk war Portwein. Dort versammelten sich Männer mit Zylindern und Melonen, manchmal in Begleitung von Damen in knöchellangen schwarzen Kleidern mit extravaganten Hüten, die ihre winterkalten Hände in einen Muff steckten. Über den Portweingläsern brodelte ein Stimmengewirr. Es ging um Hans Jægers jüngsten Angriff auf die sexuelle Unfreiheit und den beschlagnahmten Roman *Albertine* von Kristian Krogh, um die neue parlamentarische Staatsform und die wankende Regierung des Ministerpräsidenten Johan Sverdrup, um die ersten Gewerkschaften, den suspekten Sozialismus und die ersten zaghaften Gefechte für die Rechte der Frauen. Amalie Skrams Roman *Constance Ring*, der die Neigung der Männer zu sexuellen Abenteuern anprangert, hatte lange die Gemüter erhitzt. Männer aus allen Schichten beteuerten ihre Unschuld, und bei den »Linken«, dieser neuen und fortschrittlich gesinnten Partei, wollten einige das Buch verbieten, aus Furcht, eine so anklagende Literatur könne ihnen bei der Parlamentswahl schaden. Ansonsten war man für oder gegen die staatliche Unterstützung Alexander Kiellands, der, den Gegnern im Parlament zufolge, »Gift in die Brust des Lesers« spritzte. Man stritt um die Frage des Religionsunterrichts und darum, ob die Kirchenvorstände vom Bischof ernannt oder von den auf dem Kirchplatz versammelten Gemeindemitgliedern gewählt werden sollten. Die Konservativen heulten auf, wenn jemand vorschlug, dem gemeinen Volk das Stimmrecht zu geben, während die Radikalen alle Männer, aber keine Frauen zu den Urnen rufen wollten. Letztere waren darüber hinaus der Meinung, daß der gewöhnliche norwegische Bauer über zuviel Macht verfüge.

Unberührt von diesem Geschnatter aus dem »Ententeich«, weilte Meister Henrik Ibsen im italienischen Ausland und verwaltete das moralisierende zeitgenössische Drama. Und während er Nora und Dr. Stockmann nach Kristiania auf die Bretter schickte, die die Welt bedeuten, hob Bjørnstjerne Bjørnson auf seiner Veranda in Aulestad den Fehdehandschuh auf.

Der sich ankündigende Unionsstreit sollte für politischen Zündstoff sorgen, denn in dieser Zeit der norwegischen Identitätskrise begann das norwegische Parlament erneut, mit seinem kleinen Säbel dem schwedischen König vor der Nase herumzufuchteln. Man kämpfte für die Eliminierung der schwedischen Farben in der oberen linken Ecke der norwegischen Flagge.

Hjalmar stand dem Kampf um den König und die »reine Flagge« zunächst ziemlich gleichgültig gegenüber, und auch das Spektakel im Parlament oder in den Kirchen beeindruckte ihn nicht sonderlich. Eines lehrte ihn das Leben in Kristiania allerdings täglich: zum gewöhnlichen Volk wollte er nicht gehören. Er wollte nach oben, einen Platz an der Sonne.

Also machte er sich über die Texte Platons und Ciceros her sowie über die verschlungenen Wege der deutschen Syntax. Er las von den Ursachen des Niedergangs Norwegens im Mittelalter und über die Herzfunktion bei Vögeln und Fischen. Er folgte den Gebrüdern Gracchus über das Forum Romanum und sah zu, wie die Männer in Eidsvold ihre Namen unter die neue Verfassung des Landes setzten. Er beschäftigte sich mit Humes Billardkugeln und mit Descartes' *Cogito, ergo sum*. Er prägte sich Catos Befehl, Karthago müsse zerstört werden, ebenso ein wie die Kugel, die Karl XII. bei der Festung von Fredrikshald tötete.

Ein Lesesaal birgt jedoch nicht nur Bücher in seinen Regalen, sondern fördert auch Sehnsüchte. Sie spuken in jedem Winkel und warten darauf, daß die Studenten unter der Last der Vokabeln in die Knie gehen; dann springen sie hervor und flüstern: Komm mit uns, verlaß diese verstaubten Hallen, wir wollen ungezügelt leben, wollen uns berauschen! O seliger Dionysos, Gott des Rausches, führe uns in Versuchung, laß uns übers holprige Pflaster zur nächsten Bodega tanzen, denn dort, so schreibt Hjalmar an Samuel, »sitzt man auf Ankern und Tonnen und betrachtet die aufgereihten Fässer mit dem kostbaren Saft; man braucht nur der Bedienung zu winken und auf eines der Fässer zu deuten (auf jedem steht der Preis angeschrieben), um ein Glas zu bekommen, das mit einer leuchtenden Flüssigkeit, direkt aus dem Land der Trauben, gefüllt ist. Ja, das ist herrlich ...«

Er kehrte der Universität den Rücken und stürzte sich ins Leben auf der Karl Johan Gate; er mischte sich unter die Boheme im Grand Café, besuchte Theater und Jahrmärkte, begab sich im Bezirk Vaterland in verrufene Spelunken, um »das Leben in den miesesten Pinten zu studieren«, was »sehr lehrreich und interessant« sei. Er übte sich allmählich in der edlen Kunst der Beschönigung, denn es war wohl nicht so gefährlich, sich verführen zu lassen, »solange man die nötige Charakterstärke besitzt«. Er bummelte zum Großen Markt, auf dem das Standbild Kristian Kvars gebieterisch seinen Zeigefinger erhebt, bevor er die Pilestredet in Richtung St. Olavsgate durchquerte, wo ihn sein einsames und kaltes Zimmer erwartete.

Für fünfzig Kronen im Monat, Verköstigung inklusive, wohnte er im Erdgeschoß bei einer Witwe. Im selben Haus lebten auch deren zwei erwachsene Töchter und ein Sohn. Mit der Logis war Hjalmar zufrieden, die Leute waren freundlich, und gutes Essen samt Bedienung gab es reichlich. Trotzdem fühlte er sich fremd und sehnte sich oft nach seiner Familie und den Freunden in Skien. Vor allem aber sehnte er sich nach »dem geliebten Gegenstand«, seiner *stella*. Hjalmar hatte seit langem ein Auge auf das Mädchen geworfen, und an Weihnachten hatten sie sich zum ersten Mal geküßt.

Sie hieß Hilda, Hilda Øvrum, und war die Tochter eines Schullehrers, der zugleich Pietist und Kirchendiener war. Hilda wollte Telegrafistin werden.

Hjalmar und Hilda hielten alles geheim. Nur Samuel war eingeweiht und fungierte als ihr Verbindungsoffizier.

Samuel war ein Jahr jünger als Hjalmar. Er drückte immer noch die Schulbank der Lateinschule in Skien und sah Hilda fast täglich, was auch nicht verwunderte, denn Samuel war selbst in Anna verliebt, Hildas Schwester. Mit Hjalmar hatte er verabredet, einmal in der Woche zu schreiben. Hjalmar antwortete genauso regelmäßig. Manchmal taten sie so geheimnisvoll, daß sie einen Code benutzten – sie verwendeten griechische Buchstaben.

Ihre Freundinnen bezeichneten beide als *stella*, das lateinische Wort für Stern. Achtzehn und neunzehn Jahre alt, versuchten sie gemeinsam, die Mysterien der Liebe zu ergründen. Bald entdeckten sie, daß Zweifel und Verlangen zum Liebesglück dazugehörten.

Hjalmar war nach dem Weihnachtsfest in Skien gerade erst nach Kristiania zurückgekehrt, da packte ihn die Sehnsucht – nach der Geliebten, dem Freund und den Portweingelagen, die sie veranstaltet hatten. Er schrieb mit weit ausholender und mahnender Feder und war sich gewiß, daß Samuel über soviel finsteres Pathos lachen würde:

»... wenn die Menschenkinder mit dumpfem Schlag vom Schicksal getroffen und aus ihrem Glück herausgerissen werden, darf man nicht aus Schwäche seufzend und tränenerfüllt seinen Nacken unter dieser Last beugen; aufrecht und tapfer sollte man stehen in den Stürmen des Lebens und den Wellen der Verderbnis trotzen, die an der Brust der Menschenkinder zehren.«

Doch Samuel lachte nicht. Die Unbeschwertheit ihrer Kommunikation war gestört, und er griff zu nicht minder finsteren Worten:

»Obwohl jeder Mann weiß, daß eine Frau ihn einmal in ihrem

Garn haben und verderben wird, kann er doch diesem Schicksal nicht entfliehen, das ihn mit unbarmherziger Hand in die verhängnisvolle Umarmung der Sirenen führt.«

Hjalmar durchschaute ihn. Der Verlust der Unbeschwertheit war selbstverschuldet. Samuel hatte sein Interesse für einen Moment einer anderen zugewandt und war daraufhin von Anna verstoßen worden. Hjalmar wies den Freund zurecht, ja, er war empört, daß dieser seine *stella* so behandeln konnte, die nicht zuletzt Hildas Schwester war.

Samuel gelobte Buße und Besserung und pries gleichzeitig das Glück des Freundes, ausgerechnet von Hilda umgarnt worden zu sein, was, wie er einräumte, auch ihm selbst gefallen hätte.

Hjalmar antwortete:

»Du preist mich glücklich? Meinetwegen, aber ich schwöre Dir, daß Du in dieser Hinsicht nicht durch eine so lange und harte Schule gehen mußtest wie ich. – Ja, es gab eine Zeit, in der ich nicht frei von Eifersucht war, selbst Dir gegenüber, mein Junge. Meine *stella* hat Scharen von Bewunderern (Deine auch, so ist das nicht gemeint), und ich mit meiner Zurückhaltung habe ein äußerst qualvolles Leben geführt. Gott sei Dank sehe ich jetzt besseren Tagen entgegen und kann im Bewußtsein, gesiegt zu haben, mit Freuden auf die Vergangenheit zurückblicken. Sie (Hilda) ist das edelste Geschöpf unter der Sonne; ich, das gestehe ich ein, bin ihrer nicht wert. – Niemand ist ihrer wert!!«

Wenngleich sich die jungen Burschen um Hilda scharten, hatten es die Mädchen in Skien doch nicht minder auf Hjalmar abgesehen. Als er nach Weihnachten nach Kristiania zurückgekehrt war, trafen sich zehn Freundinnen auf dem Øvrum-Hof, wo Hilda wohnte. Sie wollten eine andere Art Vereinigung gründen, eine, die sich nicht um Kleider für arme Kinder kümmern sollte, wie es sich für gute Christen gehörte. Sie wollten

Hjalmar im Freundeskreis mit geschwungener Pfeife und Skistock. Die Mädchen gründeten einen eigenen Club, der es sich zur Aufgabe machte, Hjalmar während seiner einsamen Studentenzeit in Kristiania bei Laune zu halten. Hilda steht in der Mitte der hintersten Reihe. Studioaufnahme aus Skien.

im Gegenteil ihre Energie darauf verwenden, sich zu amüsieren. Sie wollten auf die Eislaufbahn, wollten Polonaise und Française tanzen, sich beieinander treffen und Feste feiern, bei denen die Jungs dabeisein konnten. Vor allem aber wollte man auf Hjalmar aufpassen, damit er in der unheimlichen Hauptstadt keine Dummheiten anstellte.

Mit hochrotem Kopf ließ sich Hilda zur Kassenwartin wählen, denn noch wußte niemand, daß sie bereits Hjalmars Herz gewonnen hatte. Der Mitgliedsbeitrag wurde auf zehn Öre die Woche festgelegt. Das Geld wollte man benutzen, um ein Fest in Hjalmars Elternhaus zu veranstalten, wenn dieser nach abgelegtem Examen nach Hause zurückgekehrt war.

Die Nachricht von der Gründung der Vereinigung und deren Ziele erreichte Hjalmar durch Samuel auf dem Postweg. Am nächsten Morgen machte er sich in aller Frühe auf den Weg, kaufte sich neues Schreibzeug und setzte sich dann in seinem Zimmer hin, um »meiner geliebten Freundinnen-Vereinigung« einen Brief zu schreiben.

Nur weibliche Köpfe könnten auf die Idee kommen, eine Vereinigung mit so edlen Zielen zu gründen, schrieb er scherzend. Eine Freundinnen-Vereinigung nur aus Spaß an der Freud', die nicht einmal die Bekehrung verstockter Sünder in Afrika oder Norwegen im Sinn habe, werde die Missionen in aller Welt in den Schatten stellen und von allen Zulauf erhalten, die über einen gesunden Menschenverstand verfügten. Er bedankte sich dafür, »daß Ihr Euch mit solcher Großherzigkeit und Mutterliebe eines armen, verlassenen Jungen annehmt. Laßt mich jetzt sehen, wie Ihr ihm viele nützliche Dinge beibringt und ihn zu einem netten und folgsamen Jungen erzieht … Um Gottes willen bitte ich Euch, dem jungen Mann beizustehen, den Ihr adoptiert habt; laßt ihn nicht auf Abwege geraten.«

Wie es sich für einen echten Kavalier gebührt, beendete er sein Schreiben, indem er der Vereinigung seine Dienste als Abgesandter in der Großstadt anbot. Sollte es der Vereinigung an Spitzen, Tüll, Satin, Samt, Seide, Perlen oder Gold mangeln, brauche sie sich nur an ihren ergebenen Diener zu wenden, der demütig allen Wünschen nachkommen werde.

Er schickte den Brief an Samuel, der vor Begeisterung ganz außer sich war, weil er ihm einen Vorwand verschaffte, alle zu sich nach Hause einzuladen. Er schenkte Portwein aus, und während er Hjalmars Text vorlas, applaudierten die Freundinnen und begaben sich hinterher, aufgeregt schnatternd und in gehobener Stimmung, zur Eislaufbahn.

Während Hilda, mit Samuel an ihrer Seite, auf Schlittschuhen eine Polonaise tanzte, dachte sie an Hjalmar, ihren tapferen Freund – Gedanken, von denen niemand etwas wußte. Zur selben Zeit saß dieser frischverliebt in seinem einsamen Zimmer in Kristiania und glaubte felsenfest daran, daß sein Verlangen nach Hilda ein Leben lang anhalten würde.

Eines Tages sandte Samuel einen Brief anderer Art. Ein gewisser B. H. Schrøder hatte sich aufgrund übler Nachrede bemüßigt gesehen, in den Skiener Zeitungen eine Anzeige zu veröffentlichen, in der er jede Mitverantwortung für die jämmerliche Vorstellung, die der Sportclub Odd soeben auf der Sprungschanze abgeliefert habe, auf das entschiedenste von sich wies. Nachdem Schrøder sich schon bei anderen Gelegenheiten öffentlich in einer Art und Weise über Odd geäußert hatte, die die Frage aufwarf, ob er die gesamte Existenz des Sportclubs in Frage stellte, hatte die Vereinsführung eine außerplanmäßige Generalversammlung einberufen, die nur einen Tagesordnungspunkt aufwies: Antrag auf Ausschluß von Herrn Schrøder aus dem Verein.

Samuel hatte den Auftrag erhalten, Hjalmar darum zu bitten, Kontakt zu den in Kristiania befindlichen Vereinsmitgliedern aufzunehmen und diese um ihre Vollmacht zu bitten, sich dem Antrag anzuschließen. Wie alle wüßten, scheue Schrøder kein Mittel, um das zu zerstören, was er mit so viel Haß verfolge. Und nachdem Schrøder alles dafür tue, den Verein in den Schmutz zu ziehen, gäbe es nur einen Ausweg: seine Mitgliedschaft als Widerspruch zu der weiteren Existenz des Sportclubs zu betrachten.

Hjalmar fand einen so drastischen Schritt wie einen Ausschluß übereilt, aber er besorgte die Vollmachten, und bei nur drei Gegenstimmen wurde Schrøder von der Liste gestrichen.

Hjalmars Skepsis entsprang einer grundlegenden Abneigung gegen jede offene Konfrontation. Er besaß ein friedfertiges Temperament. Die Dinge klärten sich schon von allein, wenn man nur lange genug wartete. Daß er dennoch für den Ausschluß des aufmüpfigen Mitglieds stimmte, lag an seiner besonderen Stellung im Verein. Trotz seiner jungen Jahre gehörte er zu den vieren, die das Vorrecht besaßen, sich *Odds Väter* zu nennen. Die Einheit dieses Kleeblatts war ihm wichtiger als die weitere Mitgliedschaft eines Querulanten.

1887 war der Sportclub erst zwei Jahre alt, doch er hatte sich sowohl beim Turnen als auch im Skisport bereits Respekt verschafft – den beiden Disziplinen, die damals die größte Aufmerksamkeit genossen. Hjalmar war von Beginn an in beiden Sportarten ein As und hielt sich, wenn er nicht studierte oder mit seinen Skiener Kumpanen feierte, oft in der Turnhalle oder im hügeligen Osloer Umland auf.

Die Idee, einen Sportclub zu gründen, war 1885 während eines Skiausflugs geboren worden. Es herrschte strahlendes Wetter, als vier Jungen am frühen Morgen bei Brekke Bruk ihre Skier anschnallten. Sie passierten Børsejø und stiegen den Åmundshügel hinauf in Richtung Slemdal. Dort bauten sie sich eine kleine Sprungschanze und trainierten den ganzen Tag. Verschwitzt und erschöpft begaben sie sich schließlich auf den Heimweg. Als sie Heilvann erreichten, machten sie nochmals Rast und aßen ihre letzten Butterbrote. Während sie beobachteten, wie die Sonne zwischen den Tannenwipfeln unterging, kam einer von ihnen auf die Idee, einen Club zu gründen. Keine gewöhnliche Jungenclique mit Partyraum im Keller, nein, einen richtigen Verein, in dem alle möglichen Sportarten betrieben werden sollten.

Der Vorschlag wurde begeistert aufgenommen, und nur zwei Wochen später konnten Hjalmar Johansen und seine Freunde zur formellen Gründungsversammlung zusammentreten. Sie fand am 29. März in der Rathauswohnung des Justizhausmeisters Jens Johansen statt.

In einem düsteren Raum voller Plüsch und Nippes wählten die elf Anwesenden Ragnvald Blakstad, der zu den besten Ski- und Schlittschuhläufern seiner Zeit gehörte, zum Ersten Vorsitzenden. Seiner Prominenz war es zu verdanken, daß der Verein von Beginn an ernst genommen wurde.

Dann galt es zu entscheiden, wie der Sportclub heißen sollte. Einige kramten Namen aus der nordischen Mythologie wie Njård, Ull und Vale hervor, aber auf Blakstads Vorschlag hin einigten sie sich auf Odd, den Namen der Hauptperson in Victor Rydbergs Roman *Der Waffenschmied*. Darüber hinaus sollte der Verein ein Symbol erhalten. Sie wählten den Pfeil als Symbol der Schnelligkeit und Treffsicherheit.

Den Jüngeren gefiel der Name nicht, jeder zweite Kerl hieß schließlich Odd, aber aus Respekt vor ihrem Vorsitzenden wagte niemand, Einspruch zu erheben. Es sollte auch nicht lange dauern, bis der Stolz, ein *Odder* zu sein, die vormaligen Gegner des Namens mit Scham erfüllte und der Verein seinen Siegeszug antrat.

Von Anfang an sollte niemand die Ernsthaftigkeit der Mitglieder in Zweifel ziehen. Schon einen Tag nach der Gründung wurde die erste Mitgliederversammlung abgehalten, auf der man beschloß, einen Antrag zu stellen, den Turnsaal der Lateinschule zu Trainingszwecken benutzen zu dürfen.

Turnen bedeutete zu dieser Zeit nicht nur Riesenfelgen am Reck und Sprünge über das Pferd. Es war eine Sportart der strengen Disziplin und des rhythmischen Marschierens, in der das Strammstehen in Reih und Glied sowie große Paraden eine entscheidende Rolle spielten. Beurteilt wurden die individuelle Darbietung der Ausübenden und der Gesamteindruck, den eine Mannschaft hinterließ. Hjalmar und seine Freunde nahmen die mannschaftliche Geschlossenheit ebenso ernst wie das Turnen selbst. Mitglied von Odd zu sein war Ernst und kein Spiel. Darum sollten die Vereinsregeln so rigoros sein, daß Schwächlinge von vornherein abgeschreckt würden. Um sicherzugehen, daß nur die härtesten Burschen dabeisein würden, sollte der Club am Anfang nicht mehr als zwanzig Mitglieder aufnehmen. Diejenigen, die ohne triftigen Grund einer Mitgliederversammlung fernblieben, mußten zur Strafe fünfundzwanzig Öre in die Vereinskasse zahlen. Als triftiger Grund wurden nur Krankheiten akzeptiert, die es dringend erforderten, daß man zu Hause blieb. Verabredungen mit den Freundinnen, Familienbesuche, Examensvorbereitungen, ein Job im Kaufmannsladen – derartige Entschuldigungen wurden nicht anerkannt, es sei denn, man verfügte über eine ausdrückliche Erlaubnis des Vorsitzenden oder des Kapitäns der Turnriege. Mißachtungen der Vereinsregeln wurden im allgemeinen mit Bußgeldern zwischen zehn und fünfundzwanzig Öre geahndet, was auch für diejenigen galt, die zu spät zum Training oder auf Versammlungen erschienen.

Der begeisterte Hjalmar ging im Club völlig auf. Sein gedrungener, athletischer Körper war für das Turnen wie geschaffen. Er beeindruckte die Leute in Skien mit seinen Salti auf offener Straße, und an schönen Tagen konnte man manchmal beobachten, wie er auf Händen über das Geländer der Damfoss-Brücke lief, während die schäumenden Wassermassen unter ihm hinwegrauschten. Die Brücke war dreiundsechzig Meter lang.

Die Wettkämpfe, an denen er teilnahm, gewann er auch. Im folgenden Jahr, 1886, feierte er seinen ersten großen Triumph. Vom nationalen Turnfest in Fredrikshald, bei dem die Elite der

In der zweiten Hälfte der achtziger Jahre war Hjalmar der beste Turner des Landes. Er war Mitbegründer des Sportclubs Odd. Diese Mannschaft wurde 1886 Norwegischer Meister. Hjalmar steht in der Mitte.

norwegischen Turner aufeinandertraf, konnten er und seine Freunde den Siegerpokal nach Skien mitnehmen. Ihr Club war Norwegischer Meister geworden.

Es war die *Mannschaft*, in der er sich zu Hause fühlte. Im Einsatz für ein gemeinsames Ziel blühte er auf, gleichgültig, wo er sich befand: im Stadion, im Turnsaal oder im Vereinsbüro. Hjalmar war stets mit von der Partie und riß die anderen mit.

Sich selbst gegenüber konnte er nachlässig sein, wenn die studentischen Vergnügungen in Kristiania überhandnahmen und er die Kneipe dem Lesesaal vorzog oder wenn er sich nicht entscheiden konnte, was er werden wollte. Die Kameraden aber enttäuschte er nie. Übernahm er Verantwortung, wie damals, als Odd gegründet wurde, dann stand er auch dazu. Das Durchhaltevermögen, das ihm fehlte, wenn es um ihn selbst ging, bewies er dann, wenn es galt, andere zur Leistung anzutreiben.

Seine Überlegenheit als Turner machte ihn zum Aushängeschild des Vereins, und ihm war es auch wesentlich zu verdanken, daß dieser die schwierigen ersten Jahre nach der Gründung überstand. Die Mitglieder wählten ihn 1889 zum Vorsitzenden, und bevor er vier Jahre später mit Nansen das Nordpolarmeer überquerte, wurde er das erste Ehrenmitglied, eine Auszeichnung, die er lange Zeit mit niemandem teilen mußte.

Das Frühjahrssemester 1887 näherte sich seinem Ende; das Examen stand bevor. Aber der Lesesaal war weiterhin nur Staubfänger, und draußen lockte den jungen Kandidaten ein ergrünendes Kristiania.

Am 15. Mai feierte Hjalmar seinen 20. Geburtstag. Er hatte wirklich allen Grund, sich zu freuen. Er war umschwärmt, ein herausragender Sportler und im Begriff, sein erstes Universitätsexamen abzulegen. Alle Wege schienen ihm offenzustehen – er hatte die Wahl. Er wußte, daß sein Vater ihn gern auf der Militärschule gesehen hätte, aber war das so eilig, solange er noch die Universität besuchte? Zwanzig Jahre! Er wollte von nun an alles daransetzen, um Karriere zu machen. Am liebsten hätte er Jura studiert, denn was konnte einem schon vielfältigere Entwicklungsmöglichkeiten bescheren als ein juristisches Staatsexamen? Darüber, nicht über die Militärschule, mußte er mit seinem Vater sprechen.

Am 17. Mai war er wieder auf Tour, aber die Feierlichkeiten in der Hauptstadt anläßlich des Tages der Freiheit machten trotz des großen Umzugs und der elektrischen Beleuchtung auf der Festung Akershus keinen besonderen Eindruck auf ihn. Am Abend tanzten die Freunde aus Skien auf dem Festplatz, aber es staubte so sehr, daß sie ihre Partnerinnen kaum erkennen konnten. Mit seinen Gedanken war er in Skien und bei Hilda.

Samuel hatte geschrieben, daß Hjalmar durchaus Grund zur Eifersucht habe, weil er Hilda immer noch fast täglich sehe. Sie träfen Verabredungen, bei denen sie Heimlichkeiten austauschten und sich neckten, daß es eine wahre Lust sei. Aber er könne ihr kein Lächeln entlocken, es sei denn, er spräche von Hjalmar. Wenn seine eigene Freundin Anna nicht noch hübscher wäre, würde er sich, Hjalmar und allen Konkurrenten zum Trotz, in Hilda verlieben.

Aber Hjalmar wurde dem Freund gegenüber nicht mißtrauisch. Er vermochte bei seiner Freundin, »einem Edelstein ohnegleichen«, nur Vortreffliches zu entdecken. Nie war ihm etwas ernster gewesen als die Liebe zu Hilda. Er bat sie, ihn nicht für eingebildet zu halten, daß er sich sicher sei, sie fühle dasselbe. Wenn nur das verflixte Examen bald vorüber wäre und er abreisen könnte.

Dann kam das Fiasko. Beim mündlichen Examen in Zoologie, das er für sein stärkstes Fach gehalten hatte, fragte ihn der Prüfer nach Geckos. Er beherrschte das Pensum sozusagen im Schlaf, das glaubte er jedenfalls selbst, doch der Prüfer entdeckte eine Wissenslücke: Hjalmar hatte keine Ahnung, was ein Gecko war. In den Büchern hatte nicht ein Wort über Geckos gestanden, nur in den Vorlesungen hatten die Studenten gelernt, es handele sich um Echsen. Und diese Vorlesungen hatte Hjalmar nicht besucht, weder vor noch nach Weihnachten. Der Prüfer belohnte Hjalmars Drückebergerei mit der Note »Vier«, womit dieser nur um Haaresbreite einem Desaster entging.

Beschämt griff er zur Feder und schrieb Samuel von dem Unglück. Er könne sich nicht erinnern, jemals eine schlechtere Prüfung abgelegt zu haben. Was würden sie wohl zu Hause dazu sagen? Was würde Hilda davon halten?

Hjalmar suchte Trost in der Erkenntnis, daß nur die Schwachen aufgaben, weil sie glaubten, nach der ersten verlorenen Schlacht sei bereits alles vorbei. Schwach, nein, das war er nicht. Da hielt er es schon lieber mit den Phlegmatikern, die sicherlich genauso litten wie alle anderen. Aber sie widerstanden dem Leiden und erhoben sich nach und nach unbeirrbar über ihr Schicksal, indem sie sich sagten: Geschehen ist geschehen, nächstes Mal wird's besser!

Die Zähne zusammenbeißen und durchhalten – das wurde sein Motto. Nur Mut!

Ersteres war jetzt gefragt, wie später noch oft in seinem Leben. Aber durchhalten? »Aufrecht und tapfer in den Stürmen des Lebens stehen«?

Auch darum sollte es später noch öfter gehen.

In Skien traf Samuel wie gewöhnlich mit Hilda zusammen und erzählte ihr von Hjalmars Vierer. »Das hat sie nicht gerade aufgebaut. Jedenfalls ist sie Deinetwegen knallrot geworden«, schrieb er zurück nach Kristiania. Er forderte Hjalmar auf, sich ein paar Einser zu besorgen, schon um Hilda in ihrem Kummer eine Freude zu bereiten.

Peinlich berührt und mißmutig, weil er mit seinem Lernpensum in Verzug war, stürzte sich Hjalmar auf Deutsch und die anderen Fächer. Aber sosehr der selbsternannte Phlegmatiker auch versuchte, die Ruhe zu bewahren und sich einzureden, nächstes Mal werde es schon besser werden, sosehr lief es auch bei den übrigen Prüfungen schief. Die Einser blieben aus, und mit dem belastenden Vierer schwand die Hoffnung auf einen Abschluß mit Auszeichnung. Wie schon beim Abitur bekam er lediglich eine Drei im Zeugnis – *haud illaudabilis* –, was nichts anderes hieß, als daß es sich hier weder um einen dummen noch um einen besonders klugen Kandidaten handelte.

Mit dem Ergebnis konnte einer, der sich auch außerhalb der Turnhalle hohe Ziele gesteckt hatte, natürlich nicht zufrieden sein. Anstatt sich jedoch einzugestehen, daß die enttäuschende Note eine Folge seines mangelnden Fleißes war, griff er zu banalen Ausflüchten – daß ihm die mündliche Form der Prüfung nicht liege und das Lehrbuch eben nichts über Geckos enthalte.

Ein Dreier war schließlich keine Katastrophe. Hier hatte er sich quasi einfach treiben lassen, und was bedeutete schon das wertlose Zweite Examen? Das brauchte man doch nur, um weiterzukommen. Er würde noch genug Gelegenheit haben zu zeigen, daß er etwas taugte – Hauptsache, er konnte im Herbst mit dem Jurastudium beginnen.

Nur gut, daß auch Samuel bloß eine Drei erreichte, der ungefähr zur selben Zeit die Abiturprüfung an der Lateinschule absolviert hatte. Für das nächste Treffen mit Hilda wäre eine bessere Note allerdings schon von Vorteil gewesen.

Hjalmar fuhr zur Feier der Freundinnen-Vereinigung, die in seinem Elternhaus stattfand, aber die Ereignisse in Kristiania hatten doch ihre Spuren hinterlassen. Die Zeit ohne Hilda hatte ihn gelehrt, was Sehnsucht heißt, diese verzehrende Kraft, die ebensoviel schuf wie zerstörte.

Die Saufgelage im Freundeskreis hatten ihn mit den eigenen dunklen Seiten konfrontiert, vor denen er sich eigentlich ängstigte, und als Zwanzigjähriger war er schon mit allen Folgen vertraut, die das Zechen mit sich brachte. In einem seiner Briefe an Samuel bezeichnet er sich als »routinierten Trinker«, wohl vor allem, um anzugeben.

Obgleich die Arbeit an der Universität manchmal sehr anstrengend sein konnte, schreckte ihn das Leben in der intellektuellen Umgebung keineswegs ab. Er entdeckte seine Begabung zum Schreiben, mehr noch, es machte ihm sogar Spaß. Seine Betrachtungen zeugen von einer frühen Reife, sein Stil ist flüssig, und mühelos beherrschte er die schwierige dänische Rechtschreibung.

Sein Horizont schien indes begrenzt. Die Liebe und die Frauen beschäftigten ihn als Gegenstand seiner Gefühle und Begierden, aber nicht im Kontext der erregten Moraldiskussionen seiner Zeit, die genau in dem Moment im Verbot der öffentlichen, legalen Prostitution kulminierten, als er sich in Kristiania aufhielt. Er suchte intensiv nach einer Strategie, die ihm einen Platz unter den Privilegierten der Gesellschaft sicherte, interessierte sich aber kaum für die Auseinandersetzungen in der politischen und sozialen Arena. Frühzeitig entwickelte er ein Ehrgefühl, das scharf zwischen Wahrheit und Lüge zu unterscheiden wußte, und scherte sich doch nicht um die erhitzten Diskussionen über Pietismus und Darwinismus im ausgehenden neunzehnten Jahrhundert.

Sein einziger wirklicher Bezugspunkt zu der erhofften akademischen Laufbahn war der Sport, vor allem das stark von Regeln bestimmte Turnen, das er als »Gymnastik und militärische Übungen«, wie das Fach damals hieß, auf der Lateinschule ausgeübt hatte und später durch sein außergewöhnliches Talent weiterentwickelte.

Vielleicht lag es an seiner Kindheit im Rathaus von Skien, daß die Wahl auf Jura fiel. In diesem Milieu begegnete er Richtern, die Verurteilte zu seinem Vater ins Gefängnis schickten, und hier traf er auf Anwälte, die Bürger der Stadt in Streitfällen vertraten. Doch genauso motivierend waren sicherlich die Freunde im Sportverein, von denen sich mehrere für eine akademische Laufbahn entschieden.

Wenn Hjalmar verunsichert war, wie unter dem Prüfungsdruck oder im Sog der Großstadt, kamen die schwachen Seiten seines Charakters zum Vorschein. Fühlte er sich dagegen in seinem Element, wie beim Sport oder im Freundeskreis, dann zeigte er Stärke.

An der Schwelle zum Erwachsensein war Hjalmar voller Ambitionen. Über Talent und Willensstärke verfügte er. Aber wie bei so vielen anderen, die keinen Vater in gehobener Position hatten, war er wirtschaftlich nicht gut gestellt. Dennoch fühlte er sich sicher, solange sein Vater ehrgeizige Pläne mit ihm verfolgte.

8 Das Land in Venstøp war bestellt, und alles gedieh prächtig. In Kristiania hatten die Studenten ein weiteres Semester absolviert, und auch im Skiener Rathaus, das nach dem Stadtbrand von vor zwei Jahren weiterhin seinen provisorischen Sitz im Gebäude der »Totalen Abstinenzler« hatte, spürte man, daß der Sommer nahte. Die Büroangestellten standen hinter den Schreibpulten, kratzten mit ihren Federhaltern auf dem Papier und sahen sehnsüchtig den weißgekleideten jungen Mädchen nach, die über den Bürgersteig hüpften, oder beobachteten, wie die Jungen ihre Faßreifen die Straße hinunterrollten.

Der Justizhausmeister Jens Johansen dagegen hatte alle Hände voll mit den Gefangenen zu tun. Neben seinen Hausmeisterpflichten trug er auch weiterhin die Verantwortung dafür, daß die kleinen Schurken der Stadt angemessen verpflegt wurden. Die zu Wasser und Brot Verurteilten machten ihm da keine Sorgen. Aber es gab andere, denen die Richter eine mildere Strafe zugedacht hatten und die ein ordentliches Essen bekamen, wenngleich man davon nicht gerade Speck ansetzte. Johansen stand zwar nicht selbst am Herd und kochte, aber er war für den Einkauf zuständig, und es kam vor, daß er noch spät am Abend über lange Listen gebeugt dasaß und grübelte. Über jede Öre, die er ausgab, mußte er Rechenschaft ablegen.

Johansen war ein pflichtbewußter Dienstmann mit einwandfreiem Ruf, der seinen Vorgesetzten bis zu dem Tag loyal ergeben sein würde, an dem er in Pension gehen und seinen Ruhestand am heimischen Herd in Venstøp genießen konnte.

Stolz hatte er die Turnerkarriere seines Sohnes verfolgt, und ihm wurde ganz warm ums Herz, wenn die Bürger der Stadt zu ihm kamen und von Hjalmars Leistungen schwärmten. Mit gewissem Unbehagen betrachtete er jedoch dessen ruheloses Studentenleben und wünschte wohl immer noch, Hjalmar würde die straffere militärische Laufbahn einschlagen. Der Sohn hatte aber darauf bestanden, in Kristiania zu bleiben.

Eines Tages stürzte Jens Johansen plötzlich zu Boden und starb, gerade einmal fünfzig Jahre alt.

Der Schicksalsschlag traf die Familie hart. Ihr Zentrum war verschwunden, sein Lächeln, seine schützende Hand. Die größte Sorge war natürlich, wie es finanziell weitergehen würde.

Für Hjalmar bedeutete der Tod des Vaters zunächst, daß er sein Studium abbrechen, nach Venstøp zurückkehren und sich eine Arbeit suchen mußte.

Hjalmar war einundzwanzig Jahre alt. Er hatte das Abitur und das Zweite Examen in der Tasche und ein Jahr lang Jura studiert. Darüber hinaus hatte er sich als Sportler einen Namen gemacht und gehörte dem jungen und selbstbewußten Führungszirkel des Clubs an. Um die Wirtschaftslage des Landes stand es schlecht, es gab viele Arbeitslose, aber in Skien, wo sich eine neue Stadt aus der Asche der alten erhob, liefen die Dinge besser. Hjalmars Zeugnisse bewahrten ihn davor, in den Arbeitshallen des *Union*-Sägewerks zu landen. Statt dessen wurde er offiziell Büroangestellter bei der Stadtverwaltung von Bratsberg.

Die Arbeit war allerdings nicht so angenehm, wie es sich vielleicht anhört, denn in Wirklichkeit wandelte er dabei in den Fußstapfen seines Vaters. Er wurde sowohl Hausmeister als auch Lagerverwalter im Gefängnis und war für die Verpflegung der Gefangenen zuständig.

Im darauffolgenden Jahr konnte Hjalmar immerhin mehr Zeit mit Hilda und dem Turnen verbringen. Er nahm immer noch an den Zusammenkünften der Freundinnen-Vereinigung teil und zog hin und wieder mit Samuel los, der ebenfalls das Studium hatte abbrechen müssen, noch ehe es richtig begonnen hatte. Allmählich aber ließ er sich von der Schläfrigkeit der Kleinstadt einlullen. Der eintönige Job ging ihm mehr und mehr auf die Nerven, und er begriff, daß sein Dasein als Gefängniswärter ihn nicht weiterbrachte.

Nur beim Sport war er in seinem Element, und er machte in zahlreichen Wettkämpfen von sich reden. Für seinen Salto mortale und andere Sprünge war er weithin berühmt, und wenn sein Name auch nicht durch ganz Norwegen hallte, so erklang er zumindest in den Städten rund um den Kristianiafjord und in der Hauptstadt selbst, wo er schon bald Fridtjof Nansen zu Ohren kommen sollte. Er turnte in Skien und Porsgrunn, in Laurvig und Kragerø, in Tønsberg, Kristiania und Fredrikshald. Und er turnte in Paris.

Man schrieb das Jahr 1889. Die Weltausstellung war eröffnet, und überall wehte die Trikolore. Im Moulin Rouge, der neuen Vergnügungsstätte auf dem Montmartre, in der sich die Tänzerinnen bereits zum Cancan umzogen und die Bedienung sich darauf vorbereitete, Absinth auszuschenken, legten die Bauarbeiter noch letzte Hand an. Auf dem Marsfeld streckte der Stolz der Stadt seine eiserne Spitze gen Himmel, der soeben eingeweihte Eiffelturm.

Als erster der neunzehnköpfigen norwegischen Turnmannschaft stieg Hjalmar Johansen am *Gare du Nord* erwartungsvoll aus dem Zug.

Dies war seine erste Auslandsreise. Eine ganze Woche lang sollte er in Paris bleiben. Gemeinsam mit Tausenden anderer Turner aus ganz Europa wollten die Norweger an den Wettkämpfen in Vincennes teilnehmen.

Die Mannschaft bezog ein kleines Hotel unweit der Bastille. Sie erkundeten die Weltstadt und statteten dem norwegischen Dichter Jonas Lie und seiner Frau an deren 29. Hochzeitstag einen Besuch ab. Doch zu Hjalmars Enttäuschung stiegen sie nicht auf den Eiffelturm.

Dann kam der Wettkampftag. Die Norweger hatten ein anderthalbstündiges Programm einstudiert, doch für das kleine Unionsland, von dem kaum jemand auf der Tribüne mehr wußte, als daß es sich irgendwo im eisigen Norden befand, waren nur zehn Minuten vorgesehen. Hjalmar und seine Freunde mußten eine rasche Entscheidung treffen. Salti mortali und andere Sprünge waren ihre Paradenummern.

Der norwegische Mannschaftsführer wählte noch einige Freiwillige aus dem Publikum aus, bis insgesamt zweiunddreißig Leute in einer Reihe dastanden. Das Trampolin wurde bereitgestellt. Hjalmar zog seine Trainingsjacke aus. Es war, als spürten die Leute, daß sich etwas Außerordentliches anbahnte, denn in dem Moment, als Hjalmar zum Sprung ansetzen wollte, begannen sie zu rufen: »Zehn dazu, zehn dazu!« Der Mannschaftsführer sah zu Hjalmar hinüber, der nickte. Weitere zehn Männer nahmen Aufstellung, insgesamt zweiundvierzig, die hintereinander auf dem Turnplatz in Vincennes standen. Eine endlose Reihe von Köpfen hatte sich dem Trampolin zugewandt und beobachtete nun, wie Hjalmar sich auf den Sprung vorbereitete, den er trainiert hatte – das Prunkstück der norwegischen Mannschaft.

Immer noch ging ein Raunen durch die Zuschauer; einige riefen: »Vive la Norvège!« Hjalmar hatte Hunger, denn obwohl es ein Uhr mittags war, hatte er noch nichts zu essen bekommen, und zudem fühlte er sich müde, nachdem sie in der Nacht von lärmenden belgischen Turnern wachgehalten worden waren. Dank der Stimmung auf den Tribünen und dem Gedanken an Norwegen spürte er, wie ihm das Adrenalin ins Blut schoß. Dann stürmte er auf das Trampolin zu.

Er traf es perfekt und stieg in hohem Bogen auf, machte einen Salto mortale über den zweiundvierzig aufgestellten Männern, um dann den Sprung unter dem tosenden Beifall der Menge sicher zu stehen und sich in Richtung Jury zu verbeugen. »Encore, encore!« schrie das Publikum. Hjalmar nahm Aufstellung und sprang noch einmal. Wieder stand er sicher.

Hinterher wurde er mit Lob überschüttet. Während der abendlichen Feierlichkeiten wurden Hjalmar und die anderen Norweger aufgerufen, um am Siegertisch Gold und Silber und die vierhundert Franc teure Porzellanbüste eines französischen Generals entgegenzunehmen. Außerdem erhielt jeder einen Lorbeerkranz und Blumen, während der Telegraf die Nachricht vom Auftritt der norwegischen Mannschaft an die Zeitungen der Hauptstadt übermittelte, in der sie wenige Tage später vom Turnerbund begrüßt und als Helden gefeiert wurden.

Hjalmar fuhr nach Skien zurück, wo ihn der größte Jubel erwartete, denn in der Heimatstadt hatten seine Kameraden, die Odder, bereits alle Vorkehrungen für die große Feier getroffen. Niemand sollte daran zweifeln, daß ihr Vertreter in Paris der beste Turner des Landes war.

Doch irgendwann nahmen auch die Huldigungen ein Ende, und der Alltag begann von neuem.

Die Jahre 1889 und 1890 zogen sich träge dahin. Dann rang Hjalmar sich endlich zu einer Entscheidung durch. Er beherzigte den alten Wunsch seines Vaters und besuchte die Militärschule. Im September 1891 ging er erneut nach Kristiania, wo er sich in der Torggate 2 ein Zimmer nahm. Vom Großhändler Rød, dem Ehemann seiner ältesten Schwester Mathilde, hatte er sich etwas Geld geliehen.

Die Unterkunft war in Ordnung, wenn auch die rumpelnden Pferdewagen auf der vielbefahrenen Straße und das Schimpfen der Kutscher reichlich Lärm verursachten. Aber im Grunde kümmerte ihn das nicht, denn er mußte bereits vor sechs Uhr morgens aufstehen, um rechtzeitig in der Schule zu sein, an der ein strenges Regiment herrschte.

In seiner Klasse war auch Hauk Aabel, der später ein großer Komödiant und Schauspieler werden sollte.

Hjalmar ging jedoch bald das Geld aus, und so mußte er die Militärschule nach der Hälfte der vorgesehenen Zeit wieder verlassen. Nach dem einjährigen Wehrdienst besaß er nur die Zeugnispapiere der rangniedrigsten Abteilung, die zwar den Rang eines wehrpflichtigen Sekondeleutnant der Infanterie bedeuteten, ihn aber nicht zu einer Stellung als festbesoldeter Offizier berechtigten. Auch seine militärische Karriere war folglich beendet, bevor sie richtig begonnen hatte.

Inzwischen war Hjalmar fünfundzwanzig Jahre alt und immer noch ohne Zukunftsaussichten. Für einen ehrgeizigen Mann wie ihn, der eine Frau finden und Selbstachtung entwickeln wollte, war dies keine einfache Situation. Er kehrte nach Venstøp zurück, wo er eine Zeitlang nichts anderes zu tun hatte, als seiner Mutter bei der Bewirtschaftung des Hofes zu helfen.

Vom Gefängniswärter zum Stallknecht. Wie Aschenputtel stocherte er in der Asche.

9 Die Polargeschichte ist letztlich die Geschichte eines Wettlaufs. Lange Zeit lagen die Pole selbst außer Reichweite, doch die Expeditionen notierten eifrig ihre Rekordmarken in immer größerer Nähe zum Nord- oder Südpol, beklatscht von den geographischen Gesellschaften ihrer Heimatländer und einer zunehmend faszinierten und gespannten Öffentlichkeit.

Zu Beginn, im siebzehnten und achtzehnten Jahrhundert, war es die Jagd gewesen, die in die Polargebiete lockte. Nach und nach wuchs auch das wissenschaftliche Interesse. Im Laufe des neunzehnten Jahrhunderts traten dann die ersten Polarfahrer in Erscheinung, denen es vor allem um die Tat an sich ging: Abenteurer und Rekordjäger, die es weder auf Beute noch auf Forschungsergebnisse abgesehen hatten, sondern nur darauf, den Fuß in immer entferntere, unbekannte Gebiete zu setzen.

Die meisten Polarfahrer schmückten sich dennoch mit der Bezeichnung »Forscher«, nachdem es als »politisch nicht korrekt« galt – sowohl für sie als auch ihre finanziellen Förderer –, eine Expedition auf die Beine zu stellen, die nicht auch wissenschaftlichen Zwecken diente.

Diese tatendurstigen Männer transportierten zwar einige Instrumente auf ihren Schiffen und wohl manchmal auch Schlitten, führten aber wissenschaftliche Messungen nur dann durch, wenn sie die Zeit dazu hatten, da sie bei der Verfolgung ihres Hauptziels, noch ein Stückchen weiter als ihre Konkurrenten nach Norden oder Süden zu gelangen, keine Verzögerung in Kauf nehmen konnten. Wegen der Kürze des Sommers galt es, die Schlitten möglichst häufig und lange einzusetzen.

Der Konkurrenzkampf wurde gegen Ende des neunzehnten Jahrhunderts immer härter und gipfelte im Wettlauf um den Südpol im Jahre 1911. Dieses Duell trug auch dazu bei, die wissenschaftliche Heuchelei zu entlarven, die so viele Jahre ein Teil der Polargeschichte gewesen ist. Scott und Amundsen ging es nur um den Sieg und nicht darum, möglichst viel Gestein für die Untersuchungen der Geologen zu sammeln.

Der eigentliche Auftakt zum Kampf um den Südpol lag da jedoch schon etwa fünfundzwanzig Jahre zurück. In den achtziger Jahren des neunzehnten Jahrhunderts hatte ein Duell stattgefunden, das in vielem dem Wettlauf zwischen Amundsen und Scott glich, wenngleich die äußeren Umstände weniger spektakulär waren. Eigentlich ging es um die Erforschung des Grönländischen Inlands, aber schon nach kurzer Zeit war ein Wettkampf um die Frage entbrannt, wer diese gewaltige Insel von Küste zu Küste durchqueren und damit ein weiteres Kapitel der menschlichen Entdeckungsgeschichte schreiben würde.

Vom Wettlauf selbst drang nichts an die Öffentlichkeit. Nur einzelne Fachleute begriffen, was vor sich ging. Das Ergebnis aber schlug in den norwegischen Hütten und Häusern ebenso wie in London, New York oder Paris wie eine Bombe ein, denn im November 1888 erfuhr die Welt, daß es Fridtjof Nansen gelungen war, Grönland auf Skiern zu durchqueren.

Auch in Venstøp, außerhalb von Skien, nahmen die Leute auf den Höfen die Nachricht ungläubig zur Kenntnis. Konnte das wirklich wahr sein?

Hjalmar Johansen, der sich zu dieser Zeit auf dem bescheidenen Hof befand, zweifelte nicht. Er selbst war ein ausgezeichneter Skiläufer und wußte, was Skier vermochten.

Zum ersten Mal hatte ein Norweger sich mit dem Ziel, eine Heldentat zu vollbringen, ins Eis begeben und war sofort weltberühmt geworden.

Nansen hatte Grönland 1882 das erste Mal zu Gesicht bekommen. Er war keine zwanzig Jahre alt, als er vom Zoologischen Institut mit dem Robbenfangschiff *Viking* auf Reisen geschickt wurde, um praktische Erfahrungen zu sammeln. Während die Mannschaft Robben jagte, fing er kleine Meerestiere.

Die Begegnung mit dem Packeis und der Anblick der Berge an Grönlands Ostküste hinterließen bei dem jungen Studenten einen unauslöschlichen Eindruck. Er hatte große Lust, an Land zu gehen, aber der Kapitän wollte das Risiko, sich in niedriges Fahrwasser zu begeben, nicht eingehen. Das Schiff könnte vom Packeis eingeschlossen werden, und damit würde wertvolle Fangzeit verlorengehen.

Seit den Wikingern, hieß es, seien weite Küstenabschnitte von keinem Europäer mehr betreten worden. Nansen hatte Blut geleckt und spielte mit dem Gedanken zurückzukehren. Zu Hause wartete indes die Beendigung seines Studiums, denn er bereitete seine Promotion in Zoologie vor.

Schon ein Jahr darauf, 1883, wurde gemeldet, der Schwede Adolf Nordenskiöld, der Entdecker der Nordostpassage, sei gut hundert Kilometer ins Innere Grönlands vorgestoßen. Und im Jahr 1886 bewältigte Robert Peary eine noch größere Distanz.

Der amerikanische Polarfahrer machte keinen Hehl aus seiner Absicht, vielleicht schon im darauffolgenden Jahr zurückzukehren, um dann Grönland vollständig zu durchqueren.

Diese Expeditionen stachelten Nansen an, der begriff, daß keine Zeit zu verlieren war. Obwohl er versuchte, seinem Vorhaben mit blumigen Wendungen einen wissenschaftlichen Anstrich zu geben, wollte er im Grunde nur die Eroberung um ihrer selbst und des Ruhmes willen. Vielleicht trieb ihn aber auch etwas anderes als persönlicher Ehrgeiz.

Die Norweger betrachteten Grönland seit den Tagen Eirik Raudes gern als einen Teil des norwegischen Einflußbereichs. Im Zuge der Kämpfe um die Verteidigung der norwegischen Verfassung gegen den Unionskönig in Stockholm waren auch in dem kargen Bauernstaat am Eismeer neue nationale Strömungen entstanden; und würden nicht gerade solche Heldentaten Norwegen die nötige Aufmerksamkeit verschaffen? Mehr als jede andere Nation waren die Norweger fähig, auch große Kälte zu ertragen.

Nansens Traum vom Ruhm könnte demnach einen kleinen imperialistischen Einschlag gehabt haben. So gesehen war er ein Kind seiner Zeit. In Berlin hatte Bismarck die Konferenz zur Aufteilung Afrikas unter den Großmächten geleitet. Überall in der Welt wurden die noch »verfügbaren« Gebiete von ihren neuen Herren in Besitz genommen. Warum also sollte nicht auch Norwegen seinen Blick auf das Verfügbarste überhaupt, nämlich die Wüste aus Eis und Schnee, richten? Die erwachende Nation benötigte nach vierhundertjähriger Nacht eine Auffrischung, und wo sollte die herkommen, wenn nicht aus dem Reich der Eisbären?

Nicht nur Nordenskiöld war der Ansicht gewesen, das Innere Grönlands müsse eisfrei, vielleicht sogar fruchtbar sein, obwohl die Vorstöße ins Inland, die er und Peary unternommen hatten, diese Vermutung nicht bestätigten. Nansen nahm an, daß das

Gebiet, in das er sich begeben wollte, eher dem Hochgebirge in Südnorwegen glich. Er war auf Skiern von Voss nach Kristiania und zurück gegangen und spürte, daß in seinen Fähigkeiten als Skifahrer der Schlüssel zum Erfolg lag.

Nansen sah Grönland 1888 wieder. Gemeinsam mit fünf Kameraden ließ er sich im Packeis absetzen, denn auch dieses Mal wagte der Kapitän sich nicht zu nah an die Küste heran. Mehrere Wochen kämpften sie bei starken Strömungen und berstenden Eisschollen um ihr Leben, bevor sie endlich an Land gehen konnten. Sie hatten wertvolle Zeit verloren, und erst gegen Mitte August konnten sie die Durchquerung Grönlands in Angriff nehmen.

Die übrigen Teilnehmer waren allerdings der Meinung, das Jahr sei für ein solches Unterfangen schon zu weit fortgeschritten; man solle lieber Vorkehrungen für eine Überwinterung treffen und im nächsten Jahr einen Versuch starten. Nansen lehnte ab.

Er hatte sich fest vorgenommen, der erste zu sein, der Grönland durchqueren würde, und fürchtete, daß andere seine Pläne durchkreuzen könnten, wenn er bis zum nächsten Sommer wartete.

Die Angst, die Nummer zwei zu sein, prägte die norwegische Polargeschichte von Anfang an. Der Wettlauf verlieh ihr Dynamik, die Rekordjagd war ihr Antrieb.

Weder Nansen noch Amundsen räumten dies in irgendeiner Form ein. Niemand sollte daran zweifeln, daß sie im Auftrag der Wissenschaft arbeiteten. All das Gerede über Rekorde hatte etwas Simples, fast Abstoßendes, mit dem sie sich nicht befassen mochten.

Nansen sollte als Wissenschaftler tatsächlich einiges erreichen. Er hatte einen unstillbaren Wissensdurst und bei der Drift mit der *Fram* über das Nordpolarmeer im übrigen auch alle Zeit der Welt, um wissenschaftliche Messungen durchzuführen. Sein Blick richtete sich jedoch fest auf die Pole, erst auf den einen, dann auf den anderen, denn mit diesen beiden Endpunkten der Erdachse ließ sich sein Geltungsbedürfnis am ehesten befriedigen.

Wenn hingegen Amundsen von Wissenschaft sprach, kam dabei kaum etwas anderes als Geschwätz heraus. Die mitgeführten Meßapparate bediente er, weil er sich dazu verpflichtet fühlte, und nicht, weil es ihm ein Bedürfnis gewesen wäre. Die Eroberung an sich lag ihm am Herzen, nicht irgendwelche wissenschaftlichen Erklärungen. Im Gegensatz zu Amundsen war Nansen nicht nur Polarfahrer, sondern auch Polarforscher.

Fridtjof Nansen hatte sich nach reiflicher Überlegung dafür entschieden, die Ostküste Grönlands als Ausgangspunkt für seine Expedition zu nehmen. Bislang waren alle von der Westküste aus ins Inland vorgestoßen, denn die dort befindlichen Eskimodörfer hätten ihnen eine Rückzugsmöglichkeit geboten, falls etwas schiefgehen sollte.

An der Ostküste gab es kaum Ansiedlungen, so daß eine Expedition, die hier ihren Anfang nahm, schnell alle Brücken hinter sich abgebrochen haben würde. Genau das aber hatte Nansen sich vorgenommen. Daher sein unvergeßlicher Schlachtruf: »Es bleibt keine Wahl; immer nur weiter. Die Devise heißt: entweder sterben oder Grönlands Westküste erreichen.«

Wie ein zweiter Christoph Kolumbus setzte er sich in Bewegung, hinein in die unbekannten Weiten, die Augen, ohne zurückzublicken, nur auf das verlockende Ziel gerichtet. Gleichzeitig wandte er sich gegen die vorherrschende Taktik, wonach jede Polarexpedition eine Rückzugsmöglichkeit in Form eines Schiffes oder zumindest eines Lagers benötigte, und ohne eine solche Sicherheit die Disziplin der Expeditionsteilnehmer leiden, ja sogar Meutereien entstehen könnten.

Nansen war vom Gegenteil überzeugt. Ohne Sicherheitsnetz würden alle ihr Äußerstes geben, um weiter voranzukommen, und erst dann könnte er die Devise ausgeben: die Westküste oder der Tod.

Diese Philosophie machte er sich auch beim Bau des Schiffes zu eigen, das den Namen *Fram* erhielt, was soviel wie *vorwärts* bedeutet, denn »Vorwärts!« lautete die Parole, als er die Drift in Richtung Pol vorbereitete. Weder Nansen noch irgend jemand sonst wußte mit Sicherheit, wohin Schiff und Mannschaft treiben würden, sollten sie das atemberaubende Wagnis denn überhaupt überleben. Und lägen sie erst einmal in den Fängen des Eises, gäbe es keine Zeit zur Reue und keine Möglichkeit der Umkehr.

Diese Methode bewährte sich mustergültig, als Nansen später mit Hjalmar Johansen und ein paar Hunden, ausgerüstet mit Kajaks und Skiern, die *Fram* verließ, um den Nordpol zu erreichen. Das Schiff würden sie niemals wiederfinden, also mußte der unbekannte Rückweg in Richtung Süden über das Packeis und, wenn dieses ein Ende nahm, über das offene Meer führen.

Mit der Verwendung von Skiern wurde Fridtjof Nansen zum Begründer der modernen Polarforschung. Indem er auch Hunde und Schlitten einsetzte – eine Methode, die in Hunderten von Jahren von der grönländischen, nordamerikanischen und sibirischen Urbevölkerung entwickelt worden war –, machte er sich, wie kein Europäer vor ihm, vom Schiff unabhängig. Damit vergrößerte sich der Aktionsradius der Polarreisenden, und zuvor unerreichbare Ziele rückten in ihre Reichweite.

Aber das Wichtigste an Nansens Vorgehensweise waren wohl die psychologischen Folgen, die das Abbrechen aller Brücken auf die Expeditionsteilnehmer hatte. Indem er alle Rückzugsmöglichkeiten hemmungslos zunichte machte, konnte er die letzten Reserven seiner Männer mobilisieren. Darin bestand seine Eroberungsstrategie.

Die *Fram* war eine geniale Konstruktion Colin Archers und hielt während der dreijährigen Drift über das Nordpolarmeer auch dem größten Druck des Packeises stand. Nansen und Hjalmar verließen das Schiff, nachdem der zweite Winter vorüber war.

Es war dieses arktische Laboratorium, in das Hjalmar Johansen seinen Fuß setzte, und dieses experimentelle Umfeld, in dem er seine Bestimmung fand.

Im selben Sommer, in dem Hjalmar die Militärschule verlassen mußte, waren Fridtjof Nansens Vorbereitungen für seine Nordpolexpedition in vollem Gang. Mit Colin Archer hatte er einen Vertrag über den Bau eines Polarschiffes geschlossen, das dem Druck des Eises widerstehen sollte, und im Oktober 1892 besuchten er und seine Frau die Werft in Tolderodden bei Larvik. Das Schiff sollte vom Stapel laufen.

Tausende von Menschen hatten sich versammelt, um dem großen Augenblick beizuwohnen. Noch wußte niemand, wie das Schiff heißen sollte. Man tippte auf *Eva*, *Norwegen* oder *Nordpol*.

Das Ehepaar Nansen begab sich auf die Tribüne, die die Werftarbeiter am Vordersteven errichtet hatten. Eva Nansen nahm die Champagnerflasche und ließ sie mit den Worten »*Fram* sollst du heißen« am Bug zerklirren.

Vier Wochen darauf begab sich Hjalmar Johansen von Venstøp zum Skiener Bahnhof, wo er eine Fahrkarte nach Kristiania löste. Während er im Zug saß, wurde die *Fram* die letzten Meilen zur Hauptstadt geschleppt, wo sie für die kommende Expedition bereitgemacht und ausgerüstet werden sollte.

Hjalmar hatte die Fahrt auf sich genommen, um Nansen zu treffen, der, wie er hoffte, das Schiff willkommen heißen würde. Er war voller Ungeduld, denn vierzehn Tage zuvor hatte er Nansen schriftlich ersucht, an der »bevorstehenden Expedition zum Nordpol« teilnehmen zu dürfen, aber keine Antwort erhalten.

Das Bewerbungsschreiben hatte er gemeinsam mit einem Turnkameraden aus dem Verein, der auch mit von der Partie sein wollte, verfaßt: »Wir sind keine Seeleute, bezeichnen uns aber in aller Bescheidenheit als Sportsmänner und verfügen als solche über die besten Zeugnisse. Wir sind sechsundzwanzig Jahre alt und Abiturienten des Jahrgangs 1886.«

Hjalmar schummelte ein wenig, was sein Alter anging, denn von seinem 26. Geburtstag trennte ihn noch ein halbes Jahr. Aber es war den Versuch wert, seine Qualifikation mit etwas zusätzlicher Lebenserfahrung aufzupolieren, schließlich ging es um die Herausforderung, nach der er sich so lange gesehnt hatte. Wohlweislich unterschrieb er mit »Sekondeleutnant«.

Nansen war gerade noch rechtzeitig nach Kristiania zurückgekehrt, um die Ankunft der *Fram* zu erleben. Zuvor hatte er in London vor der *Royal Geographical Society* einen Vortrag über die Expedition gehalten. Doch das war nicht der einzige Grund, warum Hjalmar in Venstøp vergeblich auf eine Antwort gewartet hatte. Schon seit längerer Zeit waren Hunderte von Anfragen aus aller Welt, adressiert an »Nansen, Lysaker«, eingetroffen; Nansens Sekretär war die Arbeit über den Kopf gewachsen. Außerdem war Hjalmars Brief so spät angekommen, daß er im Stapel ganz unten lag. Als Hjalmar die *Fram* vertäut bei Akers mechanischer Werkstatt liegen sah, erfuhr er, daß Dr. Nansen dagewesen und schon wieder gegangen sei. Wenn er sich beeile, könne er ihn vielleicht auf dem Heimweg einholen.

Das ließ sich Hjalmar nicht zweimal sagen, und so eilte er in die angegebene Richtung davon. Und tatsächlich, bald sah er Nansen, dem er zwar nie begegnet war, den er aber von Bildern aus den Illustrierten wiedererkannte – den »Wikinger«, wie ihn die Journalisten seit der Grönlandexpedition voller Bewunderung nannten und von dem das Parlament hoffte, er werde den Ruhm des Landes mehren und das Unabhängigkeitsgefühl seiner Einwohner stärken. Nach einer turbulenten Debatte hatten ihm die Abgeordneten 200 000 Kronen bewilligt, um die norwegische Flagge als erste über dem Nordpol wehen zu sehen.

Hjalmar Johansen atmete tief durch und schloß nach einigen vorsichtigen Schritten zum Doktor auf. Fridtjof Nansen wandte sich ihm zu, und zum ersten Mal standen sich der im ganzen Land bekannte Turner und der weltberühmte Skiläufer Auge in Auge gegenüber.

Es waren zwei ungleiche Gestalten – Hjalmar kompakt und gedrungen, fast untersetzt, Nansen dagegen groß und schlank mit einem Hohlkreuz. Hjalmar maß auf Strümpfen einen Meter und fünfundsiebzig, Nansen war einen Kopf größer.

Der Turner hatte einen sanften Ausdruck. Sein Gesicht war rund, die Linien weich. Hjalmar sah gutmütig aus.

Der Skiläufer war von härterem Schlag und hatte ein schmales Gesicht mit scharfen Zügen. Nansens Äußeres wirkte streng.

Beide trugen jedoch einen Bart und beide hatten stahlblaue Augen.

Hjalmar kam gleich zur Sache. Er erzählte, daß er bereits ein Bewerbungsschreiben gesandt und sich nun von Skien aus auf den Weg gemacht habe, um sich persönlich vorzustellen. Nansen hörte sich alles in Ruhe an. Es tue ihm leid, daß er aufgrund seiner Abwesenheit Hjalmars Schreiben nicht habe lesen können, aber er solle doch einen neuen Brief schicken, möglichst mit sämtlichen Unterlagen. Nansen deutete an, daß die Stelle des Heizers auf der *Fram* noch nicht besetzt sei. Er könne zwar nichts versprechen, versichere aber, daß Hjalmar bald eine Antwort erhalte.

Hjalmar machte eine Verbeugung, und dann verabschiedeten sie sich.

Gutgelaunt reiste Hjalmar nach Skien zurück. Nansen konnte nichts versprechen, nun gut, aber er hatte ihn gebeten zu schreiben, und das war doch immerhin etwas.

Hjalmar fuhr nicht nach Venstøp. Er brauchte jemanden, mit dem er sprechen konnte, und suchte seinen Schwager auf, den Großhändler Rød. Ein paar Tage später nahm er Papier und Tinte zur Hand und schrieb folgenden Brief an Nansen:

Skien, den 2. Dezember 1892

Herrn Doktor Fridtjof Nansen, Lysaker!
Wie Sie mir gestatteten, als ich die Ehre hatte, Ihnen am 28. des vorigen Monats auf Ihrem Heimweg zu begegnen, erlaube ich mir hiermit, meinen Antrag auf Aufnahme unter die Teilnehmer Ihrer bevorstehenden Expedition zu übersenden.

Ich glaube, entweder als Proviantverwalter oder als Heizer von Nutzen sein zu können. Wie eines der fünf beiliegenden Zeugnisse belegt, hatte ich hier in der Stadt seinerzeit für ca. ein Jahr eine Position als Hausmeister inne. Als solcher war ich für die Verpflegung der Gefängnisinsassen verantwortlich, wodurch ich mir Kenntnisse in der Verwaltung von Nahrungsmitteln erwarb.

Sollten Sie mich als Heizer einstellen wollen, werde ich mich, sofern Sie das wünschen, gerne von nun an bis zum Beginn der Expedition sowohl in theoretischer als auch in praktischer Hinsicht weiterbilden, werde mich, wo Sie wollen, mit den Aufgaben, die mich als Heizer erwarten, auseinandersetzen, entweder in einer Werkstatt in Kristiania oder an Bord eines der Schiffe, die zwischen Kristiania und Skien pendeln.

Wie Sie den beiliegenden Empfehlungen entnehmen können, verfüge ich über einen kräftigen Körperbau, bin als guter Skiläufer bekannt und gelte als praktisch veranlagt. Ich glaube, Ihnen sowohl als Landvermesserassistent als auch als Jäger gute Dienste leisten zu können ...

Indem ich mir abschließend erlaube, Ihnen mitzuteilen, daß mein Alter beinahe sechsundzwanzig Jahre beträgt, und in der Hoffnung, Ihre geschätzte Antwort auf mein Gesuch zu erhalten, bin ich hochachtungsvoll

Ergebenst
F. Hjalmar Johansen

Meine zentraler gelegene Adresse lautet: Großhändler L. Rød, Skien. Sonst wohne ich in Venstøp bei Skien, wo ich zur Zeit einen Hof betreibe.

Gespannt und voller Hoffnung warf er den Brief ein. Ungefähr zur gleichen Zeit landete ein Brief in einem Postkasten von Lysaker, adressiert an Hjalmar Johansen; die Schreiben überkreuzten sich. Der zweite Brief war von Nansens Sekretär und datiert vom 30. November:

»Im Auftrag von Dr. Nansen teile ich Ihnen mit, daß aufgrund der beschränkten Teilnehmerzahl leider keine Möglichkeit besteht, Sie an seiner Nordpolexpedition teilnehmen zu lassen.«

10 Es wurde kein fröhliches Weihnachtsfest. Er hatte sich so große Hoffnungen gemacht. Das Gefühl der Untauglichkeit nagte weiter an ihm. Er schien gegen Wände zu laufen, was immer er auch versuchte. Universität und Militärschule hatte er abbrechen müssen, und als er in seiner Bewerbung bei Nansen auf seinen sportlichen Hintergrund verwies, hatte auch das nichts bewirkt. Im Januar schrieb er entmutigt nach Lysaker und bat um die Rücksendung seiner Dokumente.

Die Papiere kamen und mit ihnen ein Begleitbrief, der erneut eine bescheidene Hoffnung aufkeimen ließ. Der Sekretär wies in aller Kürze darauf hin, daß Nansen sich noch nicht endgültig entschieden habe, »ob Sie aufgenommen werden können oder nicht«.

Die Absage, die Hjalmar sechs Wochen zuvor erhalten hatte, war also keine endgültige gewesen. Daß man ihn um ein ärztliches Attest bat, ließ Hjalmars Optimismus sogar noch wachsen. Er wurde an Professor Hjalmar Heiberg in Kristiania verwiesen, der bescheinigte, daß Hjalmar Johansen »ein untersetzter, starker und kräftig gebauter Kerl« sei, dessen »Organe in bester Ordnung« seien.

Erneut verstrich geraume Zeit, ohne daß er weitere Nachrichten erhielt.

Dann wurde er zum Militärdienst einberufen. Der Sekondeleutnant sollte sich am 8. Mai in Kristiansand melden. Hjalmar wußte, daß Nansen im Juni aufbrechen wollte. Die Zeit lief ihm langsam davon, und so entschied er sich Ende März zu einem letzten verzweifelten Versuch. Nansen hatte ihm beim Gespräch auf der Straße in Kristiania schließlich eine endgültige Antwort zugesichert, und die wollte er jetzt haben, wie auch immer sie ausfiel.

»Ich bitte um Nachsicht, daß ich mir die Freiheit nehme, mich zu erkundigen, wie es um meine Bewerbung als Expeditionsteilnehmer steht«, schrieb er ungeduldig und wies darauf hin, daß ihn vor allem militärische Pflichten zu der Nachfrage nötigten. Er wiederholte, er sei nach wie vor willig, sich zu Vorbereitungszwecken nach Kristiania zu begeben, entweder in ein Laboratorium der Universität oder in den Maschinenraum der *Fram*.

Fridtjof Nansen ließ sich mit der Zusammenstellung seiner Mannschaft erstaunlich viel Zeit. Seit mehreren Jahren hatte er sich vorwiegend um das Schiff, den Proviant und die Hunde gekümmert.

Das lag zum einen daran, daß die wenigen, die er gekannt und gefragt hatte, ihm eine Absage erteilten, mit Ausnahme von Otto Sverdrup, der an seiner Seite Grönland durchquert und schon früh zugesagt hatte, der Kapitän der *Fram* zu werden. Nansen war daher auf die Empfehlungen anderer angewiesen, um die geeigneten Kandidaten zu finden.

Er, der ein ausgeprägter Intellektueller war, suchte Teilnehmer, die nicht nur über eine stabile Gesundheit verfügten, gute Skiläufer und praktisch veranlagt waren sowie möglichst Erfahrung zur See mitbrachten, sondern auch seinen geistigen Ansprüchen genügten. Er wußte, daß die ihnen bevorstehenden Polarnächte lang sein würden und er Kollegen brauchte, die dieselbe Sprache redeten wie er.

Nansen versuchte, Akademiker anzuwerben, die bereit und fähig zu einem Leben im Eis waren, aber es gelang ihm nicht.

Bei der Zusammenstellung seiner Mannschaft für die Nordpolexpedition hielt Nansen nach leistungsfähigen Skiläufern Ausschau. Hjalmar gewann in der Regel die Skirennen, an denen er teilnahm. Studioaufnahme aus Notodden.

Sowohl in Norwegen als auch im Ausland bemühte er sich um Wissenschaftler, die sich an der ozeanographischen Forschung beteiligen würden, die er während der Drift betreiben wollte. Doch diejenigen, die er fragte, standen nicht zur Verfügung, entweder weil sie nicht an das Projekt glaubten oder aus Angst, ihre wissenschaftliche Karriere könnte unter der langen Abwesenheit während der Expedition leiden. Nansens endgültige Mannschaft machte daher einen ziemlich bunt zusammengewürfelten Eindruck.

Hjalmar erfüllte in erster Linie das Kriterium, ein guter Skiläufer zu sein. Aus seinen Papieren, die der Sekretär als »brillant« bezeichnete, ging jedoch auch seine praktische Veranlagung hervor. Um seine intellektuellen Fähigkeiten war es, zumindest gemessen an Nansens Ansprüchen, schlechter bestellt. In dieser Hinsicht unterschied er sich nicht von den übrigen, die angemustert wurden.

Ausschlaggebend war letztlich Hjalmars Eifer. Seine sportlichen Erfolge beeindruckten Nansen, der selbst aktiv gewesen war; daß Hjalmar sich aber, ohne zu zögern, als Heizer anbot – der schlimmste Posten auf dem Schiff überhaupt –, machte gewiß einen noch größeren Eindruck. Über mangelnde Motivation konnte sich Nansen bei diesem Burschen zumindest nicht beklagen.

»Schreib diesem Mann, daß eine kleine Möglichkeit besteht, ihn unterzubringen«, wies Nansen seinen Sekretär an, nachdem er Hjalmars letzten, beinahe ungehaltenen Brief gelesen hatte. »Und auch, daß ich ihn gerne sprechen möchte.«

Die beiden trafen sich erneut, diesmal in Lysaker. Nansen scheint sich dann im Laufe des Gesprächs entschieden zu haben, denn bevor Hjalmar sich verabschiedete, sagte er, er werde sich für dessen Freistellung vom Militärdienst einsetzen. Ja, er werde sich direkt an den Verteidigungsminister wenden, sollte dies notwendig werden.

Am 5. April traf in Venstøp die endgültige Zusage ein. Hjalmar sollte Kohlen schaufeln, bis die *Fram* im Eis festgefroren und der Kessel unter der Dampfmaschine erloschen sein würde. Später sollte er die Arbeit verrichten, die Nansen ihm zuteilte.

Mitte April packte Hjalmar seine Sachen und fuhr nach Kristiania. Beim schwierigen Abschied von der Mutter versuchte er, sie zu beruhigen, doch er wußte, daß sie jeden Tag während seiner Abwesenheit Angst um ihn haben würde.

Seine Schwester Hanna versprach, sich um sie zu kümmern. Sie war fast neunzehn, immer noch unverheiratet und hatte Zeit.

Nur der elfjährige Makken fand es toll, daß der große Bruder auf Reisen ging. Winkend lief er Hjalmar und dem Pferdegespann auf der Einfahrtsallee hinterher.

Während der Pferdewagen auf den Hauptweg abbog, sahen Schwester und Mutter unter dem Baum im Hof für Hjalmar wie zwei Striche aus. Einen Moment lang fragte er sich, was sein Vater zu all dem gesagt hätte.

In Kristiania nahm sich Hjalmar ein Zimmer in der Observatoriegaten 17, direkt gegenüber von Tyvholmen, wo die *Fram* vor Anker lag. Am 14. April war der große Augenblick gekommen: Nansen und ein weiterer Zeuge waren anwesend, als er den »Heuervertrag über die Teilnahme an der norwegischen Polarexpedition« unterschrieb.

Diesem Vertrag zufolge, der für »eine Expedition zum Nordpolarmeer im nächsten Sommer und für unbestimmte Zeit« Gültigkeit besaß, sollte Hjalmar Johansen eine Heuer von sechzig Kronen im Monat zuzüglich freier Kost erhalten. Ziel der Expedition sei es, »die bisher unbekannte Gegend um den Nordpol herum zu erforschen und, wenn möglich, diesen selbst zu erreichen«.

Hjalmar verpflichtete sich, »auf Treu und Glauben in jeder Lage und allzeit den Anordnungen des Expeditionsleiters auf dieser Reise Folge zu leisten« und sich mit »unablässigem Fleiß« für das Gelingen der Expedition einzusetzen.

Sollte man Schiffbruch erleiden oder der Leiter anordnen, das Schiff aus anderen Gründen zu verlassen, müsse Johansen mit dem gleichen Gehorsam allen Befehlen nachkommen und »in solch einem Fall akzeptieren, sich vollständig dem Willen des Expeditionsleiters zu beugen«.

Ein Vertragsbruch werde mit teilweiser oder vollständiger Aberkennung der Heuer bestraft.

Zuletzt mußte er unterschreiben, daß er ohne Nansens Zustimmung nichts über die Expedition veröffentlichen dürfe, ehe nicht vier Monate nach dem Vorliegen des Hauptberichts der Expedition vergangen seien. Auch müsse er damit rechnen, seine Tagebuchnotizen der Expedition zur Verfügung zu stellen, »sofern dies erwünscht wird«.

Ein rigoroser Vertrag, der typisch für seine Zeit war. Der Expeditionsleiter hatte in allen Belangen die absolute Entscheidungsgewalt. Nansen konnte, wenn er wollte, den unbedeutendsten Widerspruch als Befehlsverweigerung und damit als Meuterei auslegen.

Seit Hunderten von Jahren hatte das unerbittliche Klima auf Schiffen in aller Welt Meutereien provoziert, und nicht selten lehnten sich die Besatzungen dabei gegen ihre tyrannischen Kapitäne auf. Das klassische Beispiel ist die Meuterei auf der *Bounty*, die gut hundert Jahre zuvor stattgefunden hatte.

Fridtjof Nansen war kein Tyrann, der beabsichtigte, mit einer neunschwänzigen Katze unter dem Arm über das Deck zu patrouillieren. Aber er würde jahrelang durch das zugefrorene Meer treiben, mit Menschen, die er nicht kannte und die einen anderen sozialen und kulturellen Hintergrund hatten als er. Die Möglichkeit einer Meuterei konnte somit auch er nicht völlig ausschließen.

Er wußte um die Fähigkeiten seiner Besatzungsmitglieder als Steuermann und Navigator, Maschinist und Zimmermann, Arzt und Elektriker, Skiläufer und zum Teil auch als Hundeführer. Doch er hatte keine Zeit und vielleicht auch kein besonderes Interesse gehabt, ihre Willensstärke zu überprüfen. In dieser Hinsicht mußte er auf seine eigenen Fähigkeiten vertrauen, die Mannschaft zusammenzuhalten und ihre Kräfte zu mobilisieren, auch nachdem die Maschine abgestellt und die Segel geborgen sein würden und sie ihren Kurs nicht mehr selbst bestimmen konnten.

Er selbst mußte spüren, wann es galt nachsichtig zu sein, und wann die Zügel anzuziehen waren. Selbst für jemanden, der in der Führung von Männern über große Erfahrung verfügte, wäre dies keine einfache Aufgabe gewesen, und Nansen besaß, gemessen an der Größe des Projekts, wenig Erfahrung.

Als Kind seiner Zeit war er in demokratischer Praxis wenig geübt; die norwegische Demokratie befand sich noch in ihren Anfängen. Ebenso lag dies aber an seiner mangelhaften Fähigkeit zuzuhören und an seiner Überzeugung von der eigenen Vortrefflichkeit.

Nansen entschied sich für die despotische Vertragssprache seiner Zeit, denn man konnte ja nie wissen. Gelang es ihm nicht, den Schwung der Expedition aufrechtzuerhalten, konnte sich die strenge Gehorsamspflicht als überlebenswichtig erweisen. Sollte es noch schlimmer kommen und sein Renommee sowie das der Expedition auf dem Spiel stehen, hatte sich Nansen eine Art Verfügungsgewalt über die privaten Tagebuchnotizen der anderen gesichert. Diese wenig beachtete Tatsache entsprach einer Art Schweigepflicht. Nansen hatte sich so Zugang zu den intimsten Gedanken seiner Mannschaft verschafft.

Die einzige »demokratische« Note betraf die Sanktion durch Kürzung der Heuer. In solch einem Fall sollte sich der Expeditionsleiter mit dem Kapitän des Schiffes und den zwei besten Besatzungsmitgliedern beraten.

Siebzehn Jahre später bediente sich Amundsen in seinen Verträgen mit den Männern, die ihn beim geplanten Vorstoß zum Nordpol – der zu einem Wettkampf um den Südpol wurde – begleiten sollten, eines fast identischen Wortlauts. Wie Nansen sah auch Amundsen eine Meuterei als fundamentale Bedrohung jeder Polarexpedition an. Er hatte von Nansen viel gelernt, und wie sein großes Idol benötigte er für seine Entscheidungen einen verläßlichen juristischen Rahmen, falls ihn seine Führungsqualitäten im Stich lassen sollten.

Die Tage bis zur Abreise vergingen wie im Flug. Am Kai herrschte reges Treiben. Unablässig schafften die Fuhrleute Kisten und Säcke heran, die an Bord verstaut wurden. Kohle, Paraffin, verschiedenste Materialien, Segeltuch, Nägel, Werkzeug, Hundekekse – Nansen hatte an alles gedacht.

Kommandorufe gellten, Handwerker liefen geschäftig in alle Richtungen, Monteure, Maschinenarbeiter und Zimmerer, ein Spektakel ohnegleichen im Kampf gegen die Zeit, denn zu Mittsommernacht sollte der Startschuß fallen.

Horden von Schaulustigen standen herum, die sich nichts entgehen lassen wollten. Die Expedition war berühmt, lange bevor sie in See stach.

Unter Deck war Hjalmar vollauf damit beschäftigt, sich mit seiner Arbeit als Heizer vertraut zu machen sowie den für fünf Jahre berechneten Proviant zu kennzeichnen und zu verstauen: Büchsenfleisch aus Norwegen, Dänemark, Amerika und Australien, unterschiedliche Fischkonserven, getrockneten Fisch, Fischmehl, getrocknetes und konserviertes Gemüse, verschiedene Marmeladen, Reis, Schokolade, Haferflocken, Weizen- und Roggenbrot, Mehl, Zucker und Kaffee, Pemmikan, Zitronensaft und Instantsuppen.

Sie würden wahrhaftig keinen Hunger leiden, und außerdem kämen noch die Robben und Eisbären hinzu, die sie im Eis erlegen wollten. Nie war eine Eismeerexpedition wohl besser gegen Hunger und Durst, die schlimmsten Feinde des Polarlebens, gerüstet gewesen.

Hjalmar bekam als Vorschuß zweihundertvierzig Kronen ausbezahlt. Soviel hatte er noch nie besessen. Er unternahm einen Einkaufsbummel in der Stadt und kaufte verschiedene Dinge für die Reise: Pfeifen, Zigarren, Tagebücher, Stifte, Rasierzeug, ein weißes Hemd. An Kleidung und Rauchtabak brauchte er nicht zu denken. Diese Dinge wurden von der Expedition zur Verfügung gestellt. Dennoch machte er sich Sorgen, später nicht genug Strümpfe zu haben, und bat seine Mutter, ihm ein paar zu stricken.

Außerdem ließ er sich eine kleine Schiffskiste anfertigen. Diese würde an Bord seine einzige Möglichkeit sein, private Dinge unter Verschluß zu halten. Er bestellte eine mit eingearbeitetem Schloß und strich sie grün an.

Zum Schluß kaufte er noch einen kleinen Militärrevolver und einige Patronen. Man wußte schließlich nie, was passieren konnte.

Bis er seinen Vorschuß abgearbeitet hatte, würde er sich schon ein gutes Stück im Eismeer befinden. Hjalmar hatte angeordnet, seine gesamte Heuer dem Großhändler Rød zukommen zu lassen, bei dem er Schulden hatte. Den Überschuß sollte dieser bis zu seiner Rückkehr verwahren.

Dann kam die Stunde des Abschieds. Am Mittsommernachtstag lag die *Fram* voll beladen am Kai. Nochmals waren Tausende erschienen. Selbst das Parlament hatte eine Sitzung abgesagt, damit die Abgeordneten »Norwegens neuen Söhnen« zum Abschied zuwinken konnten. Die Trossen wurden gelöst; aus den Kanonen der Akershus-Festung donnerten Salutschüsse. In grauem Regenwetter glitt die *Fram* sanft auf den Fjord hinaus.

Auf der Brücke stand Fridtjof Nansen. Bei der Fornebu-Landzunge fuhr er eine kleine Kurve und konnte im Fernglas die helle Gestalt seiner geliebten Eva bei der Bank unter der Kiefer ausmachen.

»Das war der traurigste Moment der gesamten Reise«, schrieb er später.

Hjalmar jubelte, weil es endlich losging. Nachdem er Kohlen geschaufelt hatte, um den Kessel unter Dampf zu setzen, und sich dann für kurze Zeit ausruhte, fühlte allerdings auch er einen Anflug von Wehmut.

Dann griff er sich die Schaufel und arbeitete wie ein Verrückter, bis er schweißnaß an Deck mußte. Er spürte den Regen, und die Wehmut verflog.

Am Abend liefen sie in Horten ein, wo die *Fram* einige Stunden liegen und Pulver laden sollte.

DRITTER TEIL

VORWÄRTS

11 Die *Fram* schlingerte wie trunken durch die hohe See. Ein kräftiger Wind aus Westnordwest pfiff durch die Takelage. Das Barometer fiel, und der Kapitän bereitete die Mannschaft auf einen Sturm vor.

Das Schiff befand sich auf der Höhe von Lindesnes. Am Schnittpunkt von Nordsee und Skagerak war das Meer aufgewühlt. Der Wind wehte direkt von vorn, und die Mannschaft kämpfte damit, das schwerbeladene Schiff voranzubringen.

Grüne Brecher überspülten das Deck, über das leere Paraffinfässer rollten. Umherschleudernde Holzstämme, die sich aus dem Materialdepot losgerissen hatten, drohten alles kurz und klein zu schlagen. Nansen sorgte sich um die Galgen, die die Beiboote hielten. Sollten sie bersten, würden auch die Boote über das Deck geschleudert und vielleicht einen Teil der Takelage mit sich reißen.

Die *Fram* war kein Kreuzer und deshalb auf die Hilfe der Maschine angewiesen, um voranzukommen und den Kurs zu halten. Hjalmar mühte sich mit der Schaufel ab. Er war seekrank und erbrach sich immer wieder, aber der Druck im Kessel mußte aufrechterhalten werden, und so schaufelte Hjalmar unablässig Kohlen in den glutroten Rachen der Maschine. Der Maschinenraum war eng und stickig. Durch die gewaltigen Schlingerbewegungen des Schiffes wurde er immer wieder hin- und hergeworfen und holte sich dabei einige blaue Flecken. Stets mußte er sich vor kochendheißen Rohren oder den beweglichen Teilen der Maschine in acht nehmen.

Der Wind nahm zu. Während die Wogen an beiden Seiten über das Schanzkleid stürzten, kämpften die Männer mit den hin und her rutschenden Lasten an Deck. Nansen stand auf der

Brücke, seekrank und nervös. Er ängstigte sich nicht um das Schiff, das würde schon zurechtkommen, sondern um seine Männer, die Gefahr liefen, sich bei den umherschleudernden Hölzern und Fässern sämtliche Knochen zu brechen.

Mit einem Mal bohrte die *Fram* ihren Bug in einen Wellenberg. Im letzten Augenblick rettete sich ein Mann in den Ankerdavit hinauf, wo er, von der weiß schäumenden Gischt umspült, hin und her baumelte. Einem anderen rissen die Wassermassen die Beine weg, so daß er schreiend in Lee gegen die Reling krachte. Jetzt gab es nur noch eines: Die Tonnen und Stämme mußten über Bord geworfen und das Schiff in den Hafen gelotst werden, ehe das Wetter noch schlimmer wurde. Der Befehl wurde gegeben und das Ruder gedreht.

Mit knatternden Segeln schaukelte das Schiff langsam durch das Auge des Sturms, während die Mannschaft die Schoten löste. Die Paraffinfässer tanzten im Kielwasser hinter ihnen her.

Hjalmar legte eine Pause ein und schöpfte am Großmast frische Luft. Steuerbords konnte er über der Reling die baumlose norwegische Westküste ausmachen. Kamen aber die Wellen auch nur ein wenig von der Seite, schlingerte die *Fram* wie zuvor, und erneut wurde ihm speiübel. Immerhin war es ein Trost für ihn als Landratte, daß es vielen anderen, die lange Erfahrung auf See hatten, nicht besser erging. Niemals zuvor hatten sie ein dermaßen schaukelndes Schiff erlebt.

Während sie noch mit den widrigen Umständen kämpften, tauchte vor ihnen ein kleines Dampfschiff aus dem Nebel auf. Mit backgestellten Segeln drehte es bei und glitt sanft dahin, als sei die See flach wie ein Pfannkuchen. Nansen starrte es mit großen Augen an. Dieser Anblick hatte für ihn angesichts ihrer eigenen enormen Schwierigkeiten, sich überhaupt auf den Beinen zu halten, fast etwas Provozierendes. Widerwillig mußte er sich eingestehen, daß die *Fram* ein segelndes Monstrum war.

Am späten Nachmittag des 28. Juni schaukelten sie bei Nebel und starkem Wind auf die Reede von Egersund zu, wo sie vor Anker gingen und ihre Wunden leckten.

In Wirklichkeit war die *Fram* ein großer Waschzuber. Das Schiff entsprach den Erfordernissen für eine Drift im Eis, nicht für eine Überfahrt auf See. Als Polarschiff war sie ein Geniestreich, als Transportschiff beinahe eine Katastrophe.

Das Schlimmste, was Nansen bei seiner Expedition passieren konnte, war, daß der Druck des Eises das Schiff zu Kleinholz zusammenpreßte. Sowohl Robbenfänger als auch Polarschiffe waren schon auf diese Weise zerquetscht worden. Dieser Punkt war es auch gewesen, der bei seinem berühmten Auftritt vor der *Royal Geographic Society* den größten Widerspruch herausgefordert hatte. Die Experten waren der Ansicht, es sei einfach unmöglich, ein Schiff zu konstruieren, das den Kräften des Eises widerstehen könnte. Es gebe kein Beispiel, daß sich je ein Schiff, war es erst einmal im nördlichen Packeis eingeschlossen, wieder aus ihm befreit hätte. Und Dr. Nansen wollte sich nun sogar freiwillig dort hineinbegeben. Die Mitglieder der Gesellschaft konnten das nur als Wahnsinn bezeichnen.

Nach Fridtjof Nansens Anweisungen hatte Colin Archer ein Fahrzeug entworfen, das den gängigen Ansichten, wie ein Schiff auszusehen habe, widersprach. Die *Fram* war kurz, breit und gedrungen und erinnerte an eine Nußschale. Wenn das Schiff vom Eis eingeschlossen war, würde es aus diesem Schraubstock wie ein Stück Seife herausrutschen und sich wie ein Entenjunges zwischen die Packeishügel legen. Diesem Zweck sollte es dienen, und darum mußte der berühmte Schiffskonstrukteur andere Kriterien außer acht lassen.

So wurde die *Fram* ein Monstrum des Meeres. Sie konnte weder segeln noch kreuzen, obwohl sie eine Segelfläche von sechshundert Quadratmetern hatte.

Es nutzte auch nichts, daß die *Fram* auf Otto Sverdrups Vorschlag hin die Takelung eines Drei-Mast-Schoners erhielt. Das erleichterte zwar die Segelmanöver, verbesserte aber nicht im erhofften Maße ihre Fähigkeiten, hart am Wind zu segeln. Die *Fram* war und blieb zu unförmig, um sich auf ihre Segel allein verlassen zu können, besonders wenn der Wind von vorne kam. Der Motor lief daher ohne Unterbrechung, um das Vorwärtskommen zu erleichtern. Allein mit Hilfe der Segel machte die *Fram* kaum mehr als drei bis vier Knoten, wenn nicht gerade ein Sturm blies. Sie war kein Segel- und schon gar kein romantisches Wikingerschiff, sondern ein unbequemes Dampfboot.

So gesehen konnte Nansen froh sein, nicht seinen ursprünglichen Plan realisiert zu haben, nämlich den Suezkanal zu durchfahren und über den Indischen und den Stillen Ozean das Packeis nördlich der Beringstraße zu erreichen. Das wäre auf einem Schiff wie der *Fram* eine strapaziöse Seereise geworden.

Dennoch beschwerten sich nur die wenigsten darüber, wie anstrengend es war, dieses Schiff zu fahren. Die *Fram* war ein nationales Kleinod, das keine Kritik vertrug.

Von Egersund aus fuhr die *Fram* nordwärts die Küste entlang in Richtung Tromsø.

Überall wo das Schiff anlegte, wie in Bergen, wurden die Männer mit Bewunderung empfangen. Dort, wo sie vorbeisegelten, standen die Leute enttäuscht am Pier.

Hjalmar befand sich in einer ihm unbekannten Gegend. Er war ergriffen von der nordnorwegischen Natur, fragte sich aber, wovon die Menschen an der Küste eigentlich lebten. Hier mußten die Armen Norwegens zu Hause sein. Auf dem gefürchteten Vestfjord dachte er an die, denen das Meer zum Grab geworden war.

Das Leben an Bord war gleichförmig, doch langsam nahm die Reise ernstere Züge an. Als sie noch bei Akers Mechanischer

Werkstatt gelegen und das Boot für die Reise ausgerüstet hatten, hatte alles wie ein Spiel ausgesehen. Doch nun entfernte sich Hjalmar jeden Tag weiter von zu Hause, von dem, was er kannte. Vor ihnen lagen das Eis und der Pol. Ihn schauderte, doch gleichzeitig war er wie gebannt.

Ein Mitglied der Mannschaft erzählte, daß er Nansen eines Tages habe sagen hören: »Den Pol oder sterben.« Was auch immer geschähe – Hjalmar war dabei.

Am frühen Morgen des 12. Juli lief die *Fram* in den Hafen von Tromsø ein. Hjalmar hatte Freiwache und lehnte an der Reling. Das Wetter war scheußlich. Es schneite und hagelte wie an einem Wintertag in Venstøp.

Überall lagen Eismeerschiffe und russische Kutter. Der Handel mit russischen Schiffern, die gesalzenen Sommerfisch kaufen wollten, hatte Hochsaison.

Von einem der Schiffe hörte man Gejohle. Im nie vergehenden Licht des Sommers hatten ein paar Zecher den Anbruch des Morgens noch nicht registriert. Tags zuvor hatten sie an ihrem gesalzenen Fisch ein paar Kronen verdient und sich in der Spirituosenhandlung bei der Kirche mit Hochprozentigem versorgt.

Die *Fram* blieb ein paar Tage am Kai liegen. Hjalmar fühlte sich nicht wohl. Er fand die Menschen ungastlich, langweilig und regelrecht schwerfällig. Lieber wandte er sich seinen eigenen Dingen zu. Er hatte einen Brief erhalten. Von ihr. Sogar ein Foto hatte sie mitgeschickt. Er hängte es über die Koje. Sie war hübsch. Und lustig: Auf der Nase trug sie einen Kneifer. Dann nahm er den Brief zur Hand und las ihn erneut, Gott weiß, zum wievielten Mal, betrachtete das Foto, las weiter:

»Leb in Freiheit, mein Junge, in dieser Zeit des Übergangs. Dann wird die Zukunft gut werden, was auch geschieht.«

Es schneite weiter, und am nächsten Tag war die Stadt weiß. Die Leute konnten sich gar nicht erinnern, wann es im Juli das letzte Mal so kalt gewesen war.

Die *Fram* füllte ihre Vorratsräume mit Kohle, und Hjalmar schaufelte, bis er aussah wie ein Schornsteinfeger. Später stand die Kesselreinigung auf dem Programm. Auf allen vieren kratzte er das Salz ab, das sich vom Kühlwasser der Maschine abgelagert hatte. Von allen Arbeiten, die ein Heizer zu verrichten hatte, war die Reinigung des Kessels die unangenehmste.

Über das Fallreep wurden die letzten Ausrüstungsgegenstände und Vorräte an Bord gebracht, angefertigt von denen, die so etwas am besten konnten, den Samen der Finnmark: Rentierfelle für die Schlafsäcke, Rentierjacken, Stiefel, wärmende Schuheinlagen, getrocknetes Rentierfleisch und »Samenhalbschuhe«. Nur die Hunde fehlten noch: die sollten in Rußland an Bord genommen werden.

Am Abend hatten sie Landurlaub. Hjalmar nahm im Waschbottich des Schiffes ein Bad und zog sein feines Hemd an. Während Nansen und Sverdrup sich auf Einladung des Agenten der *Fram* und Rechtsanwalts am Berufungsgericht Mack in guter Gesellschaft befanden, zogen die anderen in die Stadt. Dies war die letzte Gelegenheit zu einer ordentlichen Zechtour, denn hinter Tromsø hörte die Zivilisation auf. Nansen hatte Ausgang bis zum nächsten Morgen um acht gestattet, aber das hatten sie bereits vergessen.

Sie bogen in die Sjøgate ab, wo sie nach alter Seemannsart in die erstbeste Kneipe einfielen. Sie ließen ihre Fäuste auf den Tisch krachen und verlangten nach Schnaps, denn jetzt sollte es ins Eis, ja mehr noch, zum Nordpol gehen.

Sie leerten die Gläser und zogen in die nächste Pinte.

Die entlang der Küste verlaufende Sjøgate war lange Zeit Tromsøs einzige Straße gewesen. Hier arbeiteten Fischer, Schlachter, Berufungsanwälte und Krämer Seite an Seite. Jetzt, da sich die russischen Schiffe in der Stadt befanden, hatte jeder, der etwas auf sich hielt, seine eigene Schnapshandlung eröffnet, denn die Stadtregierung hatte den staatlichen Spirituosenhandlungen immer noch nicht das alleinige Verkaufsrecht zugestanden.

Der Schnaps wärmt und macht kleine Männer groß. Die Feiglinge werden mutig, und die Mutigen prügeln sich. Dann plötzlich weicht die Grobheit den Tränen.

Die rauhen Männer sanken an den Tischen in sich zusammen und erzählten von ihren Freundinnen und Frauen, die sie zurückgelassen hatten. Einer nach dem anderen torkelte schließlich kleinlaut davon.

Am Morgen war Nansen über den Zustand der Mannschaft entsetzt und verschob die Abreise.

Hjalmar holte sein Tagebuch hervor und schrieb mit zitternder Hand:

»Ach, ich wünschte, wir wären schon oben im Eis und hätten bereits wohlbehalten unser Winterquartier errichtet. In Tromsø habe ich mich nicht wohlgefühlt. Ich bedaure es und will versuchen, mich zu bessern.«

Das letzte Glas wurde jedoch in Vardø geleert, dem allerletzten Aufenthaltsort der *Fram* in Norwegen. Stolz über den ehrenvollen Besuch, veranstaltete die Stadt für ihre Gäste einen Sektempfang. Während der schwülstigen Reden, von denen die Männer, angefangen in Kristiania und auf ihrer gesamten Reise entlang der Küste, so viele gehört hatten und deren Pathos in Vardø ihren Höhepunkt erreichte – denn schließlich sollte hier der endgültige sentimentale Abschied von der Heimat stattfinden –, stieg der Champagner allen zu Kopf. Einige tranken besonders viel und mußten auf dem Weg zum Hafen hinunter gestützt werden.

Besonders schlimm hatte es den Steuermann erwischt, der sturzbetrunken mit den Armen fuchtelte und von einem Bordstein zum andern torkelte, während Nansen und Sverdrup versuchten, ihre Truppe hinter der kleinen Musikkapelle, die die Stadt aufgeboten hatte, zusammenzuhalten.

Die *Fram* hatte Vardø eigentlich noch am selben Abend verlassen sollen, aber die Mannschaft war so besoffen, daß Nansen das Risiko zu groß war. Erst um vier Uhr morgens, während die meisten immer noch ihren Rausch ausschliefen, lichteten sie den Anker.

Im Gegensatz zu Otto Sverdrup, diesem freundlichen und wortkargen Hünen aus Bindal, der sich in Grund und Boden schämte, nicht zuletzt wegen des Steuermanns, der der Mannschaft doch mit gutem Beispiel vorangehen sollte, zeigte sich Hjalmar vom Fest in Vardø begeistert. So viel Spaß hatte er auf der ganzen Tour noch nicht gehabt. Später sprachen die Männer noch oft vom »Champagnertag«.

Hjalmar torkelte gerade an Bord, als das Schiff vom Kai ablegte. Er warf einen letzten Blick aufs Vaterland, bevor die Barentssee Schiff und Mannschaft in dichten Nebel hüllte.

Fridtjof Nansen war ein launischer Mensch, und von dem Augenblick an, als sie Vardø verließen, entsprachen seine Stimmungsschwankungen dem Pendel eines Uhrwerks. Die erste, geradezu hyperaktive Phase der Expedition war vorüber. Die Grundidee, die wissenschaftliche Herausforderung, die mentale Überspanntheit, die Vorbereitungen und die Hochrufe von nah und fern hatten das Projekt bislang vorangetrieben. Jetzt begann eine neue Zeit. Tägliches Einerlei würde den weiteren Verlauf der Expedition prägen, und mit dem Verschwinden des Publikums wich die Anspannung der Monotonie.

Für jemanden wie Hjalmar bedeutete die Eintönigkeit eine Erlösung. Für andere, wie Nansen, glich sie einem Gefängnis.

Es dauerte keine vierundzwanzig Stunden, bis die Emotionen auf der *Fram* außer Kontrolle gerieten – eine Episode, die tiefe

Wunden zurückließ. Unmittelbarer Auslöser waren der Champagner und eine gestohlene Bierflasche, aber im Grunde lag es an der inneren Unruhe und der mangelnden Fähigkeit, die Langeweile zu ertragen.

Die äußeren Umstände erinnerten ein wenig an die Szene, die die Meuterei auf der *Bounty* ausgelöst hatte. Dort entdeckte Kapitän Bligh eines Tages, als sie sich unterhalb der Küste von Tofua, einer Insel des Königreiches Tonga, befanden, daß jemand aus einer Kiste an Deck eine Kokosnuß gestohlen hatte. Mit einem verschmitzten Lächeln stellte er seinem Ersten Offizier, Fletcher Christian, die Frage, wer wohl der Dieb sein könnte, so daß alle verstanden, daß der Kapitän gerade ihn der unverzeihlichen Tat verdächtigte. Das brachte das Faß zum Überlaufen; Christian zog den Säbel, und die Meuterei nahm ihren Lauf.

Als nun Nansen eine Bierkiste, die sich auf dem Deck befand, verstauen wollte, entdeckte er, daß eine Flasche fehlte. Vielleicht hatte ein verkaterter Champagnertrinker die Gelegenheit beim Schopf gepackt. Mürrisch und gereizt machte Nansen seinem Unmut über die Mannschaft Luft.

Bernhard Nordahl, der eigentlich als Elektriker angemustert hatte, sich aber zu dieser Zeit die Heizerwachen mit seinem Skiener Mitbürger Hjalmar teilte, spürte, daß die Verdächtigung ihm ebenso galt wie allen anderen. Er faßte sich ein Herz und fragte Nansen: »Sagen Sie, glauben Sie wirklich, ich oder sonst jemand aus dem Maschinenraum hätte die Flasche gestohlen?«

»Nein!« antwortete Nansen und zog sich zurück.

Doch das Gewitter war noch nicht vorüber. Nansen war finster, einsam und frustriert. Die Trossen der *Fram* hatte er an Land geworfen, doch hatte er auch seine eigenen Verbindungen gekappt?

Am späten Nachmittag rief er seine Mannschaft auf dem Achterdeck zusammen. Er hielt ihnen eine unvergeßliche Moralpredigt, wie sie sie nie zuvor erlebt hatten. Anlaß war noch immer die verschwundene Bierflasche, aber sein Zorn ging darüber hinaus. Er las ihnen die Leviten für ihre Alkoholexzesse in Tromsø und Vardø. Dafür, daß einige sich an Land einfach davongemacht hatten und fortgeblieben waren. Er rügte ihren unerträglichen Umgangston an Bord, ihr Schimpfen und Fluchen, und beschuldigte sie, sich gegenseitig Bier und Proviant zu stehlen. Er forderte eine Veränderung und sagte, es läge an ihnen selbst.

Die Männer waren wie vom Donner gerührt.

Daß Nansen sich erregte, war schon in Ordnung. Was ihnen nicht paßte, war vielmehr die Art und Weise, der Beigeschmack der Bevormundung. Besaß er denn keinen Respekt vor der Schicksalsgemeinschaft, die sie zusammen bildeten?

Hjalmar war der einzige, der während der Standpauke nicht anwesend war. Er hatte Maschinenwache. Als er jedoch erfuhr, was geschehen war, wurde er traurig. Er wünschte, der Zwischenfall hätte nicht stattgefunden, wenn er auch annahm, daß Nansen »sicherlich im Recht war«.

Am nächsten Tag kam er in seinem Tagebuch auf die Episode zurück und schloß mit den Worten: »Doch genug davon. Ich fühle keine Schuld, und wenn wir uns besinnen, wird sich schon alles wieder einrenken.«

Sein unerschütterlicher Glaube, am Ende werde alles gut werden.

Die Sache mit der Bierflasche löste zwar keine Meuterei aus, doch Nansen hatte die Moral der Mannschaft erschüttert. Die Leute begannen, auf seine Launen achtzugeben, und wandten sich zunehmend an Sverdrup, wenn sie Unterstützung brauchten.

Als die *Fram* Vardø verließ, gelangte Nansen zwar in sein ersehntes polares Reich, doch gleichzeitig büßte er einen Teil des Respekts vor denen ein, die seine Kameraden sein sollten. Sein

Platz auf dem Chefsessel wurde ungemütlicher, als er es sich vorgestellt hatte.

12

Zu der Zeit, als Fridtjof Nansen seine Expedition plante, gab es nach Ansicht der Experten drei mögliche Routen auf dem Weg zum Nordpol.

Die »klassische« führte durch die Fahrrinne zwischen Ostgrönland und Spitzbergen. Diese Route war erstmals vom britischen Polarfahrer Edward Parry benutzt worden. 1827 kam er im nördlich von Spitzbergen treibenden Eis bis 82° 45' nördlicher Breite.

Eine jüngere und etwas längere Route folgte dem Smithsund, also der Meeresstraße zwischen dem nordwestlichen Teil Grönlands und Ellesmere-Insel, ein Weg, den der Brite George Nares gegen Ende der siebziger Jahre des neunzehnten Jahrhunderts eingeschlagen hatte, ohne jedoch viel weiter nördlich zu gelangen als Parry.

Im Jahr 1879 startete der amerikanische Marineleutnant George Washington DeLong einen Versuch auf der dritten Route, die entlang der Beringstraße führte. Die Reise endete in einer Tragödie, sollte aber einen unerwarteten Einfluß auf die Entwicklung der norwegischen Polargeschichte nehmen.

DeLong war mit seinem Segelschiff *Jeanette* von San Francisco aus aufgebrochen. Es verfügte über eine dreiunddreißig Mann starke Besatzung und Proviant für zwei Jahre.

Nicht nur DeLong war der Ansicht, das Meer rund um den Nordpol sei offen. Es komme nur darauf an, die Fahrrinne zu finden, die einem den Weg durch das Packeis bahne.

Zur Untermauerung dieser Theorie verwies er auf einen Meeresstrom, der erwärmtes Wasser aus den südlich von Japan liegenden Gewässern durch die Beringstraße bis ins Nordpolarmeer transportiere. Ebenso wie der Golfstrom die Voraussetzung zur Besiedlung der kargen Küsten entlang der Barentssee gewesen sei, habe dieser japanische Strom seit Tausenden von Jahren die Eskimokulturen zu beiden Seiten der Beringstraße ermöglicht. DeLong war der Ansicht, die Fahrrinne verlaufe entlang der Wrangelinsel, die sich nördlich von Ostsibirien befindet.

Die *Jeanette* segelte im August durch die Beringstraße. Die Strömung trug sie mit zwei bis drei Knoten Geschwindigkeit gen Norden, und die Mannschaft freute sich über die gelungene Fahrt. In der Meerenge passierten sie zwei Inseln, denen der Däne Vittus Bering den Namen Diomedes gegeben hatte, als er als erster Europäer 1741 in dieses Gebiet vorgedrungen war.

DeLong steuerte auf die Wrangelinsel zu, fand aber keine Fahrrinne, und schon Anfang September wurde die *Jeanette* vom Eis eingeschlossen.

Der junge Leutnant, dem man zumindest keinen Mangel an Verwegenheit vorwerfen kann, hatte sich in zwei Punkten geirrt: Die japanische Strömung war nicht warm genug, um das Meer eisfrei zu halten. Und die Wrangelinsel erstreckte sich auch nicht bis zum Pol, wie DeLong und andere geglaubt hatten. Sie erwies sich als eine kleinere Insel, die keine Verbindung zum Eis besaß.

Es gelang der *Jeanette* nicht, sich aus dem Packeis zu befreien. Doch das Eis war ständig in Bewegung und transportierte das festgefrorene Schiff im Laufe von zwei Jahren in westnordwestliche Richtung, bis die *Jeanette* im Juni 1881 nördlich der Neusibirischen Inseln zerquetscht wurde.

Die Mannschaft brachte drei Rettungsboote, dreiundzwanzig Hunde und den Rest des Proviants in Sicherheit. Nur wenn die Männer die sibirische Küste erreichten, konnten sie ihr Leben retten.

Das Bild des Wracks der *Jeanette* vor Augen, begannen sie die Boote über das zerklüftete Eis zu ziehen. Doch anders als Parry, der gegen Eis angekämpft hatte, das in südliche Richtung auf Spitzbergen zutrieb, entdeckte DeLong mit Entsetzen, daß das Eis vor der ostsibirischen Küste in die entgegengesetzte Richtung driftete. Den ganzen Sommer hindurch bewegten sie sich entgegen der Strömung, bevor sie entkräftet das offene Meer erreichten und ihre Boote zu Wasser ließen.

Doch das Schlimmste stand ihnen noch bevor. Während die Herbststürme ihnen um die Ohren peitschten, segelten sie aufs Meer hinaus, wo sie sich aus den Augen verloren. Ein Boot blieb verschollen, während die beiden anderen an zwei verschiedenen Stellen die Küste erreichten.

Ein Teil der Mannschaft stieß auf einheimische Bevölkerung und konnte so sein Leben retten. Der andere, darunter DeLong, starb in den Winterstürmen an der Lenamündung.

Von den dreiundzwanzig Mann, die sich mit DeLong auf den Weg gemacht hatten, überlebten nur zehn.

Außer der Nachricht von der Tragödie brachten sie nicht viel Wissenswertes mit nach Hause, und mit zunehmendem Abstand wurde die *Jeanette*-Expedition als ein Fehlschlag in der Geschichte der Polarforschung zu den Akten gelegt.

Ein weiterer Versuch, den Pol zu erreichen, war damit gescheitert. Pessimisten meinten, es werde nie gelingen. Das Eis des Nordpolarmeeres sei undurchdringlich.

Manchmal jedoch hilft der Zufall den ahnungslosen Menschen auf die Sprünge. Drei Jahre später fanden Eskimos bei der Jagd die Überreste eines Wracks unweit des im Südosten Grönlands gelegenen Julianehåb. Untersuchungen ergaben, daß es sich um Teile der *Jeanette* handelte.

Professor Henrik Mohn, der Begründer der norwegischen Meteorologie, der von dem Fund hörte, fragte sich, wie die Wrackreste eines Schiffes, das bei den Neusibirischen Inseln zerstört worden war, in Südgrönland das andere Ende des Nordpolarmeeres hatten erreichen können. Nach einiger Zeit gab es für ihn nur eine Erklärung: Die Reste der *Jeanette* mußten auf einer Eisscholle über das Meer getrieben sein.

Mohn veröffentlichte seine These im *Morgenbladet*. Fridtjof Nansen las den Artikel und kam auf einen abenteuerlichen Gedanken. Wenn eine Eisscholle über das Nordpolarmeer gelangte, dann konnte auch er sich zweifellos auf derselben Route treiben lassen; vielleicht würde ihn die Drift sogar über den Pol hinausbefördern. Alles, was er benötigte, war ein Schiff, das dem Druck des Eises standhielt.

Der Kern von Nansens Theorie bestand also darin, daß eine Meeresströmung das Nordpolarmeer von Ost nach West durchziehen mußte, eine Strömung, die an der Beringstraße ihren Anfang und irgendwo im Nordatlantik zwischen Spitzbergen und Grönland ihr Ende nahm.

Berufen konnte er sich nicht allein auf die Wrackreste der *Jeanette*. Untersuchungen von Baumstämmen, die am südlichen Ende der Ostküste Grönlands trieben, zeigten, daß die Hölzer höchstwahrscheinlich aus Sibirien stammten, wo sie von den großen, nach Norden fließenden Flüssen ins Meer gespült worden waren. Schlammreste, die man im Treibeis bei Grönland entdeckte, enthielten Algen, die nur aus dem Gebiet rund um die Beringstraße bekannt waren. Besondere Jagdgeräte der Eskimos aus Alaska, die den grönländischen Eskimos unbekannt waren, schienen ebenfalls über das Meer getrieben worden zu sein.

Weder Wrackreste, Holzstämme, Algen noch Gerätschaften allein konnten beweisen, daß die von Mohn beschriebene Meeresströmung wirklich existierte. Aber die Indizienkette wurde enger, und in fester Überzeugung entschied sich Nansen, seinen Plan voranzutreiben. Doch zuvor wollte er seine Promotion beenden und Grönland auf Skiern durchqueren.

Nansen sah sich keiner leichten Aufgabe gegenüber, als es darum ging, die Gelehrtenwelt von der Realisierbarkeit seines Vorhabens zu überzeugen. Selbst wenn es ihm gelänge, ein Boot zu bauen, das dem Eisdruck standhielt, blieb immer noch die offene Frage nach der Meeresströmung. Die Kritiker vertraten abwechselnd die Meinung, die Strömung existiere gar nicht, sei nicht kräftig genug oder verlaufe nicht in unveränderlichen Bahnen. Die sogenannten Beweise hielten sie für unvollständig, ja geradezu lächerlich. Einige gingen sogar so weit zu behaupten, die vorgeblichen Wrackreste stammten nicht von der *Jeanette*, sondern seien eine Fälschung.

Und selbst angenommen, es existierte wirklich eine Meeresströmung im Nordpolarmeer – hatte Nansen den Skorbut auf der Rechnung? Die geplante Drift würde mehrere Jahre in Anspruch nehmen, und wenn schon nicht das Eis und die Kälte Nansen und seinen Männern den Garaus machten, würde das der Skorbut besorgen, wie die Skeptiker hinzufügten. Die unerklärliche Krankheit hatte seit Hunderten von Jahren unter Seeleuten gewütet, und auch die Teilnehmer der langandauernden Polarexpeditionen blieben von ihr nicht verschont. Viele kostete sie das Leben.

Nansen setzte sich über die Kritiker hinweg. Seine Durchquerung Grönlands, von den Besserwissern ebenfalls als unmöglich bezeichnet, hatte ihn nicht nur berühmt gemacht, sondern auch seine Autorität gestärkt. Und konnte er sich bei den sturen Mitgliedern der *Royal Geographic Society* auch kein Gehör verschaffen, so gelang ihm das doch zumindest in Norwegen.

Die wissenschaftliche Frage, ob es eine nördliche Meeresströmung gab, spielte allerdings bei der Bewilligung der finanziellen Unterstützung durch das norwegische Parlament nicht die Hauptrolle. Hier ging es um die Ehre des Landes. Die Abgeordneten hatten den enormen Wirbel registriert, den die Durchquerung Grönlands im Namen Norwegens verursacht hatte. Wie groß mußte der Ruhm erst werden, wenn Nansen den Nordpol erreichte?

Nansen räumte ein, daß er auch etwas Glück benötigte, damit die *Fram* direkt über den Pol trieb. Wenn ihn die Strömung nicht direkt bis zum Pol führte, sondern nur bis zu einer Stelle zwischen dem Pol und Franz-Josef-Land – wie sollte er dann sein Ziel erreichen? Hier lag, wie er es selbst formulierte, die Achillesferse des Vorhabens.

Ein Grundprinzip von Nansens Expeditionsphilosophie war, sich die Kräfte der Natur zunutze zu machen, anstatt ihnen entgegenzuarbeiten – das hatte er nicht zuletzt bei seiner Grönlandtour gelernt –, aber auch, die Erfahrungen anderer Polarforscher zu berücksichtigen.

Daher wußte er, daß es nicht ratsam war, einen Vorstoß zum Pol zu wagen, wenn das Schiff mit einem größeren Abstand als einem Grad oder sechzig Seemeilen an ihm vorbeitrieb. Denn zum einen brach das Eis immer wieder auf, was das Weiterkommen mit Schlitten erschweren würde, zum anderen war es in ständiger Bewegung. Wenn sie nach dem Verlassen der *Fram* zu viel Zeit benötigten, würden sie das Schiff niemals wiederfinden.

Um die Erwartungen nicht zu groß werden zu lassen, mußte er daher vor der Geographischen Gesellschaft in Kristiania betonen, die Eroberung des Nordpols selbst sei nur von »geringer Bedeutung«. Nansen ließ verlauten, es gehe ihm vor allem um die wissenschaftliche Erforschung des unbekannten Meeres am Pol.

Hatte er schon sein Hauptargument vergessen, mit dem er seinen Antrag auf finanzielle Unterstützung vor der Regierung begründet hatte? Damals schrieb er: »Mögen es die Norweger sein, die anderen den Weg weisen! Möge die norwegische Fahne als erste über unserem Pol wehen!« Er hatte es keineswegs vergessen, und weder das Parlament noch die Öffentlichkeit reagierte, als Nansen im Bemühen, sich korrekt zu verhalten, verkündete, der Pol sei nur von geringer Bedeutung.

»*Unserem* Pol«, schrieb Nansen. Meinte er den Pol der Norweger? Sie sollten ihm Geld geben. Norwegisches Geld. Denn auf der anderen Seite der Grenze stand auch schwedisches Geld zur Beteiligung bereit. Zu einer solchen Demütigung durfte es nicht kommen.

Ende September, zwei Monate nach dem Auslaufen aus Vardø, fror die *Fram* im Eis bei den Neusibirischen Inseln fest. Der erste Teil des Plans war damit erfolgreich durchgeführt, wenn auch mit einigen Problemen.

Eine Zeitlang hatte es so ausgesehen, als würde das dichte Packeis sie zu einem unfreiwilligen Winterquartier bei Kap Tscheljuskin, dem nördlichsten Punkt des asiatischen Kontinents, zwingen. Das hätte die Expedition ein Jahr gekostet, mit allen Konsequenzen für die Moral der Mannschaft und nicht zuletzt ihres Chefs.

Seit dem Auslaufen aus Vardø hatte sich Nansen mit Nordenskiöld verglichen, der fünfzehn Jahre zuvor mit der *Vega* denselben Kurs genommen hatte. Von Eis und Gegenwind behindert, war die *Fram* nicht mehr im selben Maße wie bisher vorangekommen, was Nansen verstimmte, dessen Gereiztheit auf die anderen übergriff. Die Stimmung war auch nicht besser geworden, als der Steuermann Theodor Jacobsen jedem an Bord die Wette anbot, daß sie Kap Tscheljuskin in diesem Jahr nicht mehr erreichen würden. Während die *Vega* am 20. August 1878 ungehindert am Kap vorbeigesegelt war, lag die *Fram* noch am 8. September im Eis fest.

Dann öffnete sich zwischen Eis und Land eine Fahrrinne, und durch ein gewagtes Manöver, mit dem sich Kapitän Otto Sverdrup nur zögerlich einverstanden erklärt hatte, gelang es Nansen, das Schiff regelrecht freizurütteln. Während die Bordkanone Salutschüsse abfeuerte und Nansen nun wieder bei strahlender Laune war, passierten sie zwei Tage später das Kap und nahmen Kurs auf die Neusibirischen Inseln, wo die Drift beginnen konnte.

Mit ihr begann auch die Zeit des Wartens. Bisher hatte jeder einen wertvollen Beitrag zum Vorankommen des Schiffes geleistet. Jetzt wurde Geduld zur wertvollsten Tugend.

Die Drift war im ersten Jahr äußerst langsam. Wenn sie sich nicht beschleunigte, rechnete die Mannschaft aus, würden sie sieben Jahre brauchen, um das offene Wasser zu erreichen. Die Männer begannen an Nansens Theorien zu zweifeln. Nansen zweifelte selbst.

Natürlich bewegte sich das Eis. Aber die *Fram* trieb in alle Richtungen: nach Norden, Süden, Westen und Osten. Es schien, als beeinflusse nicht die Strömung, sondern der wechselnde Wind die Drift.

Von ihr war auch die Stimmung an Bord abhängig. Es herrschte Freude, wenn das Schiff sich nordwärts voranschob, und Mißmut, wenn sie über längere Zeit nicht vom Fleck kamen oder gar zurücktrieben.

Nansens Laune schwankte am stärksten. Kamen sie nicht weiter, wurde er mürrisch, mischte sich in die Arbeit anderer ein, zeigte sich rechthaberisch bei Diskussionen und nahm zuweilen einen abwesenden, erhabenen Gesichtsausdruck an. Seine dynamische Veranlagung drängte nach irgendeiner Tätigkeit, um sie dem Ziel näherzubringen; doch festgefroren im Eis, konnte er dazu keinen Beitrag mehr leisten. Ein Bündnis mit der Geduld war ihm, dem Rastlosen, Unbesonnenen, nicht möglich.

Er sehnte sich nach dem Nordpol und nach Eva, doch ihm waren die Hände gebunden.

Ruhelosigkeit, die kein Ventil hat, schlägt leicht in Langeweile um, und Langeweile in Bitterkeit. In Zeiten der Schwermut wurde Nansen für seine Männer zur Plage. Am meisten plagte er jedoch sich selbst. Tagelang konnte er zurückgezogen und grübelnd in seiner Kabine hocken.

Bei den Expeditionsvorbereitungen hatte Nansen seiner Theorie, dem Schiff, der Ausrüstung und dem Proviant größte Aufmerksamkeit geschenkt. Wo immer es möglich war, hatte er den Rat von Experten eingeholt und war davon überzeugt, alles richtig gemacht zu haben.

Aber er hatte kaum Gedanken daran verschwendet, welche Auswirkungen der Zeitfaktor – die große Unbekannte dieser Expedition – auf die mentale Verfassung der Besatzung haben könnte. Das lag vielleicht daran, daß er sich, wie alle Perfektionisten, für nahezu unfehlbar und das Scheitern des Projekts damit für ausgeschlossen hielt, erst recht, wenn es um etwas so Banales wie psychische Instabilität ging. Die Besatzungsmitglieder der *Fram* waren doch schließlich ganze Kerle!

Ja, das waren sie. Die meisten hatten Erfahrungen auf dem Meer gesammelt, waren Verzicht und Plackerei gewohnt und hatten auf vielen Nachtwachen erfahren, was Einsamkeit bedeutete. Doch niemand hatte je eine Einsamkeit erlebt wie diejenige, die ihnen jetzt bevorstand.

Die dreizehn Männer an Bord hatten zwar einander und würden im Eis täglich vollauf mit wissenschaftlichen Messungen, Reparaturarbeiten, den Hunden, der Jagd und dem Kochen beschäftigt sein – denjenigen, die ihre geistigen Interessen nicht verkümmern lassen wollten, stand sogar eine reichhaltige Bibliothek von sechshundert Bänden zur Verfügung –, aber an den ersten dunklen Tagen der Polarnacht würde ihnen auch die Einsamkeit zu schaffen machen, und im Laufe der Zeit einigen mehr als anderen.

Als Chef war Nansen für die praktische und geistige Führung zuständig. In guten Momenten, auch von ihnen gab es natürlich viele, vermittelte er Freude und Enthusiasmus. Nansen hatte ein gewinnendes Wesen und verfügte, erst einmal in Fahrt gekommen, über einen Charme wie nur wenige. Doch vielleicht war gerade er es, dem die Einsamkeit am meisten zusetzte. Er vermißte die Wissenschaft und den Umgang mit Menschen seines eigenen intellektuellen Niveaus.

Abgesehen von ihm selbst besaß nur der Schiffsarzt Henrik Blessing eine höhere Ausbildung, wenn man die beiden ehemaligen Mitglieder der Militärschule außer acht läßt: den Verantwortlichen für Navigation und meteorologische Messungen, Sigurd Scott-Hansen, sowie dessen späteren Assistenten, den Heizer Hjalmar Johansen. Niemand von ihnen befriedigte jedoch Nansens Bedürfnis nach einem Gesprächspartner für Themen, die über das Alltägliche hinausreichten.

Der einzige, zu dem Nansen ein annähernd freundschaftliches Verhältnis entwickelte, war Peder Hendriksen, ein Harpunier vom Balsfjord, der vierzehn Jahre auf einem Fangschiff im Nordpolarmeer gearbeitet hatte. Mit diesem Hintergrund und seinen erzählerischen Fähigkeiten kam er Nansens Bedürfnis entgegen, auch über die harten Seiten des Lebens zu sprechen.

Es waren junge Männer, die vom Eis eingeschlossen waren. Ihr Durchschnittsalter betrug knapp dreißig Jahre. Mit sechsundzwanzig war Hjalmar der zweitjüngste nach dem fünfundzwanzigjährigen Scott-Hansen. Der Maschinenmeister Anton Amundsen war mit neununddreißig der älteste; Fridtjof Nansen lag mit seinen zweiunddreißig genau in der Mitte.

Es mangelte hier und da tatsächlich an Lebenserfahrung, und in den schweren Stunden der Einsamkeit war guter Rat teuer. Die verwegene Männergemeinschaft der *Fram* verlangte Stärke, nicht Schwäche, was die Suche nach Geborgenheit schwierig machte. Hinzu kamen die Umgangsformen der damaligen Zeit, die selbst bei jungen Menschen eine gewisse Distanz vorschrieben. Die formale Anrede bei Tisch war das »Sie«. Besonders

Hjalmar heuerte als Heizer auf der *Fram* an. Nachdem das Schiff im Nordpolarmeer vom Packeis eingeschlossen worden war, beförderte man ihn zum meteorologischen Assistenten. Leutnant Sigurd Scott-Hansen führt eine Messung durch.

Nansen achtete sehr darauf, nicht vorschnell geduzt zu werden. Obwohl sie doch alle Mannschaftsmitglieder waren und am selben Tisch aßen, existierte eine hierarchische Ordnung, die vom Wörtchen »Sie« genährt wurde.

Der einzige, der Nansen duzte, war Sverdrup, aber der stand schließlich auf etwa derselben Stufe.

Nansen wurde nie zu einem Teil der Mannschaft, teils, weil er sehr auf seinen Status bedacht war, teils, weil seine Launen so unvorhersehbar waren. Statt ihr Vertrauen zu gewinnen, schuf er Distanz. Das Unglück bestand darin, daß er es selbst nicht bemerkte.

Jetzt, da sie auf unbestimmte Zeit im Eis festsaßen und alle seine mentale Stärke gebraucht hätten, verschliß er seine Kräfte so lange in unbefriedigten Sehnsüchten, bis diese ihn in vorübergehende Depressionen trieben. Er, der die Männer führen sollte, bedurfte in schweren Stunden selbst der Führung. Sverdrup, der zeitweise seinen Platz einnahm, füllte so nach und nach die entstandene Lücke aus.

In Sehnsucht und Langeweile gefangen, begann Nansen mit dem Gedanken an einen Ausbruch zu spielen.

Er wollte die *Fram* verlassen.

Er wollte fort von einem Schiff, das er nach nur wenigen Monaten im Eis als Gefängnis empfand.

13 Hjalmar fand sich im Eis gut zurecht. Die Tage waren gleichförmig und stellten immer dieselben Anforderungen. Er entkam seinen Zukunftsängsten.

Wie den anderen an Bord fehlten auch ihm sein Zuhause und seine Lieben. Außerdem vermißte er Hilda, den »geliebten Gegenstand«, wie er sich fast verschämt im Tagebuch ausdrückte. Doch im Grunde war er nur froh, die Zivilisation hinter sich gelassen zu haben. Er schoß seine ersten Eisbären und lernte den Umgang mit Hunden. Er verausgabte sich, ohne zu leiden. Das Leben erhielt eine neue Bedeutung.

Als er sein erstes Weihnachtsfest an Bord der *Fram* feierte und mit seinen Gedanken in Venstøp war, notierte er:

»... zu Hause wäre ich am Ende noch ein richtiger Menschenfeind geworden; deshalb bin ich froh, hier zu sein. Oh, hier hat man es so gut. Meist ist es kalt und dunkel, aber man ist frei! Wir kümmern uns nicht um die Dinge, von denen wir zu Hause abhängig waren.«

An Bord der *Fram* befand sich eine Orgel, auf der Nansen oft spielte. In solchen Momenten konnte Hjalmar in seiner Koje liegen und die Gedanken treiben lassen. Die Musik tat ihm gut, ja, er spürte, wie ihn das einsame Leben im Polarlicht zu einem leidenschaftlichen Musikliebhaber machte. Manchmal spielte er selbst einige Melodien auf dem Akkordeon, das er mitgenommen hatte, und als die Orgel zu Weihnachten den Geist aufgab, rettete Hjalmar mit seinem Instrument die Stimmung.

Später ging er noch einmal hinaus und betrachtete bei minus achtunddreißig Grad, wie der zauberhafte Mondschein mit den Eisflächen spielte. Ja, er war glücklich, solange ihn nicht Erinnerungen an zu Hause bedrückten, und er verstand es, der Eintönigkeit zu entfliehen.

Sobald die *Fram* im Eis festgefroren war, wurde Hjalmar vom Heizer zum meteorologischen Assistenten befördert. Die Arbeit war anstrengend. Stundenlang stand er draußen und notierte die Meßergebnisse von Sigurd Scott-Hansen, während die Fingernägel in der Kälte ganz rissig wurden. Nicht nur die Wetterwerte wurden erfaßt, sondern auch die astronomischen und magnetischen Daten.

Scott-Hansen war sehr penibel und ließ die Messungen oft wiederholen, ehe er sich zufriedengab. Für Hjalmar war dies ein Zeichen von Pedanterie, nicht von Genauigkeit. Des Wartens in Unwetter und Kälte überdrüssig, richtete sich sein Unmut manchmal gegen seinen neuen Chef. Ihm wurde die Zeit lang, er bekam schlechte Laune und fand die Messungen überflüssig. Doch klaglos blieb er auf seinem Posten, und allmählich wurden die beiden gute Freunde. Sie verzichteten schnell auf das umständliche Siezen und nannten sich Hjalle und Sig. Nach und nach wurde Hjalmar von seinem neuen Freund in die Geheimnisse des Sextanten eingeweiht.

Sie waren die Jüngsten unter der Besatzung, und genau wie Hjalmar hoffte Scott-Hansen, daß ihn die Frau, die er zurückgelassen hatte, bei seiner Heimkehr erwarten würde. In einer dunklen und unwirtlichen Dezembernacht wettete Hjalle, nachdem sie beide zusammengesessen und von ihren Liebsten geschwärmt hatten, vier Flaschen Champagner darauf, daß er als erster heiraten werde. Sig nahm die Wette an und sollte sie später gewinnen.

Als frischgebackener Oberleutnant der Marine hatte Scott-Hansen sich auch mit der Navigation des Schiffes betrauen lassen. Dies sollte im Laufe der Zeit – zumindest in psychologischer Hinsicht – zur wichtigsten Aufgabe werden. Scott-Hansen war es, der über die Drift Auskunft geben konnte; es waren seine Informationen über die Position der *Fram*, die Frustration oder Freude auslösten.

Ein anderer, dem Hjalmar sich anschloß, war der Arzt Henrik Greve Blessing. In gewisser Weise teilten sie das gleiche Schicksal. Beide hatten sich in Norwegen heimatlos gefühlt; beide hatten eine Liaison mit einer Droge gehabt, Hjalmar mit dem Alkohol, Blessing mit Morphium. In der Polarwüste bekamen beide Gelegenheit, ihre vertane Jugend zu bereuen. Sie nahmen sich gegenseitig das Versprechen ab, ihr Leben zum Guten zu wenden, wenn sie eines Tages als neue und starke Männer zurückkehrten.

Blessing war medizinischer Examenskandidat gewesen, als Nansen ihn anheuerte, hatte es aber geschafft, die Prüfung noch vor Beginn der Reise abzulegen. Nansen hätte am liebsten einen erfahreneren Arzt mit an Bord genommen, gab aber Blessing die Chance, weil sich sonst niemand gemeldet hatte. Nansen war so in der Klemme gewesen, daß er dem Studenten sogar Geld schickte, damit dieser rechtzeitig fertig wurde.

Als Expeditionsarzt kam auch Blessing an Bord eine wichtige psychologische Aufgabe zu. Obwohl Nansen, was die Verpflegung einer Polarexpedition betraf, neue Wege gegangen war, fürchtete die Mannschaft doch den sich schleichend entwickelnden Skorbut. Forschung und Erfahrung wiesen darauf hin, daß Skorbut eine Mangelerkrankung war, ohne daß man bisher wußte, worin genau der Mangel bestand.

Seit Hunderten von Jahren hatten sich Schiffsbesatzungen hauptsächlich von gepökeltem Fleisch ernährt. Indem er auf Salz verzichtete und statt dessen auf moderne Konservierungsmethoden setzte, hoffte Nansen, den Skorbut auf Distanz zu halten. Im Lauf der Zeit hatten Seeleute die Erfahrung gemacht, daß sich diese Krankheit mit Hilfe frischer Nahrungsmittel vermeiden ließ, und Nansen verließ sich darauf, daß sie unterwegs genügend Robben und Eisbären schießen würden. Monatlich nahm Blessing den Besatzungsmitgliedern Blut ab und untersuchte jeden einzelnen von ihnen auf Skorbutsymptome hin: Apathie, wunde Gliedmaßen und Blutungen am Gaumen.

Ebenso gespannt wie auf Scott-Hansens Berechnungen waren alle auf Blessings Ergebnisse. Doch im Gegensatz zu Scott-Hansen, der sie oft enttäuschte, verkündete Blessing nur frohe Botschaften. Kein einziges Mal stellte er Skorbut auf der *Fram* fest. Seine einzige Sorge war die allgemeine Gewichtszunahme wegen des vielen guten Essens.

Ob es nun Glück war, Kenntnisreichtum oder beides – ein Schiff für eine so lange Dauer von Skorbut freizuhalten, war in dieser Zeit nichts Geringeres als eine Sensation. Nansen sollte im Verlauf der Schiffsreise viele Siege über die Zweifler der *Royal Geographic Society* feiern; die Eliminierung des Skorbuts war einer davon.

Das größte Vertrauen faßte Hjalmar zu Otto Sverdrup. Hjalmar verglich Sverdrup oft – zu dessen Vorteil – mit Nansen. Wo Nansen unbeherrscht war, bewahrte Sverdrup die Ruhe; blieb der Expeditionsleiter unnahbar und fern, war der Kapitän vertrauensvoll und warmherzig.

Auch Sverdrup hatte für Johansen viel übrig. Vielleicht lag es daran, daß sie sich in ihrem Temperament ähnelten. Sie schwiegen mehr, als daß sie sprachen; still und ohne viel Aufhebens verrichteten sie ihre Arbeit. Außerdem verfügten sie über eine

Der Schiffsarzt Henrik Greve Blessing (*links*), Leutnant Sigurd Scott-Hansen (*Mitte*) und Kapitän Otto Svedrup beim Kartenspiel, dem bevorzugten Zeitvertreib während der langen Drift der *Fram*. Sie waren Hjalmars engste Freunde an Bord.

Geduld und Besonnenheit wie wenige andere an Bord, was sich auch aus ihrer Zufriedenheit mit dem Leben im Eis erklärte. Wenn irgend jemand Eis im Blut hatte, dann Sverdrup und Johansen.

Diese vier, Sverdrup, Scott-Hansen, Blessing und Johansen, bildeten an Bord eine Art Clique. Sie trafen sich in Sverdrups Kabine, wo sie Halma, Whist oder Domino spielten und gelegentlich ein Glas Whisky oder Cognac aus dem »geheimen« und scheinbar unerschöpflichen Vorrat des Arztes tranken. Und während sie sich ihre Pfeifen ansteckten, begannen sie mit ihrem Lieblingsthema. Wenn die Reise mit der *Fram* einmal beendet sein würde, wollten sie sich eine Jacht kaufen, mit ihr bis nach Spitzbergen oder zur Karasee segeln und mit Fischfang großen Stils einen Haufen Geld verdienen. Auf dem Weg würden sie in Bindal, Sverdrups Paradies auf Erden, Station machen.

Die wirkungsvollste Ablenkung fand Hjalmar jedoch bei den Hunden. Manchmal stellte er einfach ein Gespann zusammen und unternahm einen Ausflug auf dem Eis. Er beobachtete die Hunde und wunderte sich darüber, wie sehr ihre einfachen Reaktionen denen der Menschen glichen. Wegen eines Knochens oder eines Weibchens konnten sie wild aufeinander losgehen, sich aber auch in schwierigen Situationen zur Seite stehen. Sie spielten sich auf und demonstrierten ihre Unabhängigkeit, wenn sie an die Vorräte der Menschen gingen und sich vollfraßen oder wenn sie mutig und eigenwillig den Kampf gegen einen plötzlich auftauchenden Eisbären aufnahmen. Dann wieder krochen sie winselnd umher, wenn sie sich im Stich gelassen fühlten.

An einem Sommertag hatten sich die Männer einen großen See im Eis freigeschlagen und wollten die Tragfähigkeit eines der Beiboote erproben. Alle dreizehn nahmen an Bord Platz und begannen drauflloszurudern. Da gerieten die Hunde ganz außer sich, weil sie offensichtlich glaubten, von den Männern verlassen zu werden. Suggen, das Leittier, sprang, dicht gefolgt von den übrigen, um den See herum und ließ die Männer nicht aus den Augen. Der kleine Bjelki dagegen hüpfte nach kurzem Zögern ins kalte Wasser, um hinter dem Boot her zu schwimmen. Die arme schwangere Kvikk ließ aus lauter Verwirrung ihren Knochen fallen. Nur Barabas, so niederträchtig wie es seinem Namen entsprach, blieb beim Schiff zurück, beglückt über den freigewordenen Knochen.

Als die Männer zurückkehrten, wedelten die Hunde mit ihren Schwänzen und warteten auf beruhigende Streicheleinheiten. Nur der stolze Suggen marschierte immer noch auf dem Eis herum. Er hatte die Absicht der Menschen falsch eingeschätzt – sie hatten sich doch nicht einfach aus dem Staub machen wollen –, und, um seine Ehre zu retten, tat er jetzt so, als sei nichts geschehen.

Die Welt der Hunde war derjenigen der Menschen wirklich nicht unähnlich. Derselbe Kampf um die Vorherrschaft, dieselbe Angst, das Gesicht zu verlieren. Und derselbe Herdentrieb.

Am ersten Jahrestag der Drift, dem 22. Dezember 1894, überprüfte Hjalmar die Meßinstrumente. Er mußte feststellen, daß sie kaum vorwärtsgekommen waren. Sie hatten darauf gesetzt, im Sommer schneller voranzukommen, aber die guten Meldungen Scott-Hansens hielten sich in Grenzen. Er hatte ihren Kurs auf einer Karte festgehalten, die zeigte, daß sie sich seit Juni vor allem im Kreis bewegt hatten. Ihr einziger Trost war, daß sie alles in allem in nordwestliche Richtung trieben. Niemals jedoch würde sie die Drift direkt über den Pol führen – das wurde ihnen klar. Die Abweichung, so schätzten sie, betrug vier bis fünf Grad.

Wenn auch langsam, so kämen sie doch voran, notierte sich Hjalmar, der seinen Optimismus nicht verloren hatte. Er war sich sicher, im nächsten Jahr würden sie größere Fortschritte machen.

Am selben Nachmittag kam Otto Sverdrup zu ihm und schnitt ein Thema an, das einige Männer schon seit längerem diskutierten: Zwei von ihnen sollten die *Fram* verlassen, alle Hunde mitnehmen und versuchen, allein den Nordpol zu erreichen.

»Könnten Sie sich vorstellen, sich an solch einem Versuch zu beteiligen?« fragte Sverdrup.

»Ja, natürlich«, entgegnete Hjalmar. In Gedanken, ergänzte er im stillen, denn noch rechnete er nicht damit, einer von den beiden zu sein.

Voll Eifer setzten sich die zwei in Sverdrups Kabine an den Tisch und hatten ihren Spaß daran, Distanzen zum Nordpol zu errechnen, das Gewicht des Proviants, den zwei Männer benötigten, und die Länge der erforderlichen Tagesmärsche. Sie benahmen sich ganz so, als seien sie die beiden, denen die Ehre zufiel, den Pol zu erobern.

Mit Sverdrup zusammen die Reise anzutreten? Hjalmar konnte sich nichts Schöneres vorstellen.

Am nächsten Tag trafen sie sich erneut. Sie unternahmen einen Skiausflug auf dem Packeis und setzten ihr Gespräch vom Vortag fort. Sverdrup sprach nicht mehr mit derselben Begeisterung, so als hätte sie der beißende Wind auf dem Eis abgekühlt.

»Ich weiß nicht, ob Nansen mich weglassen würde. Ich glaube, er will sich selbst auf den Weg machen.«

Über solch eine Unternehmung hatten Nansen, Sverdrup, Scott-Hansen und Johansen schon vor gut einem halben Jahr, im Januar, gesprochen, bei einem »gemütlichen Geplauder« nach dem Mittagessen, wie sich Hjalmar erinnerte. »Gemütlich« war es wohl gewesen, aber mit ernstem Unterton. Der frustrierte Nansen hatte einen Testballon aufsteigen lassen.

Seitdem war dieses Thema hin und wieder angesprochen worden, aber Nansen hatte keine neue Initiative ergriffen.

Mit dem Gedanken, das Schiff zu verlassen, hatte Nansen gespielt, seit es vom Eis eingeschlossen worden war.

Seine innere Verfassung tat ein übriges. Er langweilte sich und war doch voller Tatendrang – sein ganzer Körper verlangte nach einer Tat.

Nachdem er errechnet hatte, daß die Drift der *Fram* bei dem augenblicklichen Tempo weitere sieben Jahre dauern würde, notierte Nansen im März:

»Sieben weitere Jahre so ein Leben zu führen, oder auch nur vier – wie sieht die Seele dann aus? Und *sie* –? Ich wage nicht weiterzudenken ... Nein, das macht krank, ich weiß es. Aber diese untätige, leblose Einsamkeit bedrückt und zehrt an einem. Kein Kampf. Keine Möglichkeit eines Kampfes, alles still und tot, in sich selbst versunken, unter der Eisdecke erstarrt – oh, da vereist die Seele. Was gäbe ich nicht für einen Tag der Auseinandersetzung, einer einzigen Gefahr!«

Auch die äußeren Kräfte wirkten unbeirrbar auf das Schiff ein. Sie trieben sachte im Kreis und seitwärts am Ziel vorbei. Außerdem machte Nansen eine Entdeckung, die das Bild, das er sich von den Strömungen im Nordpolarmeer gemacht hatte, erschütterte.

Wie andere Naturwissenschaftler auch, hatte Nansen das den Nordpol umschließende Becken für seicht gehalten. Die größte bekannte Tiefe betrug nur achtzig Faden, gemessen von der Mannschaft der *Jeanette*. Nansen glaubte, die geringe Tiefe würde der Strömung mehr Kraft verleihen, und vor allem war er der Ansicht, die Wassermassen aus den sibirischen Flüssen schöben das Eis nach Norden. Aber das Lot offenbarte früh die große Tiefe des Nordpolarmeeres. Alle Leinen, die sie hatten verknüpfen können, ließen sie ins Wasser sinken, dreitausendfünfhundert Meter tief. Doch den Grund erreichten sie immer noch nicht.

Frustriert mußte Nansen einsehen, daß er sich offenbar geirrt hatte. Entweder existierte die transpolare Meeresströmung gar nicht, oder sie war weitaus schwächer, als er angenommen hatte. Statt auf die Strömung setzte er seine geringen Hoffnungen jetzt auf die Winde, die in dieser Gegend allerdings so launisch waren wie das Wetter im April. Unablässig veränderte sich ihre Stärke, und zu allem Übel wehten sie aus allen Richtungen. Die vorherrschende und für sie günstigere Windrichtung war zwar Südost, aber der Wind blies genauso häufig und stark aus Nord.

Wie dem auch sei – die Wrackreste der *Jeanette* sprachen nach wie vor eine eindeutige Sprache. Aber die Drift würde eine lange Zeit erfordern, und je genauer Nansen die Situation analysierte, desto mehr begriff er, daß er nicht fähig war zu warten. Seine Ungeduld erforderte ein Gegengift, und er verstand, daß dieses Gegengift nicht an Bord der *Fram* zu finden war.

Das Gegengift war der Nordpol selbst.

Nansen spürte jedoch, es waren »Würfel des Todes«, die sie werfen mußten. Lange verharrte er unentschlossen und in »drückendem Zweifel«. Im Oktober verschwand die Sonne am Horizont, und die Besatzung der *Fram* rüstete sich für ihre zweite Polarnacht, von der sie fürchtete, sie werde schwieriger zu überstehen sein als die erste. Sie taten es mit Festen und Gesang, denn es häuften sich die Anlässe. Sowohl Nansen als auch Sverdrup feierten im Oktober ihren Geburtstag, außerdem sollte der zweite Jahrestag des Stapellaufs der *Fram* begangen werden. Der bedeutendste Anlaß war jedoch, daß das Eis sie endlich über 82° nördlicher Breite befördert hatte.

Im November endlich handelte Nansen, knapp zwei Monate nachdem Sverdrup Hjalmar darauf vorbereitet hatte, was ihm möglicherweise bevorstand. Am 16., während eines langen Skiausflugs im Mondschein, sprach Nansen lange mit Sverdrup über die Aussichten der Drift und das Vorhaben einer gen Norden führenden Expedition über das Eis. Auf die *Fram* zurückgekehrt, setzten sie in Sverdrups Kabine ihr Gespräch fort. Nansen entnahm dieser Unterhaltung, daß er sich der Unterstützung des Kapitäns sicher sein konnte.

Drei Tage später, am 19. November, den Hjalmar als »großen, bedeutenden Tag in der Geschichte meines Lebens« bezeichnete, fragte ihn Nansen, ob er an einer Expedition zum Nordpol teilnehmen wolle.

Seit mehreren Tagen hatte das Nordlicht den Himmel entflammt, und wie gebannt hatte Hjalmar dagestanden und die Schleifen und Windungen des Lichts beobachtet, bis er von vierzig Grad minus unter Deck getrieben worden war. Dort hatte er das kleine Kissen hervorgeholt, das ihm die Freundinnen-

Vereinigung in Skien bei seiner Abreise überreicht hatte, auf dem er seinen Kopf aber erst ruhen lassen wollte, wenn er Trost brauchte. Wenn Nansen ihn auf der Schlittentour dabeihaben wollte, dann sollte das Kissen mit in den Schlafsack, dachte er.

An der Seite von Otto Sverdrup benötigte Nansen fast drei Stunden, um Hjalmar sein Anliegen darzulegen. Er sprach detailliert über seine Pläne und die Gefahren, die entstehen konnten, über die Notwendigkeit, bereits im Februar nächsten Jahres aufzubrechen, mit anderen Worten in knapp drei Monaten. Schließlich richtete er sich auf und rollte seine distinguierten R's, die jedem einzelnen Wort Nachdruck verliehen:

»Ich hoffe, Sie verstehen den Ernst der Angelegenheit. Es kann um Leben und Tod gehen, das müssen Sie sich vor Augen halten. Bekommen wir Skorbut, sind wir rettungslos verloren. Ich betrachte Sie als geeignet für ein solches Unternehmen, und sind Sie bereit, so sollen Sie wissen, daß ich Sie gerne mitnehme. Am liebsten wäre es mir jedoch, Sie würden ein oder zwei Tage über die Sache nachdenken, bevor Sie antworten. Was mich betrifft, so habe ich mir schon vor langer Zeit ein Urteil gebildet.«

Hjalmar antwortete, mit einem Seitenblick auf den Kapitän:

»Angeregt von Gesprächen mit Sverdrup habe ich in letzter Zeit schon manchmal an eine solche Reise gedacht. Er weckte bei mir die Vorstellung, ich könnte mit von der Partie sein, und weil dies auch so unter meinen Kameraden die Runde machte, brauche ich keine Bedenkzeit. Ich habe über alles nachgedacht und erkläre mich zur Teilnahme bereit.«

Er machte eine kurze Pause, bevor er fortfuhr:

»Lassen Sie mich hinzufügen, daß ich es selbstverständlich als Auszeichnung betrachte, ausgewählt worden zu sein. Ich weiß nicht, ob die Antwort Sie zufriedenstellt oder ob Sie trotzdem wollen, daß ich mir Bedenkzeit nehme. Doch meine Meinung wird sich sicherlich nicht ändern.«

Nansen atmete auf. Nun wußte er, daß die Entscheidung gefallen und unwiderruflich war. Seine letzten Zweifel waren beseitigt.

»Nein, wenn Sie ernsthaft über alle Möglichkeiten, denen Sie sich aussetzen, nachgedacht haben, darüber, daß vielleicht keiner von uns je wieder einen Menschen sieht, und sollte es auch nicht zum Schlimmsten kommen, Ihnen doch auf einer solchen Tour beträchtliche Leiden nicht erspart bleiben – haben Sie über all dies nachgedacht, so fordere ich von Ihnen keine Bedenkzeit mehr.«

»Ich habe alles bedacht«, sagte Hjalmar.

»Gut, dann ist die Sache abgemacht. Morgen beginnen wir mit unseren Vorbereitungen. Scott-Hansen soll einen neuen meteorologischen Assistenten benennen.«

Das Treffen war beendet. Jeder wandte sich seinen Dingen zu. Die Nachricht machte die Runde, und alle gratulierten Hjalmar. Viele wünschten sich, an seiner Stelle zu sein.

Denn obgleich der Nordpol das Ziel war, handelte es sich doch gleichzeitig um eine weitere Etappe auf dem Weg nach Hause. Niemand wußte, wie lange die *Fram* vom Eis eingeschlossen sein würde, doch alle, nicht zuletzt Nansen und Hjalmar selbst, glaubten, daß die, die sich auf den Weg machten, schon im nächsten Sommer wieder in Norwegen sein würden. Eine frühere Heimkehr war schließlich ein wesentlicher Teil von Nansens Plan.

Hjalmar legte sich mit dem festen Entschluß in seine Koje, das Seinige zu einem glücklichen Ausgang beizutragen. Er betrachtete Hildas Foto und nahm das Tagebuch zur Hand.

»Sollte es anders laufen, als geplant, erwartet mich zumindest kein unehrenhafter Tod. Ich schreibe davon jetzt in großer Ruhe und hoffe, auch ruhig dem Tod entgegengehen zu dürfen, falls dies erforderlich wird. Gott allein entscheidet darüber.«

Während er die Gedanken seiner Heimat zuwandte, der Sonne und dem Gesang, die ihn dort erwarteten, lag er da und starrte in die Dunkelheit.

»Dieser Tag wird zum Wendepunkt in meinem Leben.«

14

Die Schlittentour würde vor allem zum Wettlauf mit der Zeit werden. Nansen entschied sich daher für einen frühen Start. In den ersten Februartagen, noch bevor sich die Sonne über dem Horizont zeigte, wollte er aufbrechen.

Von den Eskimos abgesehen, hatte sich nie zuvor jemand so früh in arktische Gefilde gewagt.

Damit blieb nur eine kurze Zeit der Vorbereitung. Bisher war in dieser Hinsicht kaum etwas geschehen. Einen Aufbruch von dieser Tragweite hatte Nansen bis zum Ablegen aus Kristiania nicht im Sinn gehabt, und als die Idee im Eis geboren wurde, verging das erste Jahr in einem nebulösen Gemisch aus Zögerlichkeit, Gerüchten und Zweifel. Die Männer hatten sich ein wenig mit Schlitten und Kajaks befaßt und auch hin und wieder eine Fahrt mit den Hunden unternommen. Aber dies war nichts im Vergleich zu der Arbeit, die es jetzt zu verrichten galt.

Nansens Entschluß, das Schiff zu verlassen, löste Euphorie aus. Endlich geschah etwas in dieser Eiswüste, und die Männer machten sich mit Feuereifer an die Arbeit. Diese Stimmung sollte jedoch nicht lange anhalten.

Nansens Führungsstil sowie der ständig zunehmende Zeitdruck, verbunden mit der ewigen Dunkelheit der Polarnacht und der strengen Kälte, führten rasch zu Chaos und Streitigkeiten. Zum Schluß war Nansen so unbeliebt, daß sich die meisten darauf freuten, ihn loszuwerden.

Denen, die Hjalmar beneidet hatten, tat er jetzt leid; umgekehrt priesen sie sich glücklich, nicht mit Nansen gehen zu müssen.

Am meisten irritierte die Männer Nansens Trödelei und mangelnde Entschlußkraft. Unfähig, die eigenen Fehler zu erkennen, mischte er sich fortwährend in die Arbeit anderer ein, was immer wieder zu Verzögerungen führte. Sie schüttelten die Köpfe darüber, wie ungeschickt er sein konnte und wie schlecht er die praktischen Seiten der bevorstehenden strapaziösen und gefährlichen Expedition durchdacht hatte.

Besonders die Konstruktion der Schlitten verursachte Probleme. Unendlich oft wurden sie von den entnervten Besatzungsmitgliedern zusammengesetzt und wieder auseinandergebaut. Darüber hinaus zeigte sich, daß Nansen übertriebene Vorstellungen davon besaß, was zwei Männer mit achtundzwanzig Hunden an Lasten über zerklüftetes und rissiges Packeis ziehen konnten.

Zu denen, die sich am meisten ärgerten, gehörten Otto Sverdrup, der geistige Vater des Vorhabens, sowie sein designierter Statthalter im Eis, Hjalmar Johansen.

Am liebsten hätte Nansen Sverdrup mitgenommen. Sie kannten einander seit ihrer Grönlandexpedition, und der Kapitän hatte seinen robusten Eindruck auch auf der *Fram* bestätigt. Doch Nansen war sich bewußt, daß einer von ihnen zurückbleiben mußte, um die Führung an Bord zu gewährleisten. Eine Weile spielte er wohl mit dem Gedanken, Sverdrup und Johansen reisen zu lassen, aber er wollte seinen Freund bei der gefährlichen Aufgabe nicht im Stich lassen, während er selbst die Sicherheit des Schiffes wählte. Und wie erst würden die Reaktionen zu Hause ausfallen, wenn er mit heiler Haut zurückkäme, die beiden anderen jedoch nicht?

Nansen hatte den Plan nicht entworfen, um anderen die damit verbundene Last aufzubürden, und ihn deshalb auf seine eigenen Bedürfnisse zugeschnitten. Er selbst war der Situation an Bord überdrüssig und wollte fort. Und in hehren Momenten träumte er davon, sowohl den Nord- als auch den Südpol zu erobern.

Sverdrup wiederum verfügte über große Autorität, und Nansen war auf dessen Unterstützung angewiesen, was seine eigenen Zweifel und die Moral der Mannschaft anging. Außerdem – für den Fall, daß er und Johansen sich nach Hause retteten, das Schiff aber unterging – war er sich im klaren, daß der Kapitän befugt war, auf die Anklagen, die man erheben würde, weil er, Nansen, seine Männer verlassen hatte, Rede und Antwort zu stehen.

Der heikelste Punkt im Verhältnis zu Sverdrup und dem Rest der Mannschaft war Nansens Wunsch, sämtliche Hunde vor die Schlitten zu spannen und nur eine Handvoll Welpen auf der *Fram* zurückzulassen. Nansen hatte die Hunde nicht in erster Linie für einen Vorstoß zum Pol mitgenommen, sondern um über Zugtiere zu verfügen, falls das Schiff sinken würde und die Mannschaft versuchen müßte, sich wie die Schiffbrüchigen der *Jeanette* über das Eis oder das offene Meer zu retten.

Zu Nansens Erleichterung sah Sverdrup keine Probleme. Bisher hatte die *Fram* allen Angriffen des Eises widerstanden. Das einzige, was er fürchtete, war ein Brand. Aber sollte es wirklich passieren, daß sie durch das Eis oder ein Feuer von Bord gezwungen würden, dann, so Sverdrup, wären sie immerhin nicht so weit von bekanntem Land entfernt, daß sie es nicht auch ohne Hunde erreichen könnten. Nansen könne die Hunde, die er brauche, guten Gewissens mitnehmen.

Gegen die anderen Details der Expedition hatte Sverdrup ebenfalls keine Einwände. Im Gegenteil, er hätte nicht gezögert, selbst teilzunehmen. Im übrigen war er sogar froh darüber, daß er Nansen Post an Frau und Tochter mitgeben konnte.

Der ganze Plan hatte dennoch etwas Utopisches. Selbst in seiner wildesten Phantasie konnte Nansen doch nicht im Ernst glauben, in der kurzen Zeit, die ihm zur Verfügung stand, zum Nordpol und anschließend zurück nach Franz-Josef-Land oder Spitzbergen gelangen zu können, eine Strecke von über zweitausend Kilometern.

Damals, als er seine Gedanken über die Nordpolexpedition vor der Geographischen Gesellschaft in Kristiania erläutert hatte, hatte Nansen betont, er könne einen Vorstoß zum Pol mit Hunden und Schlitten nur dann unternehmen, wenn die *Fram* nicht weiter als ein Grad oder gut hundert Kilometer am Pol vorbeitrieb. Als er den entscheidenden Beschluß faßte, lag die *Fram* jedoch acht Grad vom Pol entfernt.

Als Nansen sein Vorhaben Hjalmar Johansen gegenüber erläuterte und am Tag darauf auch vor versammelter Mannschaft, zählte Nansen vier mögliche Hindernisse auf, die sich ihnen in den Weg stellen konnten: die Beschaffenheit des Eises, die Möglichkeit, daß sie auf Land stießen, die physische Verfassung der Hunde und der Ausbruch von Skorbut.

Gleichwohl befürchtete er solche Hindernisse nicht wirklich ernsthaft. Das Eis war inzwischen leichter zu überqueren als früher, und er glaubte, es würde immer unproblematischer, je weiter nördlich sie gelangten. Die Hunde hatten sich bisher gut geschlagen; sollten einige versagen, hätte dies keine entscheidenden Folgen. Schließlich konnten auch er und Johansen ziehen. Und dem Skorbut, ohne Zweifel die schlimmste Bedrohung, glaubte er mit gemischter Kost entgegenzuwirken.

Zwei Probleme waren jedoch ernster, als er es offen einräumen wollte: das Packeis und die Kälte. Einige beunruhigende Fragen erwähnte er schon aus dem Grund nicht, weil es unmöglich war, auf sie eine Antwort zu finden. Was, wenn sie auf ihrem Rückweg im Sommer im treibenden Schneematsch festsitzen und kein Land finden würden? Und was sollten sie tun, wenn sie nicht auf ein Fangschiff stießen, das sie vor dem nächsten Winter zurück nach Norwegen bringen konnte?

Die Drift der *Fram* hatte gezeigt, daß das Eis in alle Richtungen trieb, und auf dem Weg nach Norden riskierte Nansen folglich, zumindest zeitweise auf südwärts treibendes Eis zu gelangen. Umgekehrt konnte es nordwärts treiben, wenn er nach Süden wollte. Mit etwas Glück würde die Drift ausgeglichen verlaufen oder er würde von einer optimalen Strömung mitgenommen werden, aber konnte er sich dessen sicher sein? Nein, und aus diesem Grund klammerte er dieses Problem auch weitgehend aus.

Die Erfahrungen des vorigen Sommers hatten ihn gelehrt, daß das Eis schon gegen Ende Mai aufgrund des Schmelzwassers, größerer Risse und matschigen Untergrunds fast unbegehbar wurde. Würde er Mitte Februar starten, hätte er ungefähr hundert Tage Zeit. In diesem Fall müßten er und Johansen an jedem Tag mindestens zwanzig Kilometer zurücklegen, ein fast hoffnungsloses Unterfangen auf dem zwar leichter begehbaren, aber immer noch brüchigen und zerklüfteten Boden, auf dem sich ihnen oft turmhoch aufgeschichtete Eisbarrieren in den Weg stellten. Die zur Vorbereitung verbleibende Zeit war zu kurz, um Versuche mit Hunden und voll beladenen Schlitten zu unternehmen, die zeigen konnten, ob solche Tagesmärsche überhaupt möglich waren. Trotzdem machte Nansen sie bei seinen Berechnungen zur festen Größe.

Nansen war sich darüber im klaren, daß die Kälte strenger sein würde, je eher sie aufbrachen, doch Scott-Hansen war der einzige, der ihn davor warnte, loszugehen, bevor die Sonne sich am Himmel zeigte. Er kannte das Gefühl, wenn der Frost seinen Fingern zusetzte, während er über seine Instrumente gebeugt im Freien stand. Die Männer könnten es zwar schaffen, meinte er, doch für die Hunde würde es schwieriger werden.

Nansen wollte sich also bei einer Kälte, die bei einem frühen Start zu streng werden konnte, auf den Weg über ein Eis machen, das ihm teilweise entgegentrieb. Dieses Vorhaben bedeutete einen Bruch mit seinem bisherigen Grundprinzip, *nie den Kräften der Natur entgegenzuarbeiten*, sondern sich diese zunutze zu machen. Für einen so konsequenten Mann wie Nansen war das sicherlich keine leichte Entscheidung. Schon bevor er Johansen in seine Strategie einbezog, notierte er: »... sollten sich die Berechnungen als falsch erweisen, haben wir immer noch ... die Möglichkeit umzukehren.«

Der Nordpol war vom Hauptziel zum Vorwand geworden. Nansen traf gleichsam Vorbereitungen zu einer umgekehrten Meuterei, bei der er und nicht die Mannschaft rebellierte.

Zum Mitverschwörer machte er dabei den eingeweihten Hjalmar Johansen.

Hjalmar freute sich, seinen Job als meteorologischer Assistent los zu sein. Anstatt sich bei den statischen Messungen Erfrierungen zuzuziehen, machte er es sich unter Deck gemütlich und nähte das Segeltuch für die Kajaks zusammen, die sie mitnehmen wollten.

Er wußte, daß die Expedition zum Pol beschwerlich werden und sie in Lebensgefahr kommen würden. Wie Scott-Hansen fürchtete er vor allem die Kälte. Er versuchte sich vorzustellen, wie es wäre, bei minus sechzig Grad Nadel und Faden zu führen, falls dies notwendig werden sollte.

Er hatte von anderen Expeditionen gelesen, von Durst, Hunger, Skorbut und Strapazen. Falls sie krank würden, war alles verloren. Doch er zweifelte nicht daran, daß sie die Schwierigkeiten meistern konnten, und verspürte keine Angst. Im übrigen war er froh, in so guter Verfassung zu sein; endlich war ihm sein jahrelanges Training von Nutzen. Er ließ die Nadel kurz ruhen, ging auf das Eis hinaus und vollführte auf dem nächsten Eishügel einige Sprünge. »Du bist der Auserwählte, Hjalle!« hatte Sig ihm zugeflüstert, als sie darauf warteten, daß Nansen mitteilte, wer ihn begleiten sollte.

Nansen hatte seine Entscheidung für Hjalmar mit folgenden Worten bekanntgegeben:

»Als Begleiter habe ich den in jeder Hinsicht geeigneten Johansen ausersehen. Er ist ein guter Skiläufer, ausdauernd wie nur wenige und ein prächtiger Bursche.«

Der zum meteorologischen Assistenten beförderte Heizer setzte seinen Aufstieg fort.

Hjalmar war Nansen schon frühzeitig aufgefallen, und besonders eine Szene war ihm unvergeßlich geblieben. Sie hatte sich zugetragen, während sie die sibirische Küste entlangsegelten. Eines Tages hatten Nebel und dichtes Eis sie gezwungen, die *Fram* unterhalb der flachen Küste der Jamal-Halbinsel an einem Eisberg zu vertäuen. Während sie auf besseres Wetter warteten, kamen sie auf die Idee, an Land zu gehen und nach Jagdwild Ausschau zu halten.

Nansen, Sverdrup, Scott-Hansen, Blessing, Henriksen und Johansen begaben sich in ein Beiboot und stießen ab. Im weithin seichten Wasser mußten sie ihr Boot ein ganzes Stück vom Land entfernt liegenlassen. Nansen hatte seine Seestiefel nicht mitgenommen, und so trug ihn Hjalmar bis zum Strand auf dem Rücken.

An Land streiften sie umher, aber die Jagd schien nicht sonderlich erfolgversprechend. Außer den Spuren von Hausrentierherden der Samojeden sahen sie nur wenig, das an Leben erinnerte. Gegen Abend hatten Hjalmar und Scott-Hansen jedoch Glück; jeder von ihnen schoß zwei Enten.

Der Nebel lichtete sich nicht, und so beschlossen sie, die Nacht am Strand zu verbringen. Sie machten ein Lagerfeuer, und schon bald verbreitete sich der Duft von Kaffee und frischgebratener Ente. Sie aßen und tranken und zündeten ihre Pfeifen an.

Plötzlich erhob sich Hjalmar, satt und behäbig. Im schweren Sand nahm er Aufstellung und vollführte, mit seiner Offizierskappe auf dem Kopf und halb mit Wasser gefüllten Gummistiefeln, einen Salto nach dem anderen. Kein Wunder, daß Nansen große Augen machte.

Am nächsten Morgen nahm der Turner Nansen wieder Huckepack und trug ihn, dessen lange Beine knapp über der Wasseroberfläche hingen, zum Beiboot zurück.

Nansen legte bei der Wahl seines Begleiters nicht nur auf physische Stärke, sondern auch auf unbedingte Loyalität großen Wert. Vor allem wollte er keinen Querulanten mitnehmen, von denen es, wie sich nach und nach zeigte, auf der *Fram* mehrere gab. Mit der Monotonie des Daseins kamen nicht alle gleich gut zurecht, und vor allem in der dunklen Winterzeit kam es andauernd zu Streitereien und handfesten Auseinandersetzungen, die Hjalmar als Stierkämpfe bezeichnete.

Auch er war manchmal schwermütig, wie das bei Menschen mit starken Sehnsüchten üblich ist. In dieser Hinsicht waren sie beide vom gleichen Schlag. Nansen hatte seine Eva, Hjalmar seine Hilda. Doch während Nansen seine Niedergeschlagenheit offen zur Schau stellte, gelang es Hjalmar, seine Melancholie weitgehend für sich zu behalten. Nur dem Tagebuch vertraute er sich wirklich an, und auch das sehr selten.

An Bord der *Fram* wirkte Hjalmar sehr ausgeglichen. Er hatte keine Feinde, nichts Unausgesprochenes lag zwischen ihm und den anderen, obwohl es ein oder zwei gab, die er nicht mochte. Nie prügelte er sich, und selbst Schimpfworte waren von ihm nur selten zu hören. Vor allem besaß er die Fähigkeit, sich unterzuordnen. Dies entsprang seinem Bedürfnis, geführt zu werden. Das Leben hatte ihm lange gezeigt, daß er nicht die Nummer eins war, doch den Platz der Nummer zwei nahm er gerne ein. Dort konnte auch er sich im Glanze sonnen, den er als Turner erlebt hatte, ohne die letzte Verantwortung übernehmen zu müssen. Vor allem deshalb würde Hjalmar niemals zu einem Konkurrenten in der Eiswüste werden. Nansen erkannte das.

Die *Fram*-Männer feierten ihr zweites Weihnachtsfest und gingen in ihr drittes Jahr. Draußen blies ein Sturm, aber drinnen bei Tisch herrschte überschäumende Freude. Nansen tolerierte eine gewisse Ausgelassenheit, zu der auch gehörte, daß Blessing Schnaps holen durfte. Sie vermischten ihn mit Marmelade, Wasser und Backpulver, ein Gebräu, das sie zu Ehren des 83. Breitengrads, den sie gerade passiert hatten, Champagner 83 nannten. Trotz allem jedoch ließ sich das Gefühl der Einsamkeit nicht verscheuchen; es wollte einfach keine Weihnachtsstimmung aufkommen.

Auch Hjalmar war in Gedanken weit fort. Er stellte sich vor, wie sich seine Familie in Venstøp um den Baum versammelte, und wünschte, er hätte an alles, das sie verband, nur freudige Erinnerungen, mußte sich aber eingestehen, daß es auch dunkle Momente gegeben hatte. Wenn er den Seinen auch nicht immer ein Trost gewesen war, hoffte er doch, sie würden zu Weihnachten an ihn denken.

Wie befürchtet, wurde die zweite Polarnacht schlimmer als die erste. Als sie das Eis erreicht hatten, war alles neu gewesen; jetzt hatten die Herausforderungen ihre Faszination und die Mannschaftsmitglieder ihre Neugier verloren. Während des Herbstes hatte Nansen sich mehr und mehr isoliert und beschäftigte sich mit seinen Mikroskopen und dunklen Gedanken.

Im Winter zuvor war sein Ziel noch der Pol gewesen. Jetzt stand die Befreiung aus der Gefangenschaft des Eises an erster Stelle.

In seiner Silvesteransprache hatte Nansen gesagt, 1895 würde für das Schiff das letzte Jahr im Eis werden, aber es war nicht einfach, Anzeichen dafür zu finden, daß er recht hatte. Die Drift war vorangekommen, doch Blicke auf die Karte und den gefrorenen Horizont machten deutlich, daß ihnen noch eine unendlich lange Reise bevorstand.

Immerhin gelang es Blessings Silvestercocktail, der diesmal aus Schnaps und Moltebeeren bestand, die Stimmung zu heben.

Der Neujahrstag sollte zur Nervenprobe werden. Ein riesiger Eisturm drohte das Schiff zu zerquetschen, eine Rinne tat sich auf, und die Hunde waren in Gefahr zu ertrinken. Nansen ordnete die Evakuierung an. Fieberhaft schleppten die Männer Verpflegung und Ausrüstung auf das Eis, genug für zweihundert Tage, sollte das Schlimmste passieren und das Boot sinken.

Nur Sverdrup bewahrte angesichts des Eisdrucks die Ruhe. Er nahm gerade ein Bad, als Nansen »Alle Mann an Deck!« brüllte. Widerwillig nahm er seine Sachen und ging nach draußen. Er vertraute seinem Schiff und konnte zufrieden lächeln, als sie einmal mehr der Umklammerung des Eises entkamen.

Während sie die Dinge voller Mißmut wieder an ihren alten Platz brachten, gab es doch etwas zu feiern. Am 6. Januar gaben Scott-Hansens Berechnungen darüber Aufschluß, daß sie sich auf 83° 34' befanden, nördlicher als je ein Mensch zuvor. Weltrekord! Sie feierten mit Malzextrakt, um sich schließlich wieder den Vorbereitungen für die Schlittenexpedition zuzuwenden.

Nach einigen Tagen verschob Nansen die Abfahrt auf den 20. Februar. Sie hatten viel Zeit verloren, und Nansen sah ein, daß sie das Sonnenlicht abwarten mußten, um bei ihrem Start gute Sicht zu haben. Der Januar verabschiedete sich mit Temperaturen um minus fünfzig Grad.

Der Februar begann mit Zank und Streit. Nansens ständig wechselnde Anordnungen und Rückzieher gingen allen auf die

Nerven. Die Männer wurden jähzornig, und selbst Hjalmar fand den Umgang mit ihnen schwierig.

Nach wie vor standen die Schlitten im Zentrum der Aufmerksamkeit. Nansen konnte sich nicht entscheiden, wie sie aussehen sollten, und als er nur zwei Wochen vor der Abreise erneut begann, sie auseinanderzubauen, brachte dies das Faß zum Überlaufen. Sverdrup konnte sich nicht mehr beherrschen und ließ an der Mittagstafel einige kritische Worte fallen. Die Männer aßen schweigend weiter. Nansen ignorierte die Provokation.

In seinem Tagebuch wurde der Kapitän, sichtlich aufgebracht über die Vorgänge auf seinem Schiff, noch deutlicher in seiner Kritik. Daß die Pemmikanpackungen im Salon vor sich hin stanken und schlechte Laune verbreiteten, mochte ja noch angehen. Unerträglich war jedoch, daß Nansen mit seinen Männern redete, als ob sie »Insassen einer Irrenanstalt wären und er der einzige Vernünftige«. Er beruhigte sich mit der baldigen Abreise des Doktors, nach der das meiste wohl in Vergessenheit geraten würde.

Auch Hjalmar fühlte sich in diesen Wochen mutlos. Mehr als einmal verspürte er Lust, Nansen, den er als unangenehm und unvernünftig, seinen Leuten gegenüber sogar als kleinkariert empfand, die Meinung zu sagen. Nur einige Tage vor ihrem Aufbruch schrieb Hjalmar über den Mann, mit dem er die nähere Zukunft verbringen würde: »Er ist nicht der Kerl, für den ich ihn gehalten habe.«

Dennoch verhielt er sich ruhig und war froh, daß die anderen das gleiche taten. Sie hatten miteinander gesprochen und fanden, Nansen könne sich glücklich schätzen, es mit so umgänglichen Leuten zu tun zu haben. Am besten dachten sie gar nicht daran, wie sie mit ihm umspringen würden, wäre er nicht ihr Chef gewesen.

Dann endlich war es soweit. Am 26. Februar half die Mannschaft Nansen und Johansen eintausendeinhundert Kilogramm Proviant und Ausrüstung auf vier Schlitten zu verteilen. Es waren hundert Kilogramm mehr als geplant, aber was spielte das für eine Rolle, wo doch achtundzwanzig kräftige Hunde an ihrem Zaumzeug zerrten?

Am Abend zuvor hatten sie noch Zeit für ein kleines Abschiedsfest gefunden, bei dem Scott-Hansen sie mit Rotwein bewirtete, den er bis dahin hatte versteckt halten können. Reden wurden gehalten und die Gläser auf ein frohes Wiedersehen in Norwegen erhoben. Die Zurückbleibenden schrieben noch einige letzte Briefe, die sie mitgeben wollten, während Nansen und Johansen ihre Post auf der *Fram* ließen, falls das Unvorhergesehene eintreten sollte.

Hjalmar war lange Zeit unsicher gewesen, ob er einen Brief an Hilda auf der *Fram* deponieren sollte. Sie würde ihn nur erhalten, wenn er nicht zurückkäme. Was würde sie davon halten, daß er ihr sein Herz ausschüttete, wenn sie ihn bereits verlassen hätte? Würde sie aber andererseits, sollte sie ihn immer noch lieben, nicht froh darüber sein, einen letzten Gruß von ihm zu erhalten? Wenn er jedoch damit rechnete, daß sie den Brief bekäme, hieß das gleichzeitig, er werde sterben, und davon ging er ja nicht aus. Nein, er mußte einfach schreiben und hoffte, sie werde sich in jedem Fall über den Brief freuen, auch wenn er nicht nach Hause käme.

Draußen war es grau, und Schnee wirbelte durch die Luft. Das Thermometer war auf unter minus dreißig Grad gefallen. Nansen stand neben dem Schiff und sagte einige Worte, bevor er das Kommando über die Expedition formell an Sverdrup übergab. Dessen Stellvertreter wurde Scott-Hansen, mit dem er aufgrund von Meinungsverschiedenheiten seit Monaten kaum ein Wort gewechselt hatte. In der letzten Zeit hatten sie einander nicht einmal einen guten Morgen gewünscht.

Um ein Uhr wurden vom Deck der *Fram* fünf Salutschüsse abgefeuert. Fotoapparate klickten, Hurrarufe und das Knallen der Peitschen zum Antreiben der Hunde gellten durch die Luft. Die alte Jagdgemeinschaft von der Jamal-Halbinsel hatte Aufstellung genommen, um die beiden ein Stück zu begleiten. Nansen stürzte sich mit Kvikk im Gespann als erster in das Schneegestöber, doch kaum waren sie losgefahren, fand die Nordpolexpedition auch schon ihr Ende.

Mit beißender Ironie schildert Hjalmar Johansen die Szene: »Die große Expedition hatte sich ungefähr fünfhundert Meter vom Schiff entfernt, die Kanonenschüsse waren kaum verklungen, als einer der Schlitten wegen eines ziemlich kleinen Buckels auseinanderbrach. Das war wirklich ein glanzvolles Resultat jahrelanger Erfahrungen, Berechnungen und vieler vollmundiger Ankündigungen, soundso viele Meilen am Tag zurückzulegen. Nansens Fähigkeiten als Ausrüster und Organisator wurde nicht gerade ein gutes Zeugnis ausgestellt.«

Unverrichteter Dinge kehrten sie um, und die Mannschaft begann sofort mit dem Ausbessern der Schlitten. Es lag auf der Hand, daß sie zu schwer beladen gewesen waren. Doch anstatt das Gewicht zu reduzieren, erhöhte Nansen die Anzahl der Schlitten. Als sie zwei Tage später erneut aufbrachen, hatten sie nicht mehr vier, sondern sechs von ihnen zu ziehen.

Die Jagdgemeinschaft sollte sie erneut bei der ersten Etappe unterstützen. Obwohl dadurch zusätzlich zu den Hunden je ein Mann vor die Schlitten gespannt werden konnte, kamen sie nur sehr langsam voran. Die Schlitten waren immer noch zu schwer, und Nansen entschied sich schließlich, hundertfünfzig Kilogramm Pemmikan zurückzulassen. Viel half das nicht.

Nach viereinhalb Stunden schlugen sie das erste Lager auf. Sie waren immer noch so nah bei der *Fram*, daß sie deren Masten sehen konnten.

Sie krochen in ihre Schlafsäcke und unterhielten sich bis in den späten Abend. Blessing hatte einige Leckereien dabei; ein Becher mit Grog machte mehrmals die Runde. Nansen und Hjalmar legten sich in den Doppelschlafsack, den Sverdrup zusammengenäht hatte. Hjalmar fand keinen Schlaf. Die Hunde lärmten.

Am nächsten Morgen benötigten sie mehrere Stunden, um sich für den Aufbruch bereitzumachen, obwohl ihr Team immer noch aus sieben Leuten bestand. Besonders langwierig war es, die Hunde anzuspannen – eine mühselige Arbeit mit nackten, vor Kälte steifen Fingern.

Um elf Uhr ging es endlich weiter. Das Tageslicht war so schwach, daß die Konturen der Eisdecke nicht zu erkennen waren. Die Jagdgemeinschaft folgte ihnen noch eine Weile, aber nur so weit, daß sie noch am selben Tag wieder zur *Fram* zurückkehren konnte. Die Schlitten waren nach wie vor zu schwer beladen und die Hunde nicht in der Lage, sie ohne die Hilfe der Männer über die kleinste Erhebung hinwegzuziehen.

Um zwei Uhr schlug erneut die Stunde des Abschieds. Es war dunkel, die Stimmung gedrückt. Bewegt reichten sie einander zum letztenmal die Hände. Hjalmar verabschiedete sich von Sig, Blessing und Sverdrup, die seine Vertrauten an Bord gewesen waren. Dabei baten sie ihn, die Liebsten zu Hause zu grüßen.

Sverdrup blieb für einen Augenblick mit Nansen allein. Er hatte etwas auf dem Herzen, worüber beide in einsamen Stunden an Bord schon gesprochen hatten. Plante Nansen eine Südpolexpedition, wenn er wieder in Norwegen war? In diesem Fall müsse er warten, bis auch Sverdrup zu Hause sei – mit der *Fram*. Dann machte die Begleitmannschaft kehrt und ging zurück zum Schiff.

Fridtjof Nansen und Hjalmar Johansen waren von nun an mit ihren sechs Schlitten auf sich allein gestellt. Schon mit sieben Männern war es nur langsam vorangegangen. Die Hunde vermochten die Schlitten nur ruckweise um jeweils ein paar Schritte vorwärts zu ziehen, so daß die Nordpolfahrer von einem zum anderen laufen und ihnen einen Klaps geben mußten.

Als sie am Nachmittag erschöpft ein Zelt aufschlugen, entstand plötzlich ein Streit darüber, wo die Hunde stehen sollten. Man mußte sie noch immer anbinden, damit sie nicht zu den Fleischtöpfen der *Fram* zurückliefen. Nansen wollte einige der Schlitten umstellen, was Hjalmar nach dem anstrengenden Tag als überflüssig empfand. Er tat, worum er gebeten worden war, brachte seinen Unmut aber lautstark zum Ausdruck.

Verblüfft zuckte Nansen zusammen. »Was haben Sie gesagt?«

Hjalmar war selbst verwundert. Es war sonst nicht seine Art, einfach loszupoltern. Da er aber nun einmal angefangen hatte, mußte er auch weitermachen. Er sagte, er könne nicht verstehen, warum es notwendig sei, die schweren Schlitten umzustellen.

Nansen sah Hjalmar an.

»Ich würde Ihnen ja gerne das Kommando übertragen, aber leider geht das nicht«, sagte er und betonte, daß er und nicht Johansen es sei, der Erfahrung im Polargebiet habe.

Hjalmar lag eine Antwort auf der Zunge; vor allem wollte er deutlich machen, was er von der Ausrüstung dieser Schlittenexpedition hielt. Seit dem Abschied von Sverdrup und den anderen war ein weiterer Schlitten zu Bruch gegangen, und Nansens großartiger Kilometerzähler funktionierte ebenfalls nicht. Doch schließlich verkniff er sich die Kritik.

»Sie brauchen mir nicht irgendein Kommando zu übertragen«, meinte er nur. »Aber eine so einfache Angelegenheit wie das Anbinden von ein paar Hunden müßten Sie doch einer Person überlassen können, die Sie für würdig befanden, Sie auf dieser Expedition zu begleiten.«

Auch Nansen zeigte sich versöhnlich: »Ja, ja, wir wollen uns nicht streiten am ersten Abend. Kommen Sie hier herüber.«

Er gab ein Zeichen, die Schlitten an ihren ursprünglichen Platz zurückzustellen.

»Aha, sollen sie jetzt doch wieder dorthin?« entfuhr es Hjalmar.

Nansen sagte nichts darauf.

Sie aßen und legten sich in den Doppelschlafsack.

Am nächsten Morgen erwartete sie der dritte Tag der Reise. Während Hjalmar sich um die Hunde kümmerte, zündete Nansen den Petroleumkocher an.

Nach dem Frühstück machten sie sich auf den Weg, aber die zunehmende Schinderei mit den Schlitten erschöpfte Nansen. Er wandte sich Hjalmar zu und gab mit einem Seufzen zu verstehen, daß es so nicht gehe. »Das ist für uns und die Hunde einfach zu schwer. Wir müssen das Gewicht reduzieren.«

Er setzte sich und betrachtete die Kisten.

»Es bleibt uns wohl nichts anderes übrig, als ein Lager aufzuschlagen und die Sache zu überdenken«, sagte er.

Nach seiner Meinung gefragt, antwortete Hjalmar: »Zu viele Schlitten, zu schwere Last, zuwenig Leute.«

Nansen starrte vor sich hin.

»Außerdem ist es zu früh. Die Tage sind zu kurz, es ist zu kalt, die Hunde frieren nachts.«

»Er sagt nichts davon, daß er selber friert«, murmelte Hjalmar, so daß Nansen es nicht hören konnte.

Nansen erkundete nordwärts die Gegend, während Hjalmar das Lager errichtete.

Am nächsten Morgen sagte Nansen, es sei das beste, zur *Fram* zurückzugehen.

»In Ordnung«, erwiderte Hjalmar kurz, der vorausgesehen hatte, daß es so kommen mußte.

Nansen tat ihm fast leid. Dem großen Mann mußte es sicher sehr nahegehen, sich so verrechnet zu haben.

Nansen nahm acht, neun Hunde, einen leichten Schlitten und hielt allein auf die *Fram* zu. In wenigen Stunden legte er dieselbe Strecke zurück, für die sie auf dem Hinweg drei Tage gebraucht hatten. Der Vorteil einer geringeren Last war augenfällig.

Hjalmar baute in aller Ruhe das Lager ab. Weit im Süden nahm er ein Licht wahr, das er für Sonnenschein hielt, und war erleichtert, daß auch diese Polarnacht ein Ende fand.

Im klaren Licht konnte er die Masten der *Fram* erahnen. Er machte eine Peilung mit dem Kompaß, um Kurs halten zu können, falls das Wetter sich wieder verschlechterte.

Nansen hatte Hilfe holen wollen, die sie auf dem Rückweg mit den Schlitten unterstützen konnte. Doch während er wartete, hatte sich Hjalmar gedacht, er könne genausogut loslaufen, anstatt nutzlos dazusitzen. Mit den zwanzig Hunden, die ihm verblieben waren, zog er zuerst drei der Schlitten vorwärts, um dann zurückzugehen und auch die zwei anderen zu holen. Auf diese Weise machte er bis zum Abend weiter und stellte nicht ohne Stolz fest, daß er weiter vorangekommen war als gemeinsam mit Nansen am Tag zuvor.

Er verspürte eine gewisse Genugtuung, denn nun wußte er, daß seine Fähigkeiten im Eis denen Nansens mindestens ebenbürtig waren. Er vertrug die Kälter leichter und hatte die vorangegangenen Aufgaben besser bewältigt.

Gerade als er sich das Abendessen zubereiten wollte, hörte er Suggen vor dem Zelt bellen. Draußen sah er dann Scott-Hansen und Nordahl kommen, die ihm in der Nacht Gesellschaft leisten wollten. Auf der *Fram* wurde zum gleichen Zeitpunkt das Erreichen des 84. Breitengrades und die Rückkehr der Sonne gefeiert, und da sie Hjalmar nicht hatten allein lassen wollen, waren sie mit Nansens Hundegespann gekommen. Sverdrup hatte ihnen Pfeifen, Tabak und Schnaps mitgegeben, und gemeinsam verbrachten sie einen fröhlichen Abend. Die beiden Männer erzählten, Nansen sei am vierten Tag nach ihrer Abreise ziemlich mitgenommen zurückgekehrt. Als er in unmittelbarer Nähe des Schiffes eine Eisspalte überwinden wollte, habe er sich am Schlitten verhoben und den Rücken gezerrt.

Hjalmar teilte in dieser Nacht den Doppelschlafsack mit Scott-Hansen. Der Freund schnarchte schon bald, während Hjalmar noch eine Weile schlaflos dalag. Zweimal waren sie losgefahren, zweimal hatten sie kehrtgemacht. Würde er trotzdem den Nordpol erreichen?

Nansen, Sverdrup und Henriksen erreichten das Lager am folgenden Tag. Auf dem Rückweg zum Schiff unterhielten sich Sverdrup und Hjalmar eine Weile miteinander. Sverdrup gewann den Eindruck, Hjalmar habe den Glauben an die Schlittenexpedition zum Nordpol verloren, in jedem Fall aber hatte er kein Vertrauen mehr in Nansen. Sverdrup selbst, dem nicht entgangen war, wie sehr Nansen an Nase, Kinn und Wangen fror, begann sich um die Expedition zu sorgen.

Der Vorstoß zum Pol hatte nur vier Tage gedauert, und er sah, daß sie wie Schiffbrüchige zurückgekehrt waren.

Nansen dachte keineswegs ans Aufgeben. Er fraß die Demütigung der zwei verlorenen Schlachten in sich hinein und ging den schadenfrohen Blicken der Männer aus dem Weg. Den dritten Versuch wollte er nicht vor Mitte März unternehmen, weil die Temperaturen für die Hunde erst dann erträglicher waren. Die einhundert Tage, die er anfangs zur Verfügung gehabt hatte, ehe die Bodenverhältnisse zu schwierig werden würden, schrumpften somit auf siebzig Tage zusammen, aber er rechnete damit, daß eine geringere Schlittenzahl und weniger Gewicht ein schnelleres Vorankommen ermöglichten. Zumindest nach außen hin – und trotz der verlorenen Zeit – war das Ziel weiterhin der Pol.

Erneut machten sich die Männer daran, die Schlitten vorzubereiten.

Einige Tage lang lief Hjalmar bedrückt umher. Bisher hatte Nansen nur seine Unfähigkeit unter Beweis gestellt. Hjalmar schrieb: »Dr. Nansen ist ein Mann, dessen Ansehen in den Augen aller an Bord enorm gelitten hat. Lange Zeit habe ich zu ihm gehalten, aber auch das ist jetzt vorbei.«

Er sorgte sich nicht nur um die auseinandergebrochenen Schlitten, die seiner Meinung nach einfach nicht geeignet waren; Nansens Arroganz machte ihm ebenso zu schaffen, das kulturelle Gefälle zwischen Nansen und den anderen an Bord, dem Akademiker auf der einen und den Männern des praktischen Lebens auf der anderen Seite. Im Eis würde Hjalmar diesen Konflikt allein austragen müssen, und die Kameraden sagten ihm für die Tour nichts Gutes voraus.

Zog er alles in Zweifel?

Nein, Hjalmar dachte nie daran abzuspringen. Nansen hatte ihn gefragt, ob er dabei sein wolle, und er hatte ja gesagt.

Dabei ging es ihm nicht nur darum, sein Wort zu halten, sondern er hatte, genauso wie Nansen, persönliche Gründe für das Verlassen der *Fram*. Er wollte die Mißerfolge seines früheren Lebens hinter sich lassen. Außerdem hatte die Aussicht, mit Nansen den Nordpol zu erobern, nichts von ihrer Verlockung verloren, auch wenn er wußte, daß es hart werden würde.

»... es ist weiß Gott eine Feuerprobe mit ihm. Da braucht man unendlich viel Geduld.«

Und Geduld hatte er.

Am 14. März standen Nansen und Johansen erneut zum Abmarsch bereit. Sie hatten genauso viele Hunde wie zuvor, aber nur drei Schlitten von je ungefähr zweihundertzwanzig Kilogramm. Nansen hatte an Gewicht gespart, wo immer es möglich war, vor allem aber an der Verpflegung für die Hunde. Sie sollten aneinander verfüttert werden, wenn die Last auf den Schlitten mit der Zeit geringer und damit auch der Bedarf an

14. März 1895: Fridtjof Nansen (*zweiter von links*) und Hjalmar Johansen (*zweiter von rechts*) verlassen das Schiff. Mit 28 Hunden, 3 Schlitten und zwei Kajaks wollen sie versuchen, den Nordpol zu erreichen.

Zugkraft entsprechend abnehmen würde. Er war ohnehin nie davon ausgegangen, sie wieder mit nach Hause zu nehmen.

Die Kanone der *Fram* feuerte einen Schuß ab, und zum dritten und letzten Mal machten sie sich auf den Weg. Sverdrup atmete erleichtert auf, als er sah, daß Männer und Hunde wie gewünscht vorwärtskamen und bald am Horizont verschwanden.

Der Kapitän zog in Nansens Kabine um, die nicht viel mehr Platz bot als seine eigene, aber nun einmal der angestammte Aufenthaltsort des Expeditionsleiters war. Er richtete sich nach seinem Geschmack ein und machte es sich gemütlich.

Draußen stieg die Sonne mit jedem Tag höher und würde bald vierundzwanzig Stunden am Tag scheinen. Auch die Temperatur mußte bald ansteigen, doch eine Woche nach dem Start der Schlittenexpedition zeigte das Thermometer immer noch minus vierzig Grad.

Die Stimmung hatte sich seit Nansens Abreise deutlich gebessert. Alle wirkten vergnügt und guter Dinge. Sverdrup bemerkte, daß die Arbeit an Bord mit großer Leichtigkeit von der Hand ging.

Er schlug das Tagebuch auf, legte es auf den Tisch und fuhr mit der Hand mehrere Male durch seinen dichten Vollbart, ehe er seinen Eindruck notierte:

»Seine ganze Angeberei hat für sehr viel böses Blut unter den anderen gesorgt, ich glaube, sie hassen ihn alle. Am schlimmsten war die herablassende Art, mit der er seine Untergebenen behandelte; wie unangemessen hat er sich doch allen gegenüber verhalten.«

Nansen hatte auf einem Pulverfaß gesessen. Er *mußte* weg.

VIERTER TEIL

TRIUMPH

15 Niemand war jemals so einsam gewesen. Wie Zwerge schlichen Fridtjof Nansen und Hjalmar Johansen in den weißen und zerklüfteten Weiten gen Norden. Sie streiften durch eine erstarrte und schattenlose Welt, zogen durch eine seelenlose Landschaft.

Sie kämpften sich durch ein Gewirr aus rissigem Eis, mit vom Frost blutenden Fingern, umstürzenden Schlitten und strauchelnden Hunden.

Nansen hatte darauf gesetzt, daß sich die Qualität des Eises verbesserte, je weiter sie nach Norden vorstießen, und daß die Temperaturen nun, da sie ihren Start bis Mitte März hinausgezögert hatten, wieder ansteigen würden. Statt dessen wurde das Eis noch schlechter, und die Temperaturen blieben unverändert. Schon nach gut einer Woche hatten sie fast all ihren Mut verloren.

Bei scharfem Nordostwind stand Hjalmar neben dem Schlitten und notierte mit seinem beinah im Wolfsfellhandschuh verschwindenden Bleistift: »Minus fünfundvierzig Grad. Wir leiden mehr und mehr unter der Kälte. Die Bedingungen sind unmenschlich. Meine Finger haben schon Schaden genommen. Gott im Himmel weiß, was aus uns wird.«

Am Abend zuvor hatten sie den ersten Hund töten müssen. Livjægeren war in der Kälte zusammengesunken und fand sein Ende durch den Speer, der eigentlich für die Bärenjagd gedacht war. Die arme Kreatur war trotz ihres erbärmlichen Zustands zäh; mehrere Male mußten sie zustechen.

Zusätzlich zur Kälte hatte sich Nebel über die Eiswüste gesenkt. Für die Männer bedeutete es in der feuchtkalten Witterung ein hartes Stück Arbeit, dem Tier mit bloßen Händen das

Fell abzuziehen und es zu zerlegen. Als sie aber den anderen Hunden die Fleischstücke hinwarfen, sahen sie, daß sie sich die Mühe umsonst gemacht hatten. Die Hunde waren durch das verwöhnte Leben auf der *Fram* immer noch gut im Futter und schnüffelten nur an den Resten ihres toten Artgenossen.

Sie sollten allerdings nicht lange wählerisch bleiben. Als einige Tage darauf Russen an der Reihe war, ließen die meisten sich nicht zweimal bitten. Mit der Zeit verschlangen die Lebenden die Toten mit Haut und Haar.

Der Weg durch die sich auftürmenden Eishügel war, als durchquerte man eine riesige Geröllhalde.

Nansen ging voran und hatte Mühe mit seinem Hundegespann. Er sollte die Spur ziehen. Hjalmar folgte ihm mit den restlichen Hunden und den beiden anderen Schlitten.

Sie bewegten sich zwischen Eisblöcken, die im ewigen Streit gegeneinander ankämpften, getrieben von den Kräften des Meeres, die sie geschaffen hatten. Die großen zerquetschten die kleinen, schoben sich über sie hinweg oder drückten sie in die nächste Rinne. Wenn zwei ebenbürtige Eisbrocken aufeinandertrafen, entstanden Barrieren, die sich zehn Meter hoch auftürmen konnten.

Manchmal kletterte Nansen auf sie hinauf, um nach der besten Route Ausschau zu halten. In der Regel kam er mit der entmutigenden Nachricht zurück, daß sich das Packeis bis zum Horizont erstreckte. In den ersten Tagen nach Verlassen der *Fram* waren sie auf ebenem Untergrund gut vorangekommen, aber dann hatten sich ihnen die Eisbarrieren in den Weg gestellt. Jeden Tag hofften sie, die Bedingungen würden sich wieder verbessern, aber die Wanderung auf dem Friedhof des Eises schien kein Ende nehmen zu wollen. Die Tatsache, daß sie oft für längere Zeit die Skier nicht benutzen konnten, sorgte für eine zusätzliche Verzögerung.

Mit Mühe schoben sie die Schlitten bis an die Kuppe sich auftürmender Schneemassen, nur um dann alle Kraft darauf zu verwenden, daß die Schlitten nicht zu schnell wurden, wenn sie auf der anderen Seite wieder hinabfuhren. Die Hunde liefen nervös durcheinander und verfingen sich in ihrem Geschirr, bis dieses ein einziger Wirrwarr war. Mühsam mußten Nansen und Johansen die Koppel auflösen und die zerrissenen Zugleinen mit bloßen Händen wieder zusammenflicken.

Die Kälte schwächte die Tiere. Die Männer fluchten und schrien, um sie weiterzutreiben, manchmal setzte es eine Tracht Prügel. Nansen schauderte, wenn er mit einem dicken Eschenstock auf die Hunde eindrosch, aber er mußte hart bleiben. Selbst wenn sie manchmal eine ebenere Fläche erreichten, ging es nur langsam vorwärts.

Manchmal bissen sich die Hunde los und rasten nacheinander über das Eis davon. Dann hatten Nansen oder Hjalmar alle Hände voll zu tun, sie wieder einzufangen. Mitunter empfanden sie die Belastung durch die Hunde größer als deren Nutzen, doch wären die Männer mit ihrer schweren Last ohne sie verloren gewesen.

Sie gingen zehn bis zwölf Stunden am Tag und manchmal auch vierundzwanzig Stunden an einem Stück. Der Schweiß trocknete in den Kleidern, die so hart wie Ritterrüstungen wurden. Die Handgelenke waren von den Ärmeln ganz wundgescheuert. Sie konnten froh sein, daß die gefütterten Samenschuhe ihre Füße warmhielten.

Wann sie ein Lager aufschlugen, spielte keine Rolle, ob am Abend, am Vormittag oder wann es gerade paßte; von nun an war es durchgängig hell. Nansen baute das Zelt auf, während Hjalmar Verpflegung, Kocher, Schlafsack und ihre Beutel mit den persönlichen Dingen holte. Dann kochte Nansen, und Hjalmar nahm sich der letzten, beschwerlichen Arbeit des Tages an.

Das Füttern der Hunde war seine Aufgabe. Von einem der Schlitten holte er das steinharte Pemmikan hervor, schlug es in Stücke und teilte es in Portionen auf. Seine Hände schmerzten nach den Strapazen des Tages. Mit dem Futter ging er dann von Hund zu Hund und gab dem einen mehr, dem anderen weniger, je nach seinem Einsatz. Vielleicht dachte Hjalmar an den Tag und bedauerte seine scharfen Worte oder den Schlag auf die Schnauze, den er einem von ihnen verpaßt hatte. Während er vorbeiging, murmelte er ihre Namen: Suggen, Barnet, Perpetuum, Bjelki, Isbjørn, Ulenka, Narrifas, Potifar, Klapperslangen ... Sie taten ihm leid. Sobald sie gefressen hatten, fingen sie wieder an zu winseln, weil ihnen die Kälte so zusetzte.

Am Anfang wollte Hjalmar im Zelt die Kleider wechseln, gab es aber bald auf. Mit seinen verfrorenen Fingern gelang es ihm nicht, die panzerartige äußere Kleidung abzustreifen. Auch Nansen erging es nicht besser, und gemeinsam schoben sie sich in den Doppelschlafsack, der aufgrund der Kälte ebenfalls völlig steifgefroren war.

Nach diesem Augenblick hatten sie sich beide gesehnt, denn endlich konnten sie ihre Glieder aufwärmen. Nansen tischte die Delikatesse des Tages auf, die entweder aus gekochtem Labskaus auf Pemmikan bestand oder aus Fischgratin, zubereitet aus Fischmehl, Weizenmehl und Butter, oder aus einer der Instantsuppen. Zum Nachtisch tranken sie kochendheißes Wasser mit Milchpulver, und während sie spürten, wie die Wärme in ihre äußersten Gliedmaßen drang, machten sie den Schlafsack zu und versuchten zu schlafen.

Hjalmar schnarchte heftig, und nicht selten redete er im Schlaf und schrie die Hunde an, als wäre er immer noch auf dem Eis: »Willst du wohl vorwärts, du Teufel!« Sie schliefen nicht gut in dieser Zeit; die Kälte machte sich rasch wieder bemerkbar. Zitternd lagen sie stundenlang da und wanden sich in ihren Kleidern, die langsam auftauten und naß wurden. Zu diesen Qua-

Der Doppelschlafsack lüftet aus. Um die Wärme besser zu speichern, teilten sich Nansen und Hjalmar während der fünfzehnmonatigen Schlittenexpedition einen Schlafsack.

len gesellten sich die pochenden Schmerzen ihrer verfrorenen Hände.

Der schlimmste Augenblick des Tages war der des Aufstehens. Nie fühlte sich der Schlafsack so warm an wie in dieser Stunde. Sie wußten, sobald sie den Stoff zur Seite schlügen, um herauszukriechen, würden ihre Kleider erneut erstarren.

Das Lager abzubrechen konnte vier, fünf Stunden dauern, je nachdem, wie umfangreich die Reparaturen an der Ausrüstung waren. Alles ging unendlich langsam in der Kälte, und so schwand die Zeit dahin, die sie für den Marsch hätten nutzen sollen.

Acht Tage nach Verlassen der *Fram* entnahm Nansen der Sonnenhöhe, daß sie 85° 10' nördlicher Breite erreicht hatten. Das ergab eine Gesamtdistanz von einhundertdreißig Kilometern in der ersten Woche oder Tagesetappen von sechzehn Kilometern. Obwohl sie ihr Tempo noch erhöhen mußten, wenn sie den Pol erreichen wollten, waren sie so zufrieden, daß sie zur Feier des Tages eine Flagge auf einem der Kajaks befestigten, die auf den Schlitten festgezurrt waren.

Eine Woche später, am 28. März, ergab Nansens Messung die Position 85° 30'. Das bedeutete zusätzliche siebenunddreißig Kilometer oder magere Tagesetappen von nur fünf Kilometern.

Ein enttäuschter Nansen zweifelte die Richtigkeit des Resultats an. Er war sicher, daß sie den 86. Breitengrad überschritten hatten. Doch nur weitere Messungen konnten darauf eine Antwort geben.

Sie kämpften sich weiter.

Nicht nur Eis und Kälte machten ihnen zu schaffen. Oft stießen sie auf heimtückische offene Wasserstellen. Zwischen den Rinnen, die ihnen größere Probleme als die Eisbarrieren bereiteten, wurde es eng.

30. März. Das Wetter schlug um. Der Wind wehte endlich aus südlicher Richtung, und mit diesem Wind im Rücken zogen sie ermutigt weiter. Die Temperaturen stiegen von minus vierzig auf minus dreißig Grad. Zur Abwechslung war auch das Eis leichter begehbar, und selbst die Hunde, angespornt durch die verbesserten Umstände, erwachten zu neuem Leben und trabten drauflos.

Sie kamen an eine schmale Rinne und fegten über sie hinweg. Eine zweite, größere wirkte ebenfalls nicht bedrohlich, und sie wollten auch diese überqueren.

Der erste Schlitten erreichte wohlbehalten die andere Seite. Doch plötzlich weitete sich der Spalt. Das Eis, auf dem Hjalmar stand, brach ab, und er sank bis zur Hüfte ins Wasser. Geistesgegenwärtig hielt er sich am Rand fest und zog sich wieder hoch. Die Männer standen nun zu beiden Seiten der Rinne, die sich ständig vergrößerte.

Jetzt war guter Rat teuer. Nansen hatte das Zelt und das Kochgeschirr auf seiner Seite. Er mußte seinen Freund zu sich herüberholen, weil dieser sonst zu erfrieren drohte. Die Kajaks waren unbenutzbar geworden, denn bei der gefährlichen Fahrt durch das Packeis waren Löcher in ihre Seiten gerissen worden.

Nansen ging an der Rinne auf und ab, um einen Übergang zu finden. Hjalmar lief zwischen den Hunden hin und her, um seine Körperwärme zu halten. Seine Kleidung war im Eiswasser schlagartig erstarrt.

Nansen fand zwar eine Art Brücke, aber es dauerte mehrere Stunden, bis die kleine Expedition wieder vereint war.

Hjalmar war von den Hüften abwärts völlig steifgefroren. Seine Schneehose war an mehreren Stellen aufgesprungen.

Vor ihnen lag ebenes und leicht befahrbares Eis. Nansen wollte die seltene Gelegenheit beim Schopf packen und weitergehen. Nach den vergangenen Rückschlägen würde ihnen eine lange Tagesetappe wieder Zuversicht geben.

Hjalmar dagegen dachte nur daran, in den Schlafsack zu kommen. Er mußte sich wieder aufwärmen und die Hose zusammenflicken, bevor sie noch mehr Schaden nahm. Er fragte, ob sie nicht ein Lager aufschlagen könnten.

Da drehte Nansen sich um und fauchte:

»Herrgott, wir sind doch keine Weiber!«

Dann schwang er die Peitsche und trieb die Hunde an.

Wortlos suchte Hjalmar seine Hunde zusammen und folgte ihm.

Später, im Zelt, gelang es ihm nur mit größter Anstrengung, sich von seiner Hose zu befreien. Er legte sie zu sich in den Schlafsack, damit sie wieder elastisch wurde. Am nächsten Morgen flickte er sie zusammen. Weil sie aber während des Nähens erneut gefror, mußte er sie für eine Weile zurück in den Schlafsack legen.

Nansen hatte ihn als Weib bezeichnet. Das brannte wie Salz in der Wunde. Nachdem die Hose ausgebessert war, begab er sich zu den Hunden hinaus und spannte sie an. Später fuhr

Nansen mit einem Schlitten voran, während er ihm mit zweien folgte. Die Qualität des Eises war wieder schlechter geworden.

Am 3. April schlug die Stunde der Wahrheit, denn Nansen führte erneut Messungen durch. Sie waren sicher gewesen, schon vor langer Zeit den 86. Grad überquert zu haben, doch die Berechnungen zeigten, daß sie nicht weiter als 85° 59' gekommen waren. Die letzte Berechnung von 85° 30' war also vielleicht etwas unpräzise, aber nicht völlig falsch gewesen. Sie mußten sich, so schwer es ihnen auch fiel, eingestehen, daß sie aller Plackerei zum Trotz kaum vom Fleck gekommen waren.

Dafür gab es ihrer Meinung nach nur eine Erklärung. Sie waren auf ihren ärgsten Feind gestoßen. Mit den Eisbarrieren und offenen Rinnen, selbst mit der Kälte waren sie irgendwie zurechtgekommen. Aber gegen die Drift des Eises war kein Kraut gewachsen. Die Zahlen belegten, daß sie auf einem Eis nordwärts gingen, das in südliche Richtung trieb. Jedesmal, wenn sie zwei Schritte nach vorne machten, wurden sie einen wieder zurückgetrieben.

Beide wußten, was das bedeutete.

Hjalmar hatte geglaubt, er werde den Nordpol erreichen, als er die *Fram* verließ; alle an Bord glaubten daran, selbst Sverdrup. Doch die Schinderei hatte bei ihm bange Ahnungen ausgelöst, und in einer schweren Stunde hatte er seinem Glauben Ausdruck verliehen, daß nur Gott wisse, was geschehe. Nun aber gab es keinen Zweifel mehr – die Zahlen sprachen für sich: Hjalmar würde den Nordpol niemals erreichen.

Am liebsten wäre er auf der Stelle umgekehrt, denn es war zu spät. Auf dem Weg nach Süden konnten sie überdies nicht mit besserem Eis rechnen; es würde schon schwierig genug sein, bis nach Franz-Josef-Land zu kommen. Aber aus Loyalität zu Nansen sagte er nichts.

Nansen war der Chef. Er mußte die Entscheidung treffen.

Nansen hatte sich bereits entschieden. Auf der *Fram* hatte er Illusionen um den Nordpol genährt. Aber er hatte noch andere, wichtigere Eisen im Feuer. Schon früh auf der Schlittenreise, als sie die ersten Hügel überwunden hatten, hatte er sich die Gedanken an den Pol endgültig aus dem Kopf geschlagen. Schuld war das Eis, aber ebenso lag es an »diesen Hunden«, die »zu langsam und träge« waren. Er glaubte, zu wenige und zu minderwertige Hunde für eine so große Aufgabe wie den Pol zur Verfügung zu haben.

Gleichzeitig wußte er, daß jeder Schritt in Richtung Norden eine neue Rekordmarke setzte, und trotz der letzten unerfreulichen Messungen spielte er einige Tage mit dem Gedanken, doch zumindest den 87. Breitengrad zu erreichen.

War aber die Qualität des Eises bisher schon schlecht gewesen, wurde sie jetzt noch schlimmer. Die sich auftürmenden Eishügel waren von hohem Schnee bedeckt, und gelegentlich sanken die Männer bis zu den Hüften ein. Immer öfter stießen sie auf offene Rinnen.

Die Temperatur stieg auf etwa minus fünfundzwanzig Grad, und sie froren nicht mehr so stark. Dafür plagte sie die zunehmende Feuchtigkeit. Hätte man nur trockene Kleider, seufzte Hjalmar und tröstete sich mit dem Gedanken, der Tag werde schon kommen, an dem man wieder ein sauberes Hemd anziehen konnte.

Am 6. April litten sie wie nie zuvor. Am 7. April sagte Nansen, er wolle nicht mehr.

Vierundzwanzig Tage lang waren sie unterwegs gewesen. Sie befanden sich bei 86° 14′.

16 Fridtjof Nansen und Hjalmar Johansen hatten die Unionsflagge bis zum nördlichsten Zeltplatz der Welt mit sich geschleppt. Aber als Befürworter der Unabhängigkeit hatten sie auch die verbotene Fahne mitgenommen. Und während sie ein Festessen vorbereiteten, das aus Labskaus, Schokolade und Preiselbeerbrei bestand, wehte neben der Unionsflagge auch die norwegische Fahne. Auf diese Weise wurde der Unionsstreit, der sich im Frühjahr des Jahres 1895 ernsthaft zuspitzte, im Packeis fortgesetzt. Während das Parlament versuchte, sein angestammtes Recht auf die steinige Heimat wiederzuerlangen, eroberten Nansen und Johansen ein Eismeer für das wiedererwachende unabhängige Königreich.

Obwohl Nansen zuweilen befürchtete, es könne zwischen den Brudervölkern zum offenen Konflikt kommen, war es doch nicht die Gefahr eines Krieges mit Schweden, die Norwegens Botschafter in der Arktis beschäftigte. Die beiden dachten an den Marsch durch das Eis. Nansen hatte errechnet, daß die Entfernung bis Kap Fligely an der Nordspitze von Franz-Josef-Land gut sechshundert Kilometer betrug, was der dreifachen Distanz der Strecke entsprach, die sie seit dem Verlassen der *Fram* zurückgelegt hatten. Allerdings konnten sie nicht damit rechnen, auf Franz-Josef-Land Menschen zu begegnen. Um auf ein Polarschiff zu treffen, das sie nach Norwegen mitnahm, mußten sie über teilweise offenes Wasser bis nach Spitzbergen gelangen, das weitere zwei- bis dreihundert Kilometer entfernt lag.

Die Berechnungen stützten sich auf ungenügende und teilweise willkürliche Karten. Die Lage und Größe von Spitzbergen war bekannt, doch über Franz-Josef-Land wußte man weniger. Die einzige Karte, die über dieses Gebiet Auskunft gab, war auf der Grundlage einer Expedition entstanden, die im Auftrag Österreich-Ungarns zu Beginn der siebziger Jahre des neunzehnten Jahrhunderts unter der Leitung von Julius von Payer stattgefunden hatte. Sein Ziel war es gewesen, als erster Mensch die Nordostpassage zu durchqueren, doch sein Schiff war vom Eis eingeschlossen worden und nordwärts getrieben. Anstatt die Wasserstraße entlang der sibirischen Küste zu finden, entdeckte Payer somit durch einen Zufall das Land, dem er den Namen seines Kaisers gab.

Payers Karte deckte allerdings nur einen Teil der Inselgruppe ab. Die vollständige Größe dieses Gebiets war unbekannt. Noch verwirrender war, daß die Karte Land aufwies, das gar nicht existierte. Nördlich und nordwestlich von Kap Fligely, seinem Beobachtungsplatz, hatte Payer zwei Inseln eingezeichnet, die er Petermann-Land und König-Oscar-Land nannte. Sicherlich hatte er in der Ferne etwas wahrgenommen, das wie Land aussah, aber die Luftspiegelung spielte ihm einen Streich, und so wurden auf der Karte auch zwei falsche Küstenlinien eingetragen.

Andere Karten gaben wiederum Auskunft über die Lage einiger Inseln zwischen Franz-Josef-Land und Spitzbergen, das sogenannte Gilles-Land, das es ebenfalls nicht wirklich gab. Doch sowohl Petermann-Land als auch König-Oscar-Land und Gilles-Land existierten in Nansens Bewußtsein. Sie waren für ihn Bestandteil des Sicherheitsnetzes der Schlittenexpedition, denn Payer hatte nicht nur eine Karte gezeichnet. Er hatte auch einen Bericht über Franz-Josef-Land verfaßt, in dem es hieß, auf den Inseln wimmele es nur so von Robben und Eisbären. Das bedeutete, daß es Nahrung gab, und ohne neue Vorräte würden Nansen und Johansen weder Spitzbergen noch Norwegen erreichen können.

Hjalmar war über Nansens Entschluß umzukehren unsagbar erleichtert. Die Schinderei im Packeis hatte dem Nordpol den Glanz genommen. Jetzt konnte er sich auf die neuen Ziele konzentrieren: Norwegen, Venstøp und Hilda. Er freute sich darauf, die Hunde anzutreiben, um schnellstmöglich nach Hause zu kommen.

Doch gleichzeitig bremste er seine Begeisterung, indem er sich sagte: Geduld, mein Freund, Geduld, sonst wirst du nirgendwohin gelangen.

Die Kraftprobe war lang und hart gewesen; seit dem Verlassen der *Fram* hatten sie unablässig die Zähne zusammenbeißen müssen, und das würde sich bis auf weiteres auch nicht ändern. Sie waren auf ihrem Weg Richtung Süden noch nicht weit gekommen, als Hjalmar begriff, daß das Eis nicht mehr ihr Hauptfeind war. Mehr und mehr würden sie mit sich selbst kämpfen müssen. Ihre physische Stärke hatten sie bewiesen, aber verfügten sie auch in ausreichendem Maße über mentale Widerstandskraft?

Zu ihrer Überraschung stießen sie zunächst auf besseres Eis. Nansen hatte einen leicht südwestlichen Kurs eingeschlagen. Auf diese Weise fuhren sie an den Eisbarrieren entlang, anstatt sie zu überqueren. Endlich ließ auch die extreme Kälte nach, was den Hunden neue Kraft verlieh. Die Männer konnten eine weitaus höhere Geschwindigkeit halten, als sie gewohnt waren.

Gleichzeitig bemerkte Hjalmar eine Veränderung in Nansens psychischer Verfassung. Seit sie die *Fram* verlassen hatten, kam er ihm weniger ungehobelt vor, von jener beleidigenden Titulierung als *Weib* einmal abgesehen. Die gemeinsame Benutzung des Doppelschlafsacks hatte gut funktioniert. Auch wenn ihn Nansen beim Nachnamen nannte und mit »Sie« anredete, hatte Hjalmar begonnen, sich ebenbürtig zu fühlen. Trotz harter Arbeit fanden sie ihren Rhythmus und paßten sich einander an.

Merkwürdigerweise kehrte aber nun, bei erhöhter Geschwindigkeit, Nansens Launenhaftigkeit von der *Fram* zurück. Sobald er sein Gesicht gen Süden wandte, setzte die Sehnsucht nach der Heimat und nach seiner Frau wieder ein. Der Gedanke an ein baldiges Wiedersehen, der ihn von der *Fram* fortgetrieben hatte, entwickelte seine alte Kraft.

Seinem Versuch, nach Norden vorzustoßen, hatten Eis und Kälte ein Ende bereitet. Jetzt hatte er den Rücken frei und konnte endlich ohne Rücksicht auf Rekorde oder wissenschaftliche Belange in die richtige Richtung jagen. Erneut war er dünnhäutig und nervös geworden und prügelte ungeduldig auf die Hunde ein, um noch schneller voranzukommen. Wenn Probleme auftauchten, die Hunde etwa störrisch wurden, die Qualität des Eises sich für einen Tag verschlechterte und die Fahrt zum Erliegen kam, dann hatte Hjalmar das Gefühl, daß Nansen ihm dafür die Schuld gab.

Nach wie vor hatten sie drei Schlitten. Blieb Nansen mit seinem stecken, mußte ihm Hjalmar auf der Stelle zu Hilfe eilen. Danach fuhr Nansen weiter, als sei er allein, ohne sich darum zu kümmern, ob Hjalmar dasselbe Hindernis mit seinen beiden Schlitten bewältigte oder nicht. Darum passierte es nicht nur einmal, daß Hjalmar zurückblieb.

Morgens wurde Hjalmar von Nansen gedrängt, möglichst früh aufzustehen, damit alles schneller voranginge, wie er meinte. Hjalmar gehorchte notgedrungen, kümmerte sich um die Hunde und machte die Schlitten startklar. Dann mußte er sich bei jeder Witterung die Zeit vertreiben und warten, bis Nansen fertig war, ehe er endlich auch das Zelt zusammenpacken konnte. So übertrieben Nansen während der Fahrt voranhetzte, sosehr vergeudete er die Zeit, wenn sie ein Lager aufgeschlagen hatten, fand Hjalmar.

Das aufflackernde Gefühl der Ebenbürtigkeit erlosch wieder, und Hjalmar erinnerte sich der Worte seiner Kameraden auf der *Fram*, die ihm eine freudlose, von Rücksichtslosigkeit geprägte Fahrt an Nansens Seite vorausgesagt hatten. Wie recht sie gehabt hatten! Nansen war wieder genauso unnahbar wie früher, als er niemanden an sich herangelassen hatte. Abends im Zelt herrschte Schweigen, keine Scherze, keine Heiterkeit.

In Hjalmars Tagebuch steht: »Dieser Kerl ist unnahbar, reizbar bei jeder Kleinigkeit und in höchstem Maße egoistisch.«

Obwohl sie zu zweit waren, fühlte Hjalmar sich einsam. Aber er vertraute auf seine Geduld und vergegenwärtigte sich die wichtigste Lehre der Schiffsreise: Es galt zu warten, die Zähne zusammenzubeißen und die Dinge auf sich zukommen zu lassen. Es hätte schlimmer kommen können.

Am nachdenklichsten machte Hjalmar der Umstand, daß Nansens atemlose Jagd seine Fähigkeit, Widerstände zu überwinden, geschwächt hatte. Die bessere Qualität des Eises war nicht von Dauer, und sie erlitten zahlreiche Rückschläge.

Der erste ereignete sich, kurz nachdem sie ihre Position 86° 14' verlassen hatten. Die unablässig scheinende Sonne des Polarsommers erhellte die Eiswüste, und da Nansen, was die Fahrt- und Schlafenszeiten anbetraf, keinem Rhythmus folgte, wurden sie orientierungslos und nachlässig. Eines Morgens entdeckten sie mit Schrecken, daß sie vergessen hatten, ihre Uhren aufzuziehen.

Sie besaßen zwei Uhren. Jeder war dafür verantwortlich, seine eigene in Gang zu halten. Schon früher war hin und wieder eine Uhr stehengeblieben, doch jetzt war es bei beiden der Fall.

Nansen atmete tief durch: »Tja, Johansen, jetzt stehen wir da, mitten im Packeis, und haben unser Zeitgefühl verloren!«

Hjalmar sah ihn hilflos an und schwieg, denn was hätten sie auch tun können? Das Unabänderliche beweinen?

Nun konnten sie nur noch den Breitengrad, auf dem sie sich befanden, verläßlich bestimmen. Doch solange sie in südliche Richtung fuhren, benötigten sie, um ihr Ziel exakt ansteuern zu können, auch das Wissen um den Längengrad, und diesen konnten sie ohne Uhr nur schätzen.

Wie lange hatten die Uhren stillgestanden? Eine Stunde, vielleicht zwei? Sie wußten es nicht. Nansen unternahm mehrere Versuche, die Uhrzeit zu rekonstruieren, aber er fand keine Bestätigung für seine Vermutungen; es gab keine Sicherheit.

Sie versuchten aufs Geratewohl zu navigieren. Die zurückgelegte Distanz sowie die Kompaßbestimmung aus der letzten sicheren Berechnung des Breiten- und Längengrades lieferten einen gewissen Anhaltspunkt. Aber auch dieser konnte nur sehr unzuverlässig sein, denn sie bewegten sich auf treibendem Eis, dessen Richtung und Geschwindigkeit ihnen unbekannt waren.

Die Schuld traf beide gleichermaßen, und beide waren beschämt.

Dennoch konnte Hjalmar seinen Zorn nur schwer unterdrücken. Hätten sie sich an klare Marschzeiten gehalten wie andere auch, wäre das nicht passiert, denn dann hätten sie daran gedacht, die Uhren aufzuziehen. Hjalmar war ein Befürworter einer festen Routine. Bei ihnen herrschte jedoch zuviel Schlamperei, sie kamen ja nie rechtzeitig los.

Ungefähr zur gleichen Zeit, als die Uhren stehenblieben, machten sie eine andere unangenehme Entdeckung. Trotz langer Tagesmärsche zeigten die Messungen des Breitengrades, daß sie kaum vorankamen. Das war nur dadurch zu erklären, daß das Eis jetzt in entgegengesetzte Richtung trieb. Jetzt, da sie südwärts wollten, trieb es wieder gen Norden. Gut für die *Fram*, trösteten sie sich, aber für sie? Wo mochte sich das Schiff jetzt befinden, und wie ging es den Männern an Bord?

Ende April, Anfang Mai begannen sie nach Land Ausschau zu halten. Die Instrumente zeigten, daß Petermann-Land nicht mehr weit entfernt sein konnte. Eines Tages entdeckten sie Fuchsspuren im Schnee. Im Zelt lag ein Gewehr bereit, während sie schliefen. Man konnte nie wissen, wann der erste Eisbär auftauchte.

Am 3. Mai wurde Hilda siebenundzwanzig. Hjalmar saß im Schlafsack und führte Tagebuch: »An diesem Tag, den Du im Kreis der Freundinnen in Deinem gemütlichen Zuhause verbringst, opferst Du vielleicht auch mir einen Gedanken.«

Beim Geräusch von Nansens Atemzügen hoffte er inständig, der glücklichste Tag seines Lebens möge nicht mehr fern sein, der Tag, an dem er Hilda seine Frau nennen konnte.

Die Begehbarkeit des Eises, dessen Oberfläche sich in Schneematsch verwandelte, wurde fortwährend schwieriger; hinzu kamen immer mehr offene Rinnen.

Die Hunde waren zunehmend erschöpft, ihre Verpflegung aufgebraucht. Sie mußten einige von ihnen schlachten. Wie überall auf der Welt wurden die Schwachen geopfert, damit die Starken leben konnten.

Das Töten der Hunde war Hjalmars Aufgabe. Jeden zweiten oder dritten Tag ließ sich ein ausgelaugtes Tier ahnungslos hinter den nächsten Eishaufen führen, wo Hjalmar es auf die Seite legte. Dann zog er das Samenmesser und schnitt ihm mit schneller Bewegung die Kehle durch. Mit der Zeit war er so geübt, daß die Tiere ohne Schmerzen starben. Er hatte bald aufgehört, den Eisbärenspeer zu benutzen, den er sowohl barbarisch als auch ineffektiv fand.

Hjalmar haßte das Schlachten. Seine Lieblingsbeschäftigung auf der *Fram* war es gewesen, sich um die Hunde zu kümmern, und er litt, wenn er ihr Blut an seinen Fingern hatte. Mit dem Schnitt an sich konnte er leben, der war schnell getan. Aber die getöteten Tiere in Stücke zu schneiden und für die anderen in Portionen zu zerlegen ...

Wenn hin und wieder ein Hund an die Reihe kam, der auf der *Fram* geboren worden war und von Gottes schöner Erde nie etwas anderes als Eis und Schnee gesehen hatte, konnte Hjalmar lange dasitzen und sich über die Unbarmherzigkeit des Lebens den Kopf zerbrechen. Was hatten diese hilflosen Tiere anderes getan, als sich abgerackert. Und am Ende erlitten sie ein solches Schicksal. Der kleine Bjelki war so ein Hund. In einem letzten verzweifelten Versuch, sein Leben zu retten, fletschte er die Zähne, als Hjalmar sich mit dem Messer näherte. Aber er stieß zu, denn letztlich ging es darum: der Hund oder er. Für beide war kein Essen da.

Am liebsten hätte er sie erschossen, aber er durfte die kostbaren Patronen nicht vergeuden. Eines Tages würden auch sie keinen Proviant mehr haben, und dann mußten sie von der Jagd leben. Eine Kugel mehr oder weniger konnte über Leben und Tod entscheiden.

Am 15. Mai hatte Hjalmar Geburtstag. Er wurde achtundzwanzig. Sie veranstalteten im Zelt eine kleine Feier, und Nansen wünschte ihm von Herzen für die nächsten Jahre noch viele willkommene Überraschungen.

Bereits einige Tage zuvor hatte ihm Nansen ein unerwartetes Geburtstagsgeschenk gemacht. Hjalmar war schon lange der Meinung gewesen, sie sollten sich des dritten Schlittens entledigen. Einen Großteil der Last hatten sie inzwischen aufgegessen, und insbesondere Nansens Schlitten schien Hjalmar bedeutend leichter geworden zu sein. Daher fand er es an der Zeit, die Beladung umzuschichten, um das Gewicht gerechter zu verteilen. Doch er wußte, daß er hier die Nummer zwei war und sich daher nicht in die Ausstattung der Schlitten einzumischen hatte, um so weniger, als er nicht um seine Meinung gebeten worden war. Und in Anbetracht der schlechten Laune, die Nansen zu dem Zeitpunkt zeigte, zog er es vor, den Mund zu halten.

Dann jedoch hatte Nansen entschieden, den dritten Schlitten auszusortieren und zu verbrennen. Ein Schneesturm hielt sie im Lager fest und gab willkommenen Anlaß zu dieser Arbeit. Hjalmar strahlte über das ganze Gesicht; er ließ sich nicht lange bitten und machte Kleinholz aus dem Schlitten. Nachdem er sich sechzig Tage lang mit zwei Schlitten abgemüht hatte, mußte er ab jetzt nur noch für einen die Verantwortung tragen.

Nansen hoffte, das werde ihr Tempo erhöhen. Von den zwölf verbliebenen Hunden konnten sie jetzt sechs anstelle von vier vor jeden Schlitten spannen.

Doch sie kamen nicht schneller voran. Die Hunde hatten keine Reserven mehr. Der Kannibalismus hatte sie zwar am Leben gehalten, aber nicht gestärkt.

17. Mai. Norwegens Tag der Freiheit.

Jeden Tag waren sie weitergegangen und hatten nach Land Ausschau gehalten; jeden Tag hatten sie nur Eis und Himmel gesehen. Stets aufs neue überprüfte Nansen seine Berechnungen und machte die stehengebliebenen Uhren dafür verantwortlich, daß sie nicht auf Petermann-Land stießen. Spielte das Eis ihnen vielleicht einen Streich, trieb westlich aufs Meer zu und an dem Land vorbei, das sie suchten?

Er stellte sich vor, wie die Kinderparade in Kristiania an diesem Tag mit wehenden roten Fahnen durch die sonnenbeschienenen Straßen der Stadt zog, dachte an das Lachen, die Lieder, das frische Grün der Bäume. Und hier standen er und Johansen, orientierungslos und durch eine unendliche Eiswüste von ihrem Ziel getrennt, in Begleitung zweier geschwächter Hundegespanne, die ständig ausgedünnt wurden. Die Schlitten waren immer noch zu schwer, als daß sie allein mit ihnen fertig werden konnten. Alles war so beschwerlich geworden. Sie kamen kaum mehr vom Fleck. Und welche Hindernisse würden sich ihnen wohl noch in den Weg stellen: Packeis und offene Rinnen, Wind und Wetter, die Drift?

Das Wetter war naßkalt, als sie 83° 30' nördlicher Breite erreichten. Es herrschte Schneegestöber. Sie banden Flaggen an die Schlitten und brachen gegen sechs Uhr abends ihr Lager ab. Hjalmar registrierte Nansens gefährliche Laune, der wie gewöhnlich auf die Hunde eindrosch, die ihm nie schnell genug waren.

Hjalmar sah ihn besorgt an. Wann begriff Nansen endlich, daß es eine Grenze gab, wieviel Prügel man einem Hund zumuten durfte, der noch weiterarbeiten sollte. Zwar waren die Hunde erschöpft und antriebslos, aber Nansen hatte so auf sie eingeschlagen, daß seine Hiebe keine Wirkung mehr zeigten.

Plötzlich sagte Nansen etwas, das Hjalmar nur als Vorwurf auffassen konnte. In Nansens Augen trage er die Schuld dafür, daß die Hunde nicht mehr gehorchten.

Der junge Sportler aus Skien zuckte zusammen und konnte sich nicht länger beherrschen. Er schalt Nansen wegen der Art, wie dieser seine Hunde behandelte.

Wutentbrannt reagierte Nansen mit neuen Anklagen. Johansen solle sich bloß nicht einbilden, seine Hunde zögen besser, weil er anders mit ihnen umginge. Er habe einfach das stärkere Gespann. Außerdem solle er einsehen, daß Hunde keine andere Sprache verstünden als Schläge, und diese seien die beste Dressur.

Schärfere Worte fielen zwischen den beiden nicht. Hjalmar, der seinem Chef in diesem Punkt überlegen war, zeigte sich großmütig und schlug vor, die Hunde zu tauschen. Nansen war damit der Wind aus den Segeln genommen worden. Er antwortete nicht. Der Streit war vorbei. Der 17. Mai ließ sich indes nicht mehr retten. Es wurde ein trauriger Tag.

»Netter Reisegefährte«, murmelte Hjalmar, während er Suggen tätschelte, der immer noch sein Leithund war. Dann legte er sich ein Zugseil über den Rücken und half den Hunden, den Schlitten zu ziehen.

Er vermißte Sverdrup. Mit ihm als Begleiter wären sie sicher schon längst an Land gewesen.

17

In dieser Phase befand sich Fridtjof Nansen manchmal am Rande eines Zusammenbruchs; Hjalmar entwickelte sich dafür zur eigentlichen Stütze der kleinen Expedition. Als sich alles gegen sie zu wenden schien, bewies er eine größere Geduld als sein Begleiter. Da diese Geduld eine Mobilisierung der Kräfte erst ermöglichte, würde der Erfolg der Expedition fortan wesentlich von Hjalmars Willensstärke abhängen.

Er hatte Verständnis für Nansens Frustration über die vergebliche Landsuche – auch er hatte Angst. Im Grunde hatte die Nachlässigkeit mit den Uhren und nicht die Hunde Nansens Mißmut ausgelöst. Aber im Gegensatz zur negativen Grundeinstellung des Doktors bewahrte sich Hjalmar eine pragmatischere Sicht auf die Dinge. Auch er konnte träumen, er vergaß aber nie, daß das Heute wichtiger war als das Morgen.

Hjalmar begann als erster von ihnen die Möglichkeit in Betracht zu ziehen, daß sie dieses Jahr nicht mehr nach Hause kämen. Er hatte die Hoffnung zwar noch nicht aufgegeben, doch sollten alle Stricke reißen, sie zu spät Spitzbergen erreichen und gezwungen sein zu überwintern, würden sie auch diese Herausforderung meistern. Diese allmähliche Erkenntnis ließ Hjalmar nicht verzweifeln, sondern setzte neue Kräfte frei. Er besaß eine Demut vor den Gesetzen der Natur, die Nansen fehlte; deshalb kam er auch mit äußeren Widerständen besser zurecht.

Die gespannte Atmosphäre zwischen ihnen hatte sich im Streit um die Hunde entladen. Sie mußten sich anderen Dingen zuwenden. Der Sommer nahte, und der Untergrund, auf dem sie sich bewegten, befand sich mehr oder minder in Auflösung. Der Schnee wurde weich, und die offenen Rinnen durchzogen das Eis wie die Spuren, die ein Eisschnelläufer auf seiner Bahn hinterläßt.

Gleichzeitig kündigte sich eine neue große Gefahr an. Der Hunger, der den Hunden so lange zu schaffen gemacht hatte, plagte jetzt auch die Menschen. Sie hatten Eisbärenspuren gesehen und das Prusten der Wale zwischen den Schollen gehört. Hjalmar hatte eine Möwe erwischt, aber richtiges Wild war nicht in Schußweite gewesen. Anfang Juni halbierte Nansen die Rationen. Auf diese Weise verblieb ihnen noch Proviant für vierzig Tage.

Laut Nansens Berechnungen hätten sie Kap Fligely schon erreicht haben müssen, doch es war kein Land in Sicht. Was würde geschehen, wenn die Navigation so unzuverlässig war, daß sie das Land völlig verfehlten?

Hjalmar beschrieb die Situation folgendermaßen: »Es ist beschwerlich, auf diesem Eis mit den offenen Rinnen vorwärtszukommen, und wir wissen nicht, wo wir uns befinden. Das Land, dem wir so lange entgegengingen, haben wir jetzt fast abgeschrieben. Nun geht es in Richtung Meer, doch bis dorthin ist noch ein langer Weg, und es dann bis nach Spitzbergen zu überqueren kann schwierig genug werden.«

Sie betrachteten die Kajaks. Zerschunden und mit zerfetztem Segeltuch lagen sie auf den Schlitten. Innen waren einige Verstrebungen gebrochen, das Tauwerk hatte sich gelöst. Der Tanz über die Eisbarrieren hatte seinen Tribut gefordert. Über das Meer bis nach Spitzbergen? Mit den Kajaks konnte man nicht einmal die kleinsten Rinnen überqueren.

Nansen ordnete eine Rast an. Während der Hunger an ihnen nagte, hielten sie sich sieben Tage lang auf einer Scholle auf und flickten die Kajaks. Anhand des Sonnenstands sahen sie, daß die Scholle nach Norden trieb.

Nur einmal am Tag, wenn überhaupt, aßen sie etwas. Das Jagdgewehr lag bereit, aber es war weiterhin keine Beute in Sicht. Hjalmar stellte sich darauf ein, Hundefleisch zu essen.

Eines Tages schlachteten sie Storeræven. Nansen mischte das Hundeblut ins Abendessen. Hjalmar fand, die Klumpen geronnenen Bluts schmeckten abscheulich.

Als die Reparatur der Kajaks beendet war, schleppten sie sich weiter. Um Mittsommernacht herum stießen sie auf eine große Lücke im Eis. Sie beschlossen, zum erstenmal überzusetzen, und ließen die Kajaks zu Wasser. Die Boote hatten etliche kleine Lecks, und besonders Hjalmars Kajak war im Nu vollgelaufen. Während sie wie besessen paddelten und Wasser schöpften, um die andere Seite zu erreichen, hörten sie ein platschendes Geräusch.

»Was war das?« rief Hjalmar.

»Eine Robbe!« antwortete Nansen.

In dem Moment sah Hjalmar den glänzenden Kopf eines Seehundes an der Eiskante. Er schnappte sich das Gewehr und drückte ab. Der Schuß zerschmetterte den Schädel des Tieres, das noch einmal herumfuhr, bevor es regungslos im rotgefärbten Wasser liegenblieb. Nansen stieß ein Messer in den Hals des Seehunds, und unter großer Anstrengung gelang es ihnen, das Tier auf das Eis hinaufzuziehen.

»Das war der beste Schuß meines Lebens«, strahlte Hjalmar.

Während sein Kajak schon unterging, hatte er die eine Sekunde, die das Schicksal ihnen gewährte, ausgenutzt. Jetzt besaßen sie einen großen Vorrat an Nahrung und konnten, was ebenso wichtig war, den Speck als Brennmaterial benutzen. Denn auch das Paraffin war ihnen fast ausgegangen.

Dann bereiteten sie ein Festessen. Der Zufall wollte es, daß sie die Robbe am zweiten Jahrestag der Abreise der *Fram* aus Kristiania geschossen hatten. Gleichzeitig waren hundert Tage vergangen, seit sie das Schiff verlassen hatten. Umgeben vom Eis, feierten sie darüber hinaus, daß Mittsommer war.

Saftige Robbensteaks, roher Speck, Fleischsuppe, Blutpfannkuchen – sie schwelgten und waren sich einig, daß selbst im Grand Hotel das Fleisch nicht besser schmeckte. Das einzige, was fehlte, war ein Krug frischen Starkbiers. Obwohl sie immer noch keine Ahnung hatten, wo sie sich befanden, erreichte die

Stimmung, wenigstens für ein paar Tage, einen neuen Höhepunkt. Auch die drei verbliebenen Hunde Kaifas, Suggen und Haren schlangen das Robbenfleisch in sich hinein, am Anfang in solchen Mengen, daß ihnen schlecht wurde.

Die Wirklichkeit hatte sie bald wieder eingeholt. Das Fleisch füllte ihre Mägen, brachte sie aber nicht voran. Am liebsten wären sie weitergegangen, aber wegen des Gewichts hätten sie einen Großteil des Fleischs zurücklassen müssen, und das wollten sie nicht riskieren. Da Temperaturen über Null das Eis so aufgeweicht hatten, daß sie ohnehin kaum vom Fleck gekommen wären, entschied Nansen, den Marsch vorerst abzubrechen. Er wollte warten, bis der Schnee so weit abgeschmolzen war, daß der Untergrund wieder besser begehbar wurde, oder, was noch besser wäre, bis das Eis sich weit genug öffnete, daß sie die Kajaks benutzen konnten. Der erste Versuch mit ihnen hatte freilich gezeigt, daß die Kajaks für eine Überfahrt über das Meer alles andere als geeignet waren. Sie mußten noch gründlicher instand gesetzt werden.

Einen ganzen Monat blieben sie an diesem Lagerplatz.

Hjalmar freute sich weiterhin über seinen geglückten Schuß und nannte das Lager »Robbengrund«.

Nansen, dessen Laune sich schneller verschlechterte, sprach vom »Lager der Langeweile«.

Als sie sich jedoch beide danach sehnten, weiterzugehen, aber einsehen mußten, daß das unmöglich war, tauften sie den Platz »Lager der Sehnsucht«.

Hier mußte der beste von Hjalmars Hunden sein Leben lassen. Bis zuletzt hatte Haren gezogen; sein Rücken war schließlich ganz krumm gewesen. Traurig zog Hjalmar das Messer aus der Scheide, aber der Hund war so abgemagert, daß er dessen Schlagader nicht gleich fand und der Schnitt mißlang. Im stillen verfluchte er seine Ungeschicklichkeit.

Ansonsten arbeiteten sie unablässig an den Kajaks und der Ausrüstung. Ohne das tägliche Bemühen, auf dem Eis weiter voranzukommen, schienen die Tage um mehrere Stunden verlängert. Ein Tag glich dem anderen, und zum erstenmal verstummte das Gespräch zwischen ihnen. Wenn sie hin und wieder miteinander redeten, ging es um ihre Weiterreise, um das Zuhause und um alle Freuden, die sie dort erwarteten. Sie versuchten den Zeitpunkt abzuschätzen, wann sie ihre Lieben wiedersehen würden, aber die Rechnung scheiterte immerfort an der einen Unbekannten: Wo zum Teufel waren sie nur? Nansen kam nicht über die Tatsache hinweg, daß sie vergessen hatten, ihre Uhren aufzuziehen.

Im »Lager der Sehnsucht« tasteten sie sich allmählich auch an ein Thema heran, das bisher tabu gewesen war: die möglicherweise unumgängliche Überwinterung auf Spitzbergen oder sogar auf Franz-Josef-Land. Sollte das Schlimmste geschehen und sie sich eingraben müssen, würden sie zumindest festen Boden unter den Füßen spüren und es sich gemütlich machen – das tröstete sie ein wenig –, wenn sie nur endlich diesem verfluchten Eis entkämen. Doch während sich Hjalmar nach und nach mit der Unabwendbarkeit des Schicksals abzufinden schien, wies Nansen diese Gedanken genauso schnell von sich, wie sie entstanden waren. »Dazu wird es schon nicht kommen«, schrieb er.

Beim Lager gab es eine Erhebung, die sie »Aussichtsturm« nannten. Von ihr aus spähten sie in alle Richtungen, doch nach wie vor war kein Land auszumachen. Das einzige, was ihnen auffiel, war eine unveränderliche, mächtige Wolkenformation im Westen, die so grau und undurchsichtig war, als berge sie ein Geheimnis.

Der Schnee schmolz dahin, und am 22. Juli konnten sie endlich das »Lager der Sehnsucht« verlassen. Doch das Eis öffnete sich nicht. Zwei Hunde halfen ihnen, die Schlitten über das Eis zu ziehen; Suggen war bei Hjalmar und Kaifas bei Nansen.

Der arktische Sommer ging zu Ende, und weil Zeit zu ihrem wertvollsten Gut geworden war, mußten sie mehr denn je darauf achten voranzukommen. Leichte Schlitten waren erforderlich, und so beschlossen sie, sich eines Großteils der Ausrüstung zu entledigen.

Bisher hatten sie jeden einzelnen Gegenstand auf den Schlitten für lebensnotwendig gehalten. Weil sie jedoch die Hoffnung, in diesem Herbst nach Hause zu kommen, immer noch nicht aufgegeben hatten, setzten sie alles auf eine Karte. Selbst der Doppelschlafsack mußte dran glauben in diesem Spiel, in dem sie jetzt ein As brauchten, um zu gewinnen.

Folgendes warfen sie weg: Reserveskier und Bambus, Bratpfanne, Schmelztopf, einen Teil des Kochgeschirrs, Taue und Segeltuch, Samenschuhe, Kleidung und Wolfsfellhandschuhe, einen Hammer und die Hälfte von Blessings Medizinkasten. Sie befreiten die Schlitten von allem überflüssigen Holz, erwogen sogar, das Zelt zurückzulassen. Nachdem sie allerdings für eine Nacht versucht hatten, in den Kajaks zu schlafen, sahen sie ein, daß Feuchtigkeit und Kälte zu groß würden, und so nahmen sie das Zelt doch noch mit.

Sich vom Doppelschlafsack zu trennen, diesem alten Gefährten, erschien am gewagtesten. Gleichwohl hatte er nicht mehr dieselbe Qualität wie zu Beginn der Reise, sondern war schwer, naß und verschlissen. Hjalmar hatte aus zwei Wolldecken einen neuen zusammengenäht; mit dem würden sie schon auskommen. Jetzt galt Nansens alte Parole: Weiter und immer nur weiter!

Zwei Tage später.

Nansen wollte eine kurze Pause machen, um die Lage zu überdenken. Währenddessen kletterte Hjalmar auf einen Eishügel. Er ließ seinen Blick den Horizont entlanggleiten und war plötzlich wie vom Donner gerührt. Weit im Westen konnte er einen schrägen schwarzen Streifen ausmachen, der aus dem Eis aufragte. Zunächst traute er seinen Augen nicht, aber doch, das *mußte* Land sein!

Er starrte bis die Augen brannten. Das *war* Land – eine schwarze gegen eine weiße Fläche. Es konnte kein Irrtum sein. Drei Monate lang hatten sie darauf gewartet.

Zwei Jahre war es nun her, seit er auf Deck der *Fram* gestanden hatte und Kap Tscheljuskin entschwinden sah. Damals hatte er sich auf das Leben im Eis gefreut, wo ihn die Schatten, vor denen er geflüchtet war, nicht erreichen konnten. Er hatte zu sich selbst kommen und Kräfte tanken wollen.

Bald würde er das Packeis verlassen, das ihn so lange festgehalten hatte, und durch eine Fahrrinne oder auf Inlandeis mit Nansen im Herbst Spitzbergen erreichen. Von dort aus war es nicht mehr weit bis nach Norwegen. Er hatte sich innerlich schon auf eine Überwinterung eingestellt, aber jetzt spürte er eine brennende Ungeduld, nach Hause zu kommen.

Er rutschte den Hügel hinunter und wartete unruhig auf Nansen, der offenbar ebenfalls losgezogen war.

Als Nansen kam, hielt er sich das Fernglas vor die Augen. Von einer weiter entfernten Erhebung aus hatte auch er den dunklen Streifen gesehen. Er legte das Fernglas beiseite und sagte zu Johansen: »Das müssen Sie sich einfach ansehen, das kann nur Land sein.«

Hjalmar nickte zufrieden. Jetzt, nachdem Nansen seine Entdeckung bestätigt hatte, war er sich vollkommen sicher.

Über dem Land hingen schwere Wolken. Sie bemerkten, daß sie dieselbe Gestalt hatten wie die Wolkenformation, die sie so oft vom Aussichtsturm des »Lagers der Sehnsucht« wahrgenommen hatten. Sie hatten sich zwar gefragt, ob es sich um Land handelte, hatten den Gedanken aber verworfen, weil sie nichts Schwarzes hatten erkennen können und die Wolkenbank mitunter ihr Aussehen änderte. Hjalmar war etwas bedrückt, daß sie dem Land so nah gewesen waren, ohne es zu wissen.

Aber schließlich hätten auch sie nichts ausrichten können, denn der Schnee wäre zu weich gewesen.

Sie spannten die Hunde und sich selbst vor die Schlitten und marschierten weiter, den Blick starr auf das Land vor ihnen gerichtet. Offenbar handelte es sich um ein denkbar unwirtliches Stück Land, aber doch Land. Sie schätzten die Entfernung auf zwei Tagesmärsche.

Abends im Zelt diskutierten sie darüber, um *welches* Land es sich handeln könnte.

Das Glück währt kurz in diesen Breiten – das Wetter machte ihnen einen Strich durch die Rechnung. Ein kalter Südwestwind peitschte ihnen Regen und Schnee ins Gesicht. Je weiter sie gingen, desto ferner schien das Land zu rücken. Der Abstand war viel größer, als sie gedacht hatten. Aus den zwei Tagesmärschen wurden fünf und sechs, doch der schwarze Streifen war noch immer nicht nähergerückt. Das Unwetter füllte die Rinnen mit Schneematsch, so daß sie die Kajaks nicht länger benutzen konnten. Noch schlimmer jedoch war, daß der Südwestwind das Eis aufs Meer hinaus und weg vom Land trieb.

Eines Vormittags schrie Nansen plötzlich auf, und Hjalmar sah, wie er sich gekrümmt am Schlitten festhielt. Laut Nansen saß der Schmerz im Rücken. Er habe wohl einen Hexenschuß erlitten.

Das einzige, was Hjalmar tun konnte, war, Nansen von allen Lasten zu befreien. Er mußte beide Schlitten vorwärtsziehen. Erneut ruhten Erfolg oder Mißerfolg der Expedition auf seinen Schultern.

Manchmal mußte er Nansen über das »gräßliche Eis«, wie Hjalmar es nannte, halb tragen, halb zerren. Ansonsten humpelte Nansen so gut er konnte und auf einen Stock gestützt hinterher. Aber er weigerte sich, ein Lager aufzuschlagen. Jetzt, das Land vor Augen, könnten sie nicht haltmachen. Doch aus dem raschen Vorstoß, auf den sie im »Lager der Sehnsucht« gesetzt hatten, wurde nichts. Auf ihren Tagesmärschen zählten nun die Meter, nicht die Kilometer.

Am Ende des Tages half Hjalmar seinem Gefährten aus den Kleidern. Nachts froren sie in ihren dünnen Decken, und mehr denn je sehnte Hjalmar das Ende der Reise herbei.

Trotzdem raffte er sich ein weiteres Mal auf. »Immer noch liegt eine lange Wegstrecke vor uns, doch nur Geduld, und du wirst alles schaffen! Du wirst nach Hause kommen!«

Der Hexenschuß gab beiden Gelegenheit nachzudenken. Sie waren sich oft auf die Nerven gegangen, einige Male wären sie der Hunde wegen fast handgreiflich geworden. Hjalmar war frustriert über Nansens Arroganz.

Auf der anderen Seite konnten wohl auch die stoische Ruhe und Wortkargheit Johansens an Nansens Nerven zehren und dazu führen, daß er ihn schon frühmorgens aus dem Zelt jagte.

Erst als Nansen fast bewegungsunfähig geworden war, begriffen sie das volle Ausmaß ihrer gegenseitigen Abhängigkeit. Nansens Hilfsbedürftigkeit bei etwas so Einfachem wie dem An- und Ausziehen führte ihnen vor Augen, daß ihrer beider Schicksal besiegelt war, sollte sich einer das Bein brechen oder ernsthaft erkranken.

Der Doktor hatte Hjalmar die soziale Ungleichheit immer spüren lassen, seit sie die *Fram* verlassen hatten. Unterwegs waren sie sich zwar nähergekommen, doch Hjalmar vermißte die Kameradschaft seiner Jugendjahre, in denen er mit seinen Freunden durch die Wälder um Skien gestreift war. Nun lehrte sie Nansens Hexenschuß, daß sie eine Schicksalsgemeinschaft bildeten, die keine Klassenunterschiede kannte.

Die Gleichstellung, die der Sekondeleutnant *vermißte* und Nansen *nicht wünschte*, wurde jetzt weniger aus Neigung als durch die Tatsachen realisiert. Die Umstände zwangen sie zu Rücksichtnahme und gegenseitigem Respekt. Sie mußten zusammenhalten und sich abstimmen, wollten sie physisch und mental überleben, denn erneut drohte das Gespenst der Überwinterung.

Nansen machte der Hexenschuß drei Tage lang zu schaffen. Er war gerührt von Hjalmars Hilfsbereitschaft, der ihn umsorgte, als sei er ein kleines Kind. »… alles, von dem er glaubt, es könne mir helfen, erledigt er stillschweigend und ohne mein Wissen. Der Arme muß sich jetzt plagen und sieht vermutlich einem ungewissen Ende entgegen«, notierte er versöhnlich, ja fast väterlich in seinem Tagebuch. Der Ausdruck »der Arme« zeugt gleichwohl von der Distanz zwischen ihm und dem »Jungen«, wie Nansen ihn auch manchmal nannte.

Hjalmar, der in schweren Stunden an Nansens Widerstandskraft gezweifelt hatte, war beeindruckt von Nansens Tapferkeit und dessen Willen, sich trotz der Schmerzen vorwärtszukämpfen, anstatt im Zelt liegenzubleiben. Der Zorn, den er seinem Begleiter gegenüber empfunden hatte, verflog.

Nansens Rückenschmerzen gingen schließlich vorbei, und so unternahmen sie einen neuen Vorstoß auf das Land zu, das endlich näherzurücken schien. Sie hörten das Geräusch der Brandung und sahen am Fuße eines Gletschers, der sich einen Berg hinab erstreckte, offenes Wasser. Bevor sie jedoch die Wasserkante erreichten, wurden sie in Nebel gehüllt.

18 Die Männer hielten an. Sie waren auf eine offene Rinne gestoßen und mußten sich aufs Übersetzen vorbereiten. Sie nahmen die Kajaks von den Schlitten und befreiten die Eiskante von größeren Klumpen. Die Hunde leckten unterdessen ihre wunden Pfoten.

Nansen begann sein Kajak zu Wasser zu lassen, während Hjalmar seines vom Schlitten holen wollte. Als er sich nach den Seilen bückte, sah er im Augenwinkel ein Fell, glaubte aber, es gehöre Suggen. Es gelang ihm nicht mehr, sich aufzurichten, bevor der Eisbär zum Sprung ansetzte.

Hjalmar fiel auf den Rücken. Der Bär hob die rechte Tatze, Hjalmar bekam einen krachenden Schlag und spürte, daß die Klauen seine Wange aufgerissen hatten.

Benommen blieb er zwischen den Vorderbeinen des Bären liegen; er sah den Kolben des geladenen Gewehrs aus dem Kajak aufragen, konnte es aber nicht erreichen.

»Nimm die Flinte!« rief er Nansen verzweifelt zu und sah, wie der Bär die Zähne fletschte. Blitzschnell packte Hjalmar ihn an der Kehle und drückte zu.

Bei Hjalmars Schrei fuhr Nansen herum und sah, wie Bär und Mann miteinander kämpften. Nun ging es genauso um sein Leben.

Er stellte sich allerdings ungeschickt an. Als er nach dem Gewehr griff, das in einem Futteral im Boot lag, rutschte das Kajak samt Gewehr ins Wasser. Sein erster Gedanke war, hinterherzuspringen, das Gewehr zu nehmen und im Schwimmen zu schießen. Doch das Risiko war zu groß; fieberhaft versuchte er, das schwere Kajak wieder aufs Eis zu hieven.

Da hörte er Johansen mit ruhiger Stimme sagen: »Jetzt müssen Sie sich schon beeilen, sonst ist es zu spät.«

Es war sein Griff um die Kehle, der ihn rettete. Denn der Bär zögerte einen kurzen Augenblick. Auf diesen plötzlichen Widerstand war er nicht gefaßt, und anstatt zuzubeißen, versuchte er, mit seinen Tatzen Suggen und Kaifas zu erwischen, die kläffend um ihn herumsprangen. Dann traf er sie, erst den einen, dann den anderen, und während die Hunde aufjaulten und über das Eis flogen, konnte sich Hjalmar befreien. Er packte sein Gewehr, doch gerade als er anlegen wollte, krachten zwei Schüsse,

»Jetzt müssen Sie sich schon beeilen, sonst ist es zu spät.« (*Zeichnung von Halfdan Egedius*)

die den Eisbären niederstreckten. Nansen, der sein Gewehr endlich zu fassen bekommen hatte, traf den Bären am Kopf.

Im selben Moment bemerkten sie zwei Bärenjunge, die verschreckt umherirrten und nicht wußten, was mit der Mutter geschehen war. Hjalmar, dem das Blut in den Schläfen kochte, setzte ihnen nach. Nansen meinte, er solle es gut sein lassen, und hob den Arm, um ihn aufzuhalten. Die jungen Bären waren jedoch im zerklüfteten Eis ohnehin zu flink für ihn, und so mußte Hjalmar verärgert aufgeben.

Während sie den erlegten Bären aufschnitten, kehrten die Jungen zurück. Diesmal gab Hjalmar einen Schuß ab und traf eines im Rücken, das vor Schmerz brüllte. Hjalmar hatte Revanche genommen.

Auf einmal hörte er Nansens Lachen. Das Kochen mit Robbenspeck im »Lager der Sehnsucht« hatte ihre Gesichter kohlrabenschwarz gefärbt. Auf Hjalmars rechter Wange hatten die Kratzspuren des Bären weiße Streifen hinterlassen. Bei allem

Ernst der Lage sah er komisch aus. Er wandte sich Nansen zu und lächelte zurück, fuhr sich über die Wange und fühlte die Kratzer. Das war knapp gewesen.

Als Erinnerung an diesen Kampf auf Leben und Tod schnitten sie dem Bären die Klauen ab.

Für sentimentale Gedanken war jedoch keine Zeit. Sobald die Hunde eines der Bärenstücke verschlungen und sie selbst sich die Schenkel als weiteren Proviant gesichert hatten, banden sie die Schlitten auf die Kajaks, ließen sie zu Wasser und überquerten die offene Wasserstelle.

Der Hexenschuß war erst wenige Tage her, und erneut war ihnen vor Augen geführt worden, wie sehr sie aufeinander angewiesen waren. Unmerklich hatten sie die Vorkommnisse weiter zusammengeschweißt.

Als sie das Land zum erstenmal gesehen hatten, hatten sie geglaubt, es liege nur zwei Tagesmärsche entfernt. Tatsächlich sollte es zwei Wochen dauern, bis sie die Küste erreichten.

Das letzte Stück fuhren sie über das offene Meer. Doch bevor sie sich in die Kajaks setzen konnten, erwartete sie eine schwere Aufgabe, die Tötung der Hunde.

Als das Packeis aufhörte und die Fahrrinne, die zum Land führte, vor ihnen lag, hatten Suggen und Kaifas ihre Schuldigkeit getan. Die Männer brauchten sie nicht mehr, und ihr undankbarer Lohn war der Tod. So gern sie auch wollten, wagten sie doch nicht, die Hunde mit auf die winzigen Kajaks zu nehmen.

Frost, Eis und Schneematsch, Hunger, Hexenschuß und Eisbären hatten sie gemeistert, aber sich von ihren Hunden zu trennen, fiel ihnen unendlich schwer.

Hjalmar schrieb: »Um es leichter zu machen, nahm Nansen meinen und ich seinen Hund. Die armen Tiere, sie folgten uns willig, als wir sie hinter verschiedene Schneehügel führten –

und bald verkündeten zwei Schüsse, daß Kaifas und Suggen aufgehört hatten zu leben. Wir hatten sie ins Herz geschlossen und konnten sie nicht schlachten wie die anderen, sondern opferten eine Patrone für jeden von ihnen.«

Die Küste, die sie erreichten, war von ewigem Eis bedeckt. Nansen taufte das Land, an dessen Küste sie mehrere Tage entlangfuhren, Hvidtenland.

Am 16. August sahen sie Gräser und Steine, zwischen denen Moose und Blumen sproßten. Schneeammern hüpften zwitschernd umher, und am Himmel zogen Schwärme von Krabbentauchern vorüber. Kreischende Möwen saßen auf den Bergabhängen. Im offenen Wasser entlang der Küste schwammen Robben und Walrosse.

Hjalmar war von all diesem Leben überwältigt. Nach zwei Jahren im Eis hatte er fast vergessen, wie Blumen aussahen. Seine Gedanken schwankten zwischen Hoffen und Bangen – würden sie vor der nächsten Polarnacht nach Hause gelangen?

Sie steckten einen Ski zwischen die Steine und hißten die Flagge. Doch die Unsicherheit war ebenso groß wie die Freude, denn sie wußten immer noch nicht, wo sie sich befanden.

19 Der August ging vorüber. Mit jedem Tag stand die Sonne tiefer am Himmel und warf ihren blassen Glanz auf eine Landschaft, die einen kurzen Sommer erlebt hatte. Während sich an der Küste und in den Rinnen neues Eis bildete, zogen Nansen und Johansen weiter, teils über Eisschollen, teils übers offene Meer.

Es führte kein Weg daran vorbei, daß es Herbst und das Jahr schon weit fortgeschritten war. Dennoch gaben sie ihren Plan nicht auf, bis nach Spitzbergen zu gelangen, denn nur dort konnten sie darauf hoffen, einem Walfänger zu begegnen.

In den ersten Tagen nachdem sie die Küste erreicht und Blumen entdeckt hatten, waren sie mit den Kajaks gut vorangekommen. Die Küste erstreckte sich in südwestliche Richtung, und Nansen vermutete, daß sie sich an der Westseite von Franz-Josef-Land befanden. Eine Überfahrt nach Spitzbergen müßte daher im Bereich des Möglichen liegen.

Sie hatten die *Fram* im März verlassen. Fünf Monate hatten sie durchgehalten. Sie waren erschöpft, doch Kälte, Strapazen und vorübergehender Hunger hatten ihren Willen nicht gebrochen. Eine Überfahrt nach Spitzbergen war gleichwohl keine Frage des Willens, sondern wäre geradezu töricht gewesen.

Sie besaßen keine verläßliche Karte über das Meer zwischen den beiden Inselgruppen, sondern waren auf ihre Vermutung angewiesen, daß sich das sogenannte Gilles-Land etwa auf halbem Wege befand. Das Meer würde voller Eisschollen sein, die, von den Herbststürmen vorangetrieben, ihre Kajaks zu Kleinholz zermalmen konnten. Bei aufgewühlter See würde der kleinste Riß im Segeltuch ihren Untergang bedeuten. Bekamen sie Gegenwind, womit sie rechnen mußten, trieben sie die gefahrene Strecke wieder zurück.

Für solche Überlegungen war es jedoch zu spät. Die Kajaks über das offene Meer zu steuern war ein elementarer Bestandteil des Plans gewesen, den Nansen schon auf der *Fram* gefaßt hatte. Ohne Alternativen war es sinnlos, das Für und Wider abzuwägen, auch wenn das Vorhaben leichtsinnig und gefährlich war. Aber wie so vieles andere auf dieser Tour war die Überquerung des Meeres eine Chance, die sie ergreifen *mußten*.

Unter den quer stehenden Schlitten banden sie die Kajaks zu einer Art Katamaran zusammen, hißten ein Segel und verließen die Küste. Bei so ungünstigen Vorzeichen benötigten sie mehr Glück als je zuvor.

Nansen und Johansen banden ihre Kajaks zu einer Art Katamaran zusammen. Mit diesem Gefährt wollten sie von Franz-Josef-Land nach Spitzbergen segeln, ahnten jedoch nicht, daß die Strecke mehr als zweihundert Kilometer betrug und über das offene Meer führte.

Hjalmar strahlte dennoch Zuversicht aus. »Unser Dasein ist schöner geworden. Jetzt glauben wir an die Heimkehr in diesem Jahr und tun, was wir können, um Spitzbergen zu erreichen. Es ist schön, sich vorzustellen, eine Chance zur Heimkehr zu haben, anstatt eine weitere Polarnacht in der Eiswüste zu verbringen, was wirklich das Schlimmste wäre!«

Sie waren noch nicht weit gesegelt, als von Westen ein Sturm losbrach und ihnen den Weg versperrte. Sie mußten umkehren und hatten in der aufgepeitschten See alle Hände voll zu tun, ihr eigentümliches Fahrzeug vor dem Kentern zu bewahren und gleichzeitig die Eisschollen zu umschiffen. Sie wurden naß bis auf die Haut und froren erbärmlich. Sie befürchteten, ihr Katamaran würde nicht standhalten. Eine heftige Welle bog den Mast so weit zur Seite, daß er fast entzweibrach. Erleichtert atmeten sie auf, als sie endlich auf das Eis der Küste an Land kriechen und das Zelt aufschlagen konnten.

Der auflandige Wind hielt sie für eine Woche an derselben Stelle fest. Gleichzeitig schloß sich die Eisdecke auf der Fahrrinne, so weit das Auge reichte. Der Heimweg war versperrt.

Hjalmar nahm erneut das Tagebuch zur Hand. »In einem alten Volkslied gibt es einen Kehrreim: ›Das Glück, das wendet sich oft.‹ Leb wohl, schöne Hoffnung. Wir müssen wohl eine weitere Polarnacht hier zubringen, und die wird fürchterlich.«

Beide verfluchten das Schicksal, anstatt ihr Glück zu preisen. Hätte der Sturm sie nicht zur Umkehr gezwungen, solange sie sich noch in Landnähe befanden, wären sie rettungslos verloren gewesen.

Am 28. August traf ein deprimierter Nansen die unumgängliche Entscheidung, die Überwinterung vorzubereiten.

Allen zerstobenen Träumen zum Trotz war Hjalmar über diesen Entschluß erleichtert. Er verscheuchte die verzweifelten und dunklen Gedanken und stellte sich sofort den neuen Herausforderungen: eine Hütte zu bauen und Verpflegung zu beschaffen, bevor die Winterdunkelheit hereinbrach. Sie hatten noch sechs Wochen Zeit, ehe die Sonne verschwinden würde.

Hjalmar erkannte schnell, daß sie mit dem Ort ihres Winterquartiers, an den sie zufällig gelangt waren, großes Glück gehabt hatten. Auf den sanften Hängen, die sich vom Strand bis zu den dahinterliegenden Bergen erstreckten, fanden sie genug Steine, um eine Hütte zu bauen. Und was noch wichtiger war: es mangelte nicht an Nahrung. Walrosse wälzten sich im seichten Wasser, und im Laufe des Herbstes schossen sie immer mehr Eisbären. Mit dem Speck und den Häuten konnten sie sich die Kälte vom Leib halten, und hungern mußten sie auch nicht.

Der Doktor und der Sekondeleutnant gingen dem schwierigen Winter mit unterschiedlicher geistiger Einstellung entgegen. Ob sie überlebten, war nicht nur eine Frage von Nahrung und Unterkunft, sondern hing auch von ihrer Willensstärke und Fähigkeit ab, die Ungeduld zu beherrschen.

In dieser Hinsicht war Nansen Hjalmar unterlegen. Er litt unter seinem schlechten Gewissen, weil er Eva und seine kleine Tochter Liv, die bei seiner Abreise aus Kristiania erst einige Monate alt gewesen war, zurückgelassen hatte. Er machte sich Vorwürfe, sie im Stich gelassen zu haben, um seine eigenen Ziele zu verfolgen. Er wußte, daß Eva es schwer hatte, und jeder Tag der Untätigkeit verstärkte sein Schuldgefühl und den Wunsch, alles wiedergutzumachen.

Doch er wußte auch, daß niemand, nicht einmal Eva, ihn am Tag seiner Abreise hätte aufhalten können. So gesehen lebte er in zwei Welten, die nicht miteinander vereinbar waren, ein Dilemma, das Schwankungen in der Stimmung und der Willensstärke geradezu heraufbeschwor.

Selbstverschuldet saß er auf einer arktischen Insel fest. Durchhalten war die einzige Herausforderung, die das Leben jetzt stellte – eine Herausforderung, die Nansen haßte, weil sie so fruchtlos war. Daher war er der Langeweile, der zweiten großen Bürde dieses Winters, schutzlos ausgeliefert. Der frühestmögliche Zeitpunkt für einen Aufbruch war der April des folgenden Jahres; bis dahin waren es noch acht Monate.

Hjalmar war aus anderem Holz geschnitzt. Er liebte die Einsamkeit, die tief in seinem Wesen verwurzelt war. Gestrandet auf einer einsamen Insel im Eismeer, kam er sich wie eine Art Robinson Crusoe vor, dessen Geschichte er voller Begeisterung in seiner Schulzeit gelesen hatte. Daß er später ein ähnliches Leben wie der Held seiner Kindertage führen würde, wäre ihm damals nie in den Sinn gekommen.

Aber auch er litt manchmal an Einsamkeit und Ungeduld. Das äußerst unkomfortable Leben, bei dem der Wunsch nach einer Körperwäsche und frischen Kleidern ganz oben auf der Liste stand, hinterließ auch bei ihm seine Spuren. Aber er akzeptierte, daß er jeden Tag so nehmen mußte, wie er kam, und daß kein Traum von Seife oder zarten Frauenhänden daran etwas ändern konnte.

Ende September war die Steinhütte fertig. Mitte Oktober wich die Helligkeit dem Dunkel, und die Eisbärenjagd konnte nicht mehr fortgesetzt werden. Mit vierzehn Eisbären und sechs Walrossen, die gefroren auf einem Haufen vor dem Eingang lagen, begannen Nansen und Johansen ihre Art des Winterschlafs. Sie schliefen, aßen und schliefen erneut. Hin und wieder wagten sie sich hinaus, um ihre Glieder zu strecken, doch rasch pfiff ihnen ein eisiger Wind durch die speckige und löchrige Kleidung und scheuchte sie wieder hinein.

Die Hütte maß zwei mal drei Meter und war eine jämmerliche Behausung. Mit einem Spaten, den sie aus dem Schulterblatt eines Walrosses angefertigt hatten, und der Spitze eines Skistocks hatten sie ein Loch in den Boden gegraben, um das herum sie die Steinwände errichteten. Das Dach bereitete ihnen Kopfzerbrechen, aber Nansen fand glücklicherweise ein Stück Treibholz, das sie als Firstbalken verwenden konnten, über den sie ein Walroßfell spannten.

Die Außentemperatur sank mit der Zeit auf minus vierzig Grad. Mit Hilfe von Tranlampen, die nach dem Vorbild der Eskimos unentwegt brannten, gelang es ihnen, die Innentemperatur um den Gefrierpunkt zu halten. Sie hatten sich darauf gefreut, jeder im eigenen Schlafsack liegen zu können, doch als sie es versuchten, froren sie erbärmlich und krochen wieder unter ein gemeinsames Fell. Die Lagerstätte war speckig, und von den spitzen Steinen, die unter dem faulenden Bärenfell lagen, waren sie bald wundgelegen.

Mit der Zubereitung des Essens wechselten sie sich wöchentlich ab, aber die Nahrung blieb immer die gleiche: gekochtes

Ihre dritte und schlimmste Polarnacht erlebten Nansen und Johansen, als sie gezwungen waren, auf Franz-Josef-Land zu überwintern. Die von ihnen erbaute Steinhütte maß zwei mal drei Meter. Neun Monate lang ernährten sie sich ausschließlich von Eisbären- und Walroßfleisch.

Fleisch und Bouillon am Morgen, gebratenes Fleisch am Abend. Einige Bären schmeckten besser als andere, so daß sie ihnen verschiedene Namen gaben. Sie sprachen von Wasserbären, Fettbären, Magerbären und Kajakbären. Die beiden Kajakbären schmeckten am besten, und den einen hoben sie für das Weihnachtsessen auf.

Sie untersuchten gegenseitig ihre Gaumen, um eventuelle Spuren von Skorbut festzustellen, aber sie blieben kerngesund. Eine Annahme über die Entstehung von Skorbut ging davon aus, daß die Krankheit durch Bewegungsmangel verursacht werde, eine andere, daß sie Folge einseitiger Ernährung sei. Sie entkräfteten beide Theorien.

Die einzige Gesellschaft, die sie hatten, waren einige abgemagerte Polarfüchse, die sich hin und wieder auf dem Fleischberg niederließen.

Nansen hoffte, im Laufe des Winters seine zahlreichen Beobachtungen und Messungen, die sich während der Schlittenexpedition angesammelt hatten, auswerten zu können. Außerdem wollte er seinen Reisebericht fortsetzen, was er aber bald aufgeben mußte. Das Licht der Tranlampen war schwach und flackerte, und das Papier wurde vom Ruß dunkel und fettig. Außerdem mußte er sich eingestehen, daß das Gehirn nur sehr träge arbeitete und er wohl vor allem deshalb die Lust am Schreiben verlor.

Wie schon auf der *Fram* litt er unter der mangelnden geistigen Beschäftigung. Zu lesen hatte er nur einen Almanach, und den konnte er auswendig.

Die Gespräche mit Hjalmar waren keine Anregung. Nachdem die Hütte errichtet und die Eisbären erlegt waren, fanden die beiden Männer nur wenig Gesprächsstoff. So bevorzugten sie die Dialoge, die sie mit sich selbst führen konnten.

Auch das Tagebuch bot keinen Trost für Nansen. Sowohl auf der *Fram* als auch während der Schlittenexpedition hatte er sich nicht auf die Schilderung der täglichen Abläufe beschränkt, sondern seiner Phantasie freien Lauf gelassen. Als Atheist war er stark an existentiellen Fragestellungen interessiert, und oft kreisten seine Gedanken um den Tod als philosophischen Begriff. Er liebte die Veränderungen in der Natur, die er meisterlich in Wort und Bild festzuhalten verstand. Aber zugleich diente ihm das Tagebuch als Ventil für seine Frustrationen, wenn ihn die Sehnsucht nach Eva überwältigte.

Als klar wurde, daß eine Überwinterung nicht mehr zu vermeiden war, raubte ihm seine große Enttäuschung die Kraft, das Tagebuch weiterzuführen. Bis zum Weihnachtsfest notierte Nansen nichts als seine meteorologischen Beobachtungen.

Auf diese Weise versiegte auch der unermüdliche Strom seiner Gedanken, die ihn intellektuell beschäftigt hatten. Langsam versank er in Grübeleien, weil ihn die Eintönigkeit der Tage nach und nach seelisch zermürbte.

Auch Hjalmar ließ sein Tagebuch während des Herbstes ruhen. Aber es war keine intellektuelle Frustration, die ihn bremste. Weitaus weniger als bei Nansen diente ihm das Tagebuch als Ort philosophischer Reflexion oder als privater Beichtstuhl.

Zwar schrieb auch er von Sehnsüchten und Hoffnungen, und um hohe Feiertage wie Weihnachten oder Neujahr herum kreisten seine Gedanken manchmal um Reue, Schuld und Sühne. Sehr selten ließ er seinen Zorn über etwaige Ungerechtigkeiten anklingen. Doch zumeist drehten sich Hjalmars Eintragungen um das tägliche Einerlei.

Auch er empfand das Leben als trist und eintönig. Er zitierte Dostojewski, der gesagt hatte, der Mensch müsse sich mit Schmerzen das Glück seiner Zukunft erkaufen. Wie wahr.

Doch er bewahrte sich auch seinen Optimismus.

Kurz vor Weihnachten, nachdem es mehrere Tage lang heftig gestürmt hatte, standen plötzlich die Flammen des Nordlichts über der Hütte. Er ging hinaus und betrachtete Vega, der intensiver funkelte als alle anderen Sterne. Vega war *ihr* Stern. Während die Kälte die tranigen Kleider in steinhartes Leder verwandelte, packte ihn die Sehnsucht. Vor fast drei Jahren hatte er sich von der Zivilisation verabschiedet, neun Monate lang hatte er wie ein wildes Tier gelebt, und seit neun Monaten hatte er seine Lumpen nicht mehr ausgezogen. Er hatte gefroren und gelitten, fühlte sich aber trotzdem belohnt. Das Leben im Eis hatte ihn gestählt; er spürte, daß er ein Mann war.

Mit Zuversicht konnte er daher an das denken, was kommen würde: »In sanften Augenblicken schleichen sich milde Gedanken in meinen Sinn, wärmend kommen sie von daheim und verheißen mir ein schöneres Leben, als ich es je gekannt habe, frei von allem Bösen – ein glückliches Leben.«

Schon im Sommer sollte es soweit sein, dann würde er ihr auf dem Weg nach Venstøp begegnen und mit Rosen im Arm entgegenlaufen, er würde sie hochheben und herumwirbeln und ihr zeigen, wie stark er war. Während er so unter dem Nordlicht stand, glaubte er sie sagen zu hören: »Aber Hjalmar, was machst du denn da?« Er würde mit ihr davonlaufen, bis sie allein waren, nur sie beide, um sie dann zu umarmen und ihr zu sagen, wie glücklich er sei, daß sie gewartet habe. Und sie würde antworten: »Aber das wußtest du doch.«

Hjalmar begann die Weihnachtsfeierlichkeiten mit folgendem Sinnspruch: »Reinlichkeit ist eine Tugend, sagte das Weib und drehte am Weihnachtsabend ihr Nachthemd um.« Er »wechselte« das Hemd, stülpte das Innere nach außen und das Äußere nach innen. Nansen tat es ihm nach, wechselte aber noch zusätzlich die Unterhose, nachdem er sich mit Hilfe einer halben Tasse Wasser gewaschen hatte.

Die besten Stücke des Bärenfleisches, das sie für diesen Abend aufbewahrt hatten, lagen zum Auftauen in der Hütte. Komplettiert wurde ihr Festessen durch die Reste des Proviants, den sie von der *Fram* mitgenommen hatten: Fischmehl, zwei Instantsuppen, Brot und eine Portion Kochschokolade.

Das Fischmehl war verdorben und schmeckte scheußlich. Aber das alte, trockene, in Bärenfett gebratene Brot sorgte für Glücksgefühle.

»Unsere Lage ist doch gar nicht so übel«, meinte Hjalmar. »Es hätte schlimmer kommen können.« Er war sogar so zufrieden, daß er sich im Tagebuch die Frage stellte, »ob vielleicht die anderen es sind, die uns beneiden«.

Nansen ließ ein wenig den Kopf hängen: »Dienstag, 24. Dezember. Es ist zwei Uhr nachmittags, −24°, Kumulus 2, Wind

0,7 m. Das also ist unser Weihnachtsabend. Kalt und windig ist es draußen, kalt und zugig hier drinnen. Wie öde ist es hier. Einen solchen Weihnachtsabend haben wir wirklich noch nie erlebt ...«

Hjalmar hatte dennoch recht. Es hätte schlimmer kommen können.

Auf Franz-Josef-Land verabschiedete sich das alte Jahr mit strengem Frost. Nansen froren die Fingerkuppen ab. Die Felle, auf denen sie lagen, waren hart wie Bretter. Der Rauhreif breitete sich auf Decke und Wände aus.

An Silvester veranstalteten sie mit den Resten des Fischmehls eine weitere kulinarische Feier.

Sie sprachen über die nahe Zukunft. In nur wenigen Wochen würde die Sonne sich wieder zeigen, und dann konnten sie Vorbereitungen zur Weiterfahrt treffen. Nansen neigte inzwischen zu der Auffassung, daß sie sich nicht auf Franz-Josef-Land befänden, sondern weiter westlich, auf Gilles-Land. Daher werde die Überfahrt nach Spitzbergen auch nicht so lange dauern.

Zum wiederholten Male fragten sie sich, wo die *Fram* sich jetzt wohl befinden mochte. Sie hofften das Beste für ihre Kameraden, aber auch, vor ihnen heimzukehren. Denn was wäre, wenn das Schiff ohne sie nach Hause kommen würde? In diesem Fall würde niemand glauben, daß sie noch am Leben waren.

Das Gespräch verstummte. Sie schlugen die Arme umeinander, um sich warm zu halten. Ein Fuchs lief über das Dach auf dem Weg zum Fleischberg. Sie ließen ihn gewähren, denn sie hatten genug Fleisch.

»Was meinen Sie, Johansen«, unterbrach Nansen plötzlich die Stille, »sollten wir nicht damit anfangen, ›du‹ zueinander zu sagen?«

Hjalmar sah ihn an und war überwältigt.

»Ja, das würde mich freuen«, antwortete er.

Mit einem Schluck Eiswasser stießen sie an.

Hinter der Hütte befand sich ein Gletscher, dessen Eis sich in ebenjener Nacht in der Kälte zusammenzog, so daß unter lautem Krachen Spalten aufbrachen. Das dumpfe Geräusch hörte sich an, als handele es sich um ein Silvesterfeuerwerk.

Hjalmar horchte. Als wollte die Natur mit ihm feiern, daß er einen Freund gewonnen hatte. Jetzt waren sie per du. Fridtjof hatte die Barriere zwischen ihnen beseitigt.

Auch wenn sie nicht viel miteinander redeten und wenig gemeinsame Interessen hatten – abgesehen von der gemeinsamen Arbeit, die sie am Leben hielt –, setzte sich der Annäherungsprozeß in ihrem Winterquartier fort. Der Doppelschlafsack und die gemeinsame Wärme spielten sicherlich eine Rolle; über Monate hatten sie ja schließlich wie Brüder zusammen darin geschlafen. Die Abhängigkeit voneinander wurde auf Franz-Josef-Land nicht geringer, und die ständigen Herausforderungen der Eiswüste schweißten sie nach und nach zusammen.

Was das Überleben im Eis betraf, war Hjalmar der Kopf ihrer Gemeinschaft. Unermüdlich und unaufgefordert erledigte er die schwersten Arbeiten, auch in der Zeit ihres Winterlagers. Mehr denn je gelang es ihm, den Mut und die Willensstärke aufrechtzuerhalten.

Nansen blieb gar nichts anderes übrig, als ihm Respekt zu zollen, nicht nur weil er mit wassergefüllten Stiefeln Salti vollführte oder schwere Schlitten zog, sondern auch weil er sich als vorausdenkender und rücksichtsvoller Gefährte erwies.

Hjalmar war der Traum jedes Expeditionsleiters, weil er unterwegs schneller als andere bemerkte, wenn etwas nicht in Ordnung war, und sich umgehend und unabhängig davon, ob er oder andere den Fehler verursacht hatten, um dessen Behebung kümmerte. Er war ausdauernd und fuhr selten aus der Haut.

Der einzige offene Konflikt zwischen ihnen war wegen der Hunde entstanden. Die gab es nicht mehr. In der Hütte hatten sie so viel Zeit, daß Zeitverschwendung kein Thema mehr war und Hjalmar nicht länger aufregen konnte. Nansen hatte seinerseits gelernt, Hjalmars Schnarchen hinzunehmen und sich mit seiner Schwermütigkeit abzufinden.

Sich im ausgehenden Jahrhundert das »Du« anzubieten war nicht alltäglich und Nansen in dieser Hinsicht sehr wählerisch. In der damaligen hierarchischen Gesellschaft geschah es auch selten, daß Mitglieder der Oberklasse jemanden aus einer unteren Schicht duzten, es sei denn, sie schimpften mit ihrer Dienerschaft.

Zu den Konventionen dieser Zeit gehörte auch, daß selbst beim »Du« zwei Arten unterschieden wurden, und so nannten sich Nansen und Johansen trotz der neuen Anrede weiter beim Nachnamen. Der Vorname blieb den engsten persönlichen Freunden vorbehalten, und so weit war es zwischen den beiden noch längst nicht gekommen.

Hjalmar war gleichwohl glücklich und stolz. Indem Nansen ihm das »Du« anbot, signalisierte er dem Hausmeistersohn eine gewisse Gleichwertigkeit, nach der dieser sich während der Strapazen im Eis mehr als einmal gesehnt hatte.

Jetzt, da Hjalmar kein Untergebener mehr war, hatte Nansen noch mehr auf dem Herzen. In allergrößter Vertraulichkeit, so als stünde jemand vor der Hütte und lauschte, weihte er Hjalmar in einen Plan ein, mit dem er sich schon lange beschäftigt und den er sonst nur Sverdrup gegenüber erwähnt hatte. Wenn sie nach Hause kämen, würde er parallel zu der Auswertung der wissenschaftlichen Resultate dieser Reise eine weitere Expedition vorbereiten, die nichts Geringeres als den Südpol zum Ziel hätte.

Es sollte eine große Expedition mit zwei Schiffen werden, der *Fram* und einem weiteren. Die *Fram* sollte so weit wie möglich ins Eis hineinfahren, um sich dann festfrieren zu lassen. Auf dem anderen Schiff sollte sich eine Reihe von Forschern befinden, die entlang der Eisgrenze Untersuchungen durchführen konnten.

Von der *Fram* aus sollten drei bis vier Männer mit so vielen Hunden wie möglich zum Pol aufbrechen. Über die flachen Ebenen des antarktischen Kontinents würden sie weitaus umfangreichere Tagesmärsche machen können, als dies im nördlichen Eis möglich gewesen war. Es würde im großen und ganzen eine angenehmere Reise werden als die, die sie bis 86° 14' nördlicher Breite gehabt hatten.

Hjalmar machte große Ohren und ließ sich mitreißen. Auf einmal war ihr beschwerliches Hüttenleben vergessen. Obwohl sie noch keinen Fuß wieder nach Norwegen gesetzt hatten, sah er sich schon als Expeditionsteilnehmer im erneuten Kampf gegen das Eis, diesmal auf der anderen Seite der Erde.

Endlich hatten sie genügend Gesprächsstoff. Abend für Abend steckten die Gefährten die Köpfe zusammen und planten die Expedition bis ins kleinste Detail. Sie hatten aus ihrer Schlittentour über das Nordpolarmeer viel gelernt, und die Liste der Dinge, die sie anders machen wollten, wurde lang. Sie diskutierten Bekleidung und Schlitten, Hunde und Zaumzeug, Proviant, Zelt und Kochgeschirr. Und mehr als einmal schworen sie einander, daß sie niemals vergessen würden, ihre Uhren aufzuziehen.

Sie freuten sich bereits darauf, festen Boden unter den Füßen zu spüren, ohne an Risse und matschigen Untergrund denken zu müssen. Und auch gegen Eisbarrieren würden sie dort nicht ankämpfen müssen.

Das waren verwegene Gedanken über ein unbekanntes Terrain, denn als die *Fram* Norwegen verlassen hatte, war noch keine Expedition auf jenen erstarrten Kontinent vorgedrungen. Daher wußte Nansen auch nichts von den Gletscherspalten und hohen Bergen, die die Eroberer des Südpols auf ihrem Weg zu überwinden hatten. Zum damaligen Zeitpunkt war noch nicht einmal bekannt, ob der Pol zu Wasser oder auf dem Land lag, auch wenn allgemein angenommen wurde, daß er sich auf einem Berg befindet.

Träumten sie oder sprachen sie von der Wirklichkeit? Nansen hatte sich Vorwürfe gemacht, Eva verlassen zu haben, und jetzt plante er noch vor seiner Heimkehr eine neue und langwierige Expedition. Und Hjalmar – hatte er seine Versprechen Hilda gegenüber schon vergessen, die er so mühselig und mit klammen Fingern im eisigen Zelt und in der Hütte auf Franz-Josef-Land niedergeschrieben hatte?

Dieses ewig gespaltene Bewußtsein ist seit jeher das Los aller Abenteurer gewesen. Wofür sollten sie sich entscheiden, für den Ruhm – oder die Frauen? Die armen Teufel – wenn der Ruhm sich einstellte, haben sie sich stets für ihn entschieden. Doch dessen wurden sie sich erst bewußt, wenn sie eines Tages nach Hause kamen und ihre Frauen von Entbehrung gezeichnet vorfanden.

Anfang Februar kehrten Nansens Rückenschmerzen zurück. Hjalmar kümmerte sich zwei Wochen lang unermüdlich um ihn, so wie beim letzten Mal. Schließlich schimmerte das Licht am Horizont, und am Jahrestag des Robbenschusses wurde die Hütte von den ersten Sonnenstrahlen beschienen. Trotzdem nahm dies Hjalmar zum Anlaß für schwermütige Betrachtungen, so als wollte er nach der überstandenen Polarnacht ein Fazit ziehen: »Dieses Leben wird einem manchmal zur Last ... es ist nicht gut, immer fröhlich zu sein ... die Traurigkeit kommt über uns, wir haben unsere dunklen Stunden. Hätten wir nicht die gewisse Hoffnung, in die Welt zurückzukehren, wäre dieses Leben unerträglich.«

Die Bedrücktheit hatte eine unmittelbare Ursache. Der Speck

ging ihnen aus, und sie mußten die Tranlampen löschen. Nur noch einmal am Tag konnten sie sich ein warmes Essen zubereiten. Morgens mußten sie mit rohem, gefrorenem Fleisch vorliebnehmen.

Ihre Gespräche kreisten nun nicht mehr um den Südpol, sondern um ihren erneuten Aufbruch und das Verlassen der Hütte. Der Mangel an Speck quälte sie, denn ohne Brennmaterial konnten sie sich nicht auf den Weg machen. Sie hofften darauf, daß ein Eisbär auftauchte.

Die ersten Vögel erschienen am Himmel, und Hjalmar wunderte sich, was sie in dieser unwirtlichen Gegend wollten. Warum drehten sie nicht auf der Stelle um und flogen in wärmere Gefilde, nach denen er selbst sich Tag für Tag stärker sehnte.

An einem Märztag veranstaltete Hjalmar einen großen »Hausputz«. Er kratzte die Speck- und Fleischreste vom Boden und grub aus den Ecken Becken, Rückgrat und Schädel des letzten Eisbären, den sie verspeist hatten. Als er das Fell vom Eingang beiseite schob, um den Abfall nach draußen zu werfen, sah er plötzlich zwei gewaltige Pranken vor sich, so weiß, daß er fast geblendet war. Ein Bär! Speck!

Während er nach Nansen rief, schnappte er blitzschnell das Gewehr und prüfte, ob es geladen war. Dann warf er sich in den engen Eingang und legte an. Der Schuß traf den Eisbären in die Brust, das Tier brüllte auf, drehte sich um und jagte davon, während es eine Blutspur im Schnee hinter sich herzog.

Hjalmar setzte ihm nach. Als der Bär merkte, daß er verfolgt wurde, lief er noch schneller. Er rannte hinunter zum Strand, an dem sich das Eis auftürmte, und schließlich zum Geröllfeld am Fuße des Gletschers. Hjalmar hatte nur noch einen einzigen Schuß. Er mußte den Bären also tödlich treffen, bevor dieser sich zu weit entfernte, denn sonst würden sie ihn niemals zur Hütte schleppen können. Hjalmar blieb kurz stehen, legte an und schoß.

Es war ein Männchen, wohlgenährt, und lieferte reichlich Speck.

Zum Abendessen entzündeten sie die Tranlampen, während sie sich die Fleischsuppe schmecken ließen. Beide waren glücklich, daß sich wieder einmal ein Eisbär in ihrer Gegend gezeigt hatte, wenn sie auch selbst als Köder gedient hatten.

Hjalmar hatte noch einen weiteren Grund zur Zufriedenheit, als er an diesem Abend einschlief. Bei der Verfolgung des Eisbären hatte er feststellen können, daß er trotz des Bewegungsmangels der letzten Monate noch genauso schnell war wie früher. Der alte Athlet war immer noch gut in Form.

Sie hatten eigentlich gehofft, noch im April aufbrechen zu können, doch erst am 19. Mai war es schließlich soweit. Wie damals auf der *Fram* schienen die Vorbereitungen einfach kein Ende zu nehmen, und für eine Weile hatte Hjalmar den Eindruck, als sei Nansen wieder der alte.

Die Kleider waren inzwischen so fettgetränkt, daß man den Tran aus ihnen herauswringen konnte. Sie beschlossen, sich aus der Wolldecke des leichten Schlafsacks neue Anziehsachen zu nähen; aber da sie beide alles andere als Schneider waren, zog sich dies in die Länge. Trotzdem verstaute Hjalmar seinen neuen Pullover zunächst auf dem Schlitten. Er wollte ihn erst anziehen, wenn sie in Norwegen an Land gingen, damit er dann halbwegs wie ein Mensch aussah.

Trotz der trüben Erinnerungen an die vergangenen Monate verließen sie ihre Hütte mit gemischten Gefühlen. Seit dem September des vorigen Jahres war sie ihr Zuhause gewesen.

Hjalmar schlug die letzte geschwärzte Seite seines Tagebuchs auf und ließ die Augen über einige Zeilen wandern, die er geschrieben hatte, während die Sonne den Frühlingshimmel in Besitz nahm.

Immer weckt des Frühlings Kommen
Sehnsucht mir im jungen Sinn.
Frei macht er von allen Banden,
drinnen ich gefangen bin,
bringet Licht in Dunkelheit,
sei willkommen, Frühlingszeit!

Nie hat solch ein stark Empfinden
Mir ein Frühling noch gebracht.
Nie hat er sein Siegeszeichen
Aufgepflanzt mit gleicher Macht.
Tilget doch sein lichter Strahl
dreier Jahre Winterqual.

Nach des Südens milden Auen
lockt der helle Frühlingsschein,
füllt die Herzen uns mit Freude,
gibt uns neues Leben ein.
Trag uns, Lenz, hold unsern Wegen,
heim, dem Sommerlicht entgegen!

Auch Nansen zog ein Papier hervor. Es handelte sich um einen kurzen Bericht über die Drift der *Fram* bis zu dem Zeitpunkt, als sie das Schiff verlassen hatten, und über die Schlittenexpedition. Er endete folgendermaßen:

»Kamen am 26. Januar 1895 hierher und entschlossen uns sicherheitshalber zum Überwintern. Lebten von Bärenfleisch. Gehen heute in südwestliche Richtung an der Küste entlang, um auf kürzestem Wege nach Spitzbergen überzusetzen. Wir vermuten, daß wir uns auf Gilles-Land befinden.«

Er rollte den Bogen zusammen und steckte ihn in das kleine Messingrohr, das er unter dem Firstbalken aufhängte.

Ihr Start fand unter elendigen Bedingungen statt. Ein Sturm ließ sie für zwei Wochen kaum vom Fleck kommen. Der Vorrat an Eisbärenfleisch war bald aufgebraucht. Trotzdem mußten sie nicht hungern, denn es wimmelte von Walrossen; allerdings waren sie durch das Bärenfleisch verwöhnt, das ihnen sehr viel besser schmeckte.

Der Untergrund war aufgeweicht, die Witterung feucht und kalt. Hjalmar erinnerte sich an die Plackerei des vorigen Jahres und fürchtete, daß sie erneut ein »Lager der Sehnsucht« würden errichten müssen. Die Stürme zogen jedoch vorüber, die Qualität des Eises verbesserte sich, und als ein nördlicher Wind die an den Schlitten befestigten Segel bauschte, kamen sie ein paar Tage gut voran.

Um den 10. Juni herum konnten sie schließlich die Kajaks zusammenbinden und sich auf die Überfahrt vorbereiten. Fortwährend erblickten sie neue Inseln und Küstenlinien, die kaum mit Payers Karte in Einklang zu bringen waren. Sie waren sich deshalb immer sicherer, daß sie sich nicht auf Franz-Josef-Land befanden.

Nachdem sie eines Tages viele Stunden lang gesegelt waren, steuerten sie die Eiskante an, um einmal die Beine ausstrecken zu können. Ein Stück hinter ihnen hatte sich das Eis zu einem Hügel aufgetürmt, der einen guten Ausblick über das weitere Fahrwasser geben würde.

Nansen kramte in seinem Kajak, ohne zu finden, wonach er suchte. »Hast du etwas zum Vertäuen der Kajaks?« fragte er.

»Was?«

»Hast du etwas zum Vertäuen?«

»Nimm diese Brasse«, antwortete Hjalmar. Er nahm ein Tau, das er aus Walroßhäuten angefertigt hatte.

»Bist du sicher, daß das halten wird?«

»Ja, ich habe es die ganze Zeit zum Stellen des Segels verwendet.«

Nansen nahm das Tau und machte einen Stek um einen Skistock, den er ins Eis bohrte.

Sie kletterten auf den Hügel. Plötzlich sah Hjalmar, daß die Kajaks abtrieben. Voller Panik rief er nach Nansen. Der drehte sich um, rannte auf die Eiskante zu und riß sich währenddessen die äußeren Kleider und die Uhr herunter.

»Nimm die Uhr!« rief er, bevor er sich ins Wasser stürzte.

Das eiskalte Wasser legte sich wie eine Kralle um ihn.

Nansen schwamm um sein Leben, um ihrer beider Leben.

In den Kajaks lagen Gewehre, Munition, Proviant und Kleidung, und im übrigen waren sie ihr einziges Fortbewegungsmittel. Erreichte Nansen die Kajaks nicht, ehe ihn die Kälte völlig entkräftet hatte, waren sie beide rettungslos verloren.

Er verlor sofort das Gefühl in den Gliedern; der Wind hatte das Segel des Bootes erfaßt, das immer weiter fortzutreiben schien. Er atmete schwer, die vollgesogenen Kleider zogen ihn nach unten, alles schien aussichtslos. Er mußte es einfach schaffen. Ob er erstarrte oder ertrank – ohne Kajaks waren sie in jedem Fall verloren.

Hjalmar rannte unruhig auf dem Eis hin und her. Hilflos erlebte er den schlimmsten Moment der Reise. Er sah, wie Nansen sich immer weiter entfernte und seine Schwimmzüge zunehmend kraftloser wurden. Wie lange konnte er im eisigen Wasser überleben?

Dann endlich erreichte Nansen die Kajaks und versuchte, sich hochzuziehen, aber seine Kräfte ließen ihn im Stich. Er hing an der Seite und atmete durch. War dies das Ende?

Noch einmal mobilisierte er alle Kräfte, und schließlich gelang es ihm mit letzter Anstrengung, sich an Bord zu wälzen. Nansen griff sich sofort ein Ruder und begann zurückzupaddeln. Der Wind pfiff durch den dünnen und nassen Stoff, er zitterte am ganzen Körper. Aber die Bewegung ließ das Blut zirkulieren, und der Gedanke an trockene Kleidung und an den warmen Bärenfellschlafsack, den sie in der Hütte zusammengenäht hatten, verlieh ihm neue Energie.

Plötzlich entdeckte er zwei Alken, die vor dem Bug schwammen. Die würden gut zum Abendessen schmecken. Er nahm ein Gewehr und verpaßte ihnen eine Ladung Schrot. Nachdem er die beiden Vögel aus dem Wasser gefischt hatte, legte er an der Eiskante an, wo Hjalmar ihm an Land half.

»Wie geht es dir?« fragte dieser vorsichtig.

»Mir ist kalt«, stieß Nansen hervor.

Hjalmar half ihm aus den Kleidern und gab ihm trockene, zum Schluß sogar seine eigene Hose, damit Nansen sich wieder aufwärmen konnte. Dann packte er ihn in den Schlafsack und legte die Segel als Windschutz über ihn.

Nansen war bleich, er hatte Schaum im Mund und Schwierigkeiten zu sprechen. Doch in all der Wärme fiel er langsam in Schlaf.

Hjalmar rupfte die Alken und setzte den Topf auf. Da sie kein Zelt mehr hatten, baute er, während die Vögel kochten und Nansen schlief, eine Art Schneehaus, in dem sie übernachten konnten. Später lief er ohne Hose über das Eis und wartete darauf, daß Nansen wieder aufwachte. Wie gerne hätte er sich zu ihm in den Schlafsack gelegt, denn auch er war inzwischen völlig durchgefroren. Aber er wollte seinen Freund nicht aufwecken, der dringend ausschlafen mußte.

Schließlich öffnete Nansen wieder die Augen und streckte den Kopf hervor. Und als Hjalmar erneut fragte, wie es ihm gehe, sagte er, er fühle sich gut.

Dann saßen sie zusammen, verspeisten die Alken und sprachen darüber, wieviel Glück sie doch gehabt hatten.

Es wurde nicht darüber diskutiert, ob der Knoten um den Skistock sich gelöst hatte oder das Tau unter dem Gewicht der Kajaks gerissen war. Die Schuldfrage interessierte sie nicht.

20 »Johansen, wach auf, an Land höre ich Hundegebell.« Hjalmar döste noch im Schlafsack, als Nansen ihn aufweckte. Er sprang auf und lauschte. Er hörte das Geräusch Tausender Vögel, die in den Bergen nisteten, aber kein Hundegebell.

Zwei Tage lang hatten sie sich auf einer mit dem Land verbundenen Eisscholle aufgehalten und Nansens Kajak repariert, nachdem ein Walroß seine Hauer in das Boot geschlagen und das Segeltuch zerfetzt hatte. Gleich nach dem Frühstück wollten sie weitersegeln.

Hunde? Dann mußte es hier auch Menschen geben. Konnte das wahr sein?

Nansen sollte die Gegend auskundschaften. Er bat Hjalmar, ein Hemd am Kajakmast zu befestigen, damit er das Lager leichter wiederfinden konnte, das hinter einer Eisbarriere versteckt lag.

Währenddessen verstaute Hjalmar die Ausrüstungsgegenstände in den Kajaks. Er fuhr mit der Hand über die ausgebesserte Stelle. Der Koloß war blitzschnell mit seinen langen, spitzen Hauern emporgeschossen. Zum Glück hatten sie sich an der Eiskante bewegt und somit schnell an Land steigen können, ehe Nansens Kajak vollgelaufen war.

Hjalmar kletterte auf die Erhebung und lauschte. Außer den kreischenden Vögeln war nichts zu hören.

Vor dem Bau ihrer Winterhütte hatte Nansen von einer englischen Expedition gesprochen, die sich möglicherweise weiter südlich befand und die sie vielleicht treffen könnten. Doch dann waren sie vom Eis abgeschnitten worden und ließen die ohnehin vage Vermutung auf sich beruhen.

Doch still! Hörte er nicht doch ein Bellen? Ja, tatsächlich, und nicht nur von einem Hund, sondern von mehreren. Anhaltendes, lautes Kläffen scholl über das Eis. Also gab es hier tatsächlich Menschen!

Hjalmar drängte es, an Land zu laufen, aber er mußte in der Nähe der Kajaks bleiben. Er setzte sich auf den Hügel und kniff die Augen zusammen. Wieder hörte er das Hundegebell.

Plötzlich erspähte er eine Gestalt auf dem unebenen Eis. Zunächst dachte er, es sei Nansen, erkannte dann aber, daß der Mann keine Skier hatte.

Hjalmar rutschte den Hügel hinab, rannte zu den Kajaks und holte eine Flagge. Dem Mann mußte schließlich signalisiert werden, welche Nation hier noch unterwegs war.

Der Mann war seit drei Jahren der erste Unbekannte, den Hjalmar zu Gesicht bekam. Er trug ordentliche Kleidung, hatte ein sauberes Gesicht und schwenkte seinen Hut; Hjalmar riß sich die Mütze vom Kopf und winkte zurück. Dann stand der andere vor ihm und reichte ihm die Hand.

»*English?*«

Hjalmar schüttelte den Kopf und probierte es seinerseits mit Deutsch und Französisch, doch diesmal verstand der andere nichts. Sie versuchten, sich einige Fakten verständlich zu machen, bis der Fremde entgeistert die zusammengeflickten Kajaks, ihr Kochgeschirr und den bescheidenen Vorrat an Fleisch und Speck anstarrte.

Nach einer Weile tauchten weitere Männer auf. Einer von ihnen sprach Deutsch, und mit ihm als Übersetzer kam das Gespräch in Gang. Hjalmar erzählte in aller Kürze von der Drift mit der *Fram*, dem Vorstoß bis 86° 14' nördlicher Breite und ihrer Überwinterung in der Hütte.

Sie befanden sich bei Kap Flora, der südlichen Spitze von Franz-Josef-Land. Die Männer waren Teilnehmer einer britischen Expedition unter der Leitung von Frederick Jackson und hielten sich seit dem Sommer 1884 hier auf.

Eine Flasche wurde hervorgezaubert und Portwein ausgeschenkt. Mit den Mützen in der Hand riefen die Briten Hjalmar und seiner kleinen Flagge zu Ehren ein dreifaches Hurra.

Für die Männer bei Kap Flora war es ein ganz gewöhnlicher Tag gewesen, als der stellvertretende Expeditionsleiter Albert Armitage nach dem Abendessen in die Hütte stürzte und versicherte, er habe in südöstlicher Richtung einen Mann auf einer Eisscholle gesehen. Jackson wollte das nicht glauben und meinte, es könne sich nur um ein Walroß gehandelt haben. Doch als er das Fernglas zur Hand nahm, erkannte auch er unzweifelhaft einen Mann. Jackson nahm ein Gewehr und schoß in die Luft, um den Fremden auf sich aufmerksam zu machen. Danach rief er nach seinem Hund und ging dem Unbekannten entgegen.

Er traf auf einen Mann in zerschlissenen Kleidern, dessen Haare in Strähnen herabhingen. Von Kopf bis Fuß war er voller Ruß. Er bewegte sich auf Skiern, und Jackson glaubte zunächst, es handele sich um einen schiffbrüchigen norwegischen Robbenjäger, dem es irgendwie gelungen war, im Eis zu überleben.

Sie grüßten einander. Jackson wollte wissen, ob der Verirrte ein Schiff besaß. Nein, nicht hier, lautete die Antwort.

»Sind Sie allein?«

»Wir sind zu zweit. Ich habe einen Kameraden unten an der Eiskante.«

Jackson musterte den Mann, der vor ihm stand. Der unbeschreibliche Dreck machte es schwierig, die Gesichtszüge zu erkennen. Aber irgend etwas erinnerte ihn an ein Gesicht, das ihm bekannt war.

Dann fiel es ihm ein. Es war auf einer Zusammenkunft der *Royal Geographic Society* in London gewesen. Fridtjof Nansen hatte seine Strategie für die bevorstehende Nordpolexpedition erläutert. Mit seinen deutlichen Worten und seinem unverhohlenen Wagemut hatte er die Experten beeindruckt, die ihn jedoch später heftig attackierten. Jackson selbst hatte dagegen solches Vertrauen in das Projekt gewonnen, daß er Nansen nach Abschluß der Versammlung fragte, ob er ihn nicht mitnehmen

Dreckverschmiert und mit speckiger Kleidung nach fünfzehn Monaten im Eis. Hjalmar vor der Hütte von Frederick Jackson bei Kap Flora.

könne. Nansen hatte mit dem Argument, er sei kein Norweger, bedauernd abgelehnt. Jackson war es daraufhin gelungen, eine eigene Expedition auf die Beine zu stellen.

»Sie müssen Nansen sein«, brach es aus ihm heraus.

»Ja, ich bin Nansen.«

Jackson schüttelte seine Hand und sagte, wie unglaublich froh er sei, ihn zu sehen. Wie Nansen sich später erinnerte, gefiel ihm an dem Mann vor allem, daß er nach Seife roch.

Merkwürdigerweise waren sich Nansen und Johansen offenbar nicht über das wahre Ausmaß ihres Glücks im klaren, als sie das Hundegebell vernommen hatten. Nachdem Nansen Hjalmar mit der Nachricht, er habe vielleicht einen Hund gehört, geweckt hatte, waren sie noch eine Weile bei ihrer Fleischsuppe sitzen geblieben und hatten überlegt, um wen es sich handeln könnte.

»Möglicherweise sind es Norweger. Aber was machen wir, wenn es sich doch um die englische Expedition handelt, von der ich gesprochen habe?« fragte Nansen.

Hjalmar schenkte sich Suppe nach, die Nansen aus Alken und Fleischstücken eines Walrosses zubereitet hatte.

»Och, dann bleiben wir doch einfach für ein paar Tage bei ihnen«, antwortete Hjalmar. »Aber vielleicht sollten wir auch gleich nach Spitzbergen weiter; sonst, fürchte ich, wird es zu lange dauern, bis wir nach Hause kommen.«

Nansen gab ihm recht.

»Aber wir sollten uns auf jeden Fall ein bißchen guten Proviant sichern, bevor wir aufbrechen«, sagte er lächelnd.

Das erste, was ihnen an Land zu Ohren kam, war, daß Jackson im Laufe des Sommers sein Versorgungsschiff *Windward* erwartete. Er bot ihnen die Überfahrt nach Norwegen an, womit sie sich zunächst einverstanden erklärten. Sie erlagen der Versuchung von warmem Wasser und Seife, zivilisiertem Essen und weicher, wollener Kleidung. Außerdem waren sie überglücklich, mit anderen Menschen sprechen zu können.

Das beste von allem war, daß Jackson Post für sie hatte. Zitternd öffnete Nansen das versiegelte Metallkästchen, das dieser ihm überreichte.

Es enthielt zwei Jahre alte Briefe an ihn selbst und einige andere Besatzungsmitglieder der *Fram*. Für Hjalmar war keiner dabei. Er wandte sich ab, als Nansen seine Briefe öffnete.

Einem Brief seines Bruders konnte Nansen entnehmen, daß es Eva und seiner Tochter gut ging, aber es schmerzte ihn sehr, daß Eva nicht selbst geschrieben hatte.

Sie begannen, auf Jacksons Schiff zu warten. Während Hjalmar Englisch lernte, vertiefte sich Nansen in Meßergebnisse und Kartenskizzen. Der stellvertretende Expeditionsleiter Armitage war der neue Zimmergenosse und Lehrer von Hjalmar, der sie alle mit seinen raschen Fortschritten überraschte.

Jackson und seine Männer hatten sowohl im Jahr zuvor als auch im Frühling dieses Jahres Erkundungsfahrten mit den Schlitten unternommen und waren beide Male nur wenige Seemeilen von der Stelle entfernt gewesen, an der Nansen und Johansen überwintert hatten.

Beim Vergleich der Uhren sowie der Meßergebnisse von Nansen und Jackson stellte sich heraus, daß sich die Norweger nur um eine knappe halbe Stunde und sechs Längengrade geirrt hatten, was in diesen Breiten ungefähr fünfzig Kilometern entspricht. Nansen gewann endlich Klarheit über sein zusammengewürfeltes geographisches Bild und teilte Jackson mit, daß König-Oscar-Land und Petermann-Land seiner Ansicht nach nur auf Payers Karte existierten und nicht in der Wirklichkeit.

Während der Arbeit entstand zwischen ihnen eine Konkurrenzsituation. Jackson war voll des Lobes über Nansens Expedition, und insbesondere ließ er sich von dessen und Johansens Rekordleistung beeindrucken, so weit nach Norden vorgedrungen zu sein wie kein Mensch zuvor. Doch auch er war irritiert von Nansens herablassendem Ton, wenn es um die Verdienste anderer ging anstatt um seine eigenen.

Nansen profitierte von Jacksons Karte, war aber von dessen Ergebnissen weder als Forscher noch als Entdecker sonderlich beeindruckt. In dieser Hinsicht teilte er, vielleicht unwissentlich, die Meinung der übrigen Expeditionsteilnehmer, die Jackson für einen Einfaltspinsel hielten, der den Tischmanieren und der Bärenjagd ein größeres Interesse entgegenbrachte als wissenschaftlichen Untersuchungen.

Jackson hatte einige Wissenschaftler in seiner Mannschaft,

was Nansen die Gelegenheit verschaffte, vor einem ihm vertrauten Publikum mit seinem Kenntnisreichtum zu brillieren.

Dabei pflegte er jedoch einen Gestus, der Hjalmar peinlich war und beunruhigte. Wie Jackson registrierte dieser, mit welcher Herablassung sich Nansen über andere Arktisexpeditionen äußerte, und mit einem gewissen Mitleid dachte er an den österreichisch-ungarischen Polarforscher Julius von Payer, der damit rechnen mußte, daß ihm Nansen bei der Heimkehr seine geographischen Erkenntnisse um die Ohren schlug.

Nansen knöpfte sich auch die Leistung britischer Forscher vor. Als er eines Abends mit Jackson über arktische Expeditionen diskutierte, wandte er sich ungeniert gegen das Heimatland seiner Gastgeber. Er vertrat die Ansicht, die britischen Nordpolexpeditionen, denen es an wissenschaftlicher Kompetenz fehle, seien nur auf Rekorde aus – eine Beleidigung, gegen die Jackson sich heftig zur Wehr setzte. Doch Nansen bohrte weiter in der Wunde und behauptete, ihr Vorstoß bis 86° 14', auf den Jackson so neidisch sei, bedeute ihm gar nichts. Er und Johansen hätten die *Fram* niemals verlassen, wenn ihre Schlittenexpedition nicht wissenschaftlichen Zwecken gedient hätte.

Hjalmar betrübte vor allem die Erkenntnis, daß die Vertrautheit, die während der langen Überwinterung zwischen ihnen gewachsen war, Nansen schon nach vierzehn Tagen bei Kap Flora nicht mehr so viel bedeutete. Eines Tages machte er sich mit Pfeife, Tabak und Tagebuch auf den Weg in die hinter der Hütte aufragenden Berge, setzte sich auf eine Felskuppe mit Blick über das Meer und schrieb über Nansen und das Leben in Jacksons Hütte:

»Die Engländer beklagen sich über die Unfähigkeit und Herrschsucht ihres Chefs, die schlimmer sei als die eines russischen Zaren. Dazu äußere ich mich nicht, habe aber auch kein Interesse, von den Schattenseiten unseres Chefs zu berichten, mit dem niemand auf der *Fram* zurechtgekommen ist. Während unserer Zeit in der Winterhütte und auch danach war er ein anderer Mensch, umgänglich, nicht hochmütig, nicht egoistisch. Ich fühlte mich ebenbürtig. Jetzt ist erneut eine Wandlung mit ihm geschehen, jetzt, da er ... auf dem Trockenen sitzt, jetzt, da er sieht, daß die Engländer nichts ausrichten können, jetzt ist er wieder der große Mann ... der seine Behauptungen mit der ihm eigenen Unerschütterlichkeit vorträgt ... die von jenem überlegenen Lächeln begleitet wird, das wir alle an Bord der *Fram* so gut gekannt haben. Mit seiner Redegewandtheit ist er bei diesen Engländern ganz in seinem Element. Hier läßt er sich hinreichend bewundern, wenn er in gleichgültigem Ton von unseren Erlebnissen berichtet ... Ich frage mich, in welchem Licht er sich zeigt, wenn wir nach Hause kommen.«

In keiner anderen Passage von Hjalmars Tagebüchern über die Expedition mit Nansen kommt eine größere Verbitterung zum Ausdruck.

Die Zeit verstrich, und die *Windward* kam nicht. Es ging auf Mitte Juli zu. Nansen und Johansen wurden ungeduldig. Sie ärgerten sich darüber, nicht getan zu haben, was sie sich damals beim Frühstück auf der Eisscholle vorgenommen hatten, nachdem ihnen das Hundegebell aufgefallen war. Sie hätten sich in die Kajaks setzen und Kurs auf Spitzbergen nehmen sollen, dann wären sie schon bald zu Hause in Norwegen gewesen. Jetzt riskierten sie eine weitere Überwinterung, sollte es dem Schiff nicht gelingen, das Eis zu durchbrechen, das sich immer noch von Kap Flora aus in Richtung Süden erstreckte.

In vollem Ernst begannen sie zu diskutieren, ob sie nicht jetzt noch die Kajaks nehmen und sich auf den Weg machen sollten.

Schon frühzeitig hatte Jackson Nansen vor dem Versuch gewarnt, mit den kleinen, teilweise undichten Kajaks Spitzbergen erreichen zu wollen. Er fühlte sich als Retter von Nansen und

Johansen, die ihm die Vorsehung geschickt hatte und die er keinen neuen Gefahren ausgesetzt sehen wollte. Nachdem er die ganze Geschichte ihrer Reise kennengelernt hatte, wurde ihm bewußt, wieviel Glück sie bisher gehabt hatten, doch selbst ein Mann wie Nansen durfte sich schließlich nicht immer auf ein gütiges Schicksal verlassen.

Nansen und Johansen hatten seit dem Verlassen der *Fram* in der Tat ein unglaubliches Glück gehabt. Als sie am meisten hungerten, war die große Robbe aufgetaucht. Und nach dem Verlassen des »Lagers der Sehnsucht« hatte nicht viel gefehlt, und ein Eisbär hätte Hjalmar den Garaus gemacht.

Daß sie auf die kleinen Inseln gestoßen waren, die Nansen Hvidtenland nannte, war in Anbetracht der falschen Karten und der stehengebliebenen Uhren ebenfalls ein Produkt des Zufalls gewesen. Die unberechenbare Meeresströmung hätte sie leicht östlich oder westlich an den zu Franz-Josef-Land gehörenden Inseln vorbeitreiben können. Und die Vorsehung hatte es einmal mehr gut mit ihnen gemeint, als sie ihnen einen Platz zur Überwinterung anbot, an dem sie so viele Eisbären und Walrosse wie nötig erlegen konnten.

Der Tod hatte ihnen erneut aufgelauert, als die Kajaks abgetrieben waren und Nansen hinterhergesprungen war.

Doch am meisten Glück hatten sie merkwürdigerweise gehabt, als das Walroß Nansens Kajak aufschlitzte. Denn obwohl sie mit den Paddeln nach dem Monstrum schlugen und es mit zahllosen Flüchen bedachten, rettete es den beiden doch letztlich das Leben. Denn hätte das Tier nicht angegriffen, wären sie nicht zu einer Pause gezwungen worden, um das Boot zu reparieren, und hätten somit auch nicht Jacksons Hunde bellen hören. Und selbst das war ein Zufall gewesen. Jacksons Basislager lag mehrere Kilometer entfernt, und daß Nansen das Hundegebell überhaupt gehört hatte, lag an den ungewöhnlich günstigen Windverhältnissen an diesem Morgen.

Frisch gewaschen und in neuen geliehenen Kleidern. Hjalmar ist wohlgenährt. Nansen und er nahmen durch das fette Eisbärenfleisch mehrere Kilo zu, während sie in der Steinhütte überwinterten.

Weder Nansen noch Johansen sahen indes der Wahrheit ins Gesicht. Jackson hatte ihnen, freundlich genug, Essen und Seife angeboten; daß er sie jedoch gerettet hatte, wollten sie nicht akzeptieren. Sie zweifelten nicht daran, daß es ihnen gelungen wäre, Spitzbergen mit den Kajaks zu erreichen. Im Jahr 1896 wußten allerdings weder sie noch andere, daß diese gut einhundertfünfzig Kilometer lange Distanz über das offene Meer führte.

Jacksons Bedenken gründeten sich nicht nur auf den Zustand der Kajaks. Als er sich eines Tages mit Nansen zur Jagd in den Bergen befand, bemerkte er, wie kurzatmig und erschöpft der

Doktor war. Außerdem war er korpulent geworden und wirkte anämisch. Die Bärendiät in der Steinhütte hatte ihn einige Kilogramm zunehmen lassen.

Auch Hjalmar hatte an Gewicht zugelegt, schien aber Jackson zufolge in weitaus besserer Verfassung zu sein. Er beschrieb ihn als gedrungenen und muskulösen kleinen Kerl, der, nachdem er sich all den Ruß und das Fett abgewaschen hatte, so aussah, als sei er gerade von einem Segeltörn zurück.

Jackson erklärte sich ihre physische Verfassung im übrigen mit der unterschiedlichen psychischen Belastung, denn Nansen habe als Expeditionsleiter die volle Last der Verantwortung und der Komplikationen tragen müssen, von der Johansen als gewöhnliches Mitglied der Mannschaft nach britischem Verständnis befreit war.

Während des Jagdausflugs hatte Nansen in groben Zügen die Pläne für seine Südpolexpedition dargelegt und seine Überzeugung zum Ausdruck gebracht, diese werde bedeutend einfacher werden als die Reise zum Nordpol, auf der man so viele Hindernisse überwinden müsse. Er versicherte seinem aufmerksamen Kollegen, daß er sich *niemals* wieder mit dem zerklüfteten Eis des Nordpolarmeeres abmühen werde.

Tatsächlich begrub er auch seine Pläne für eine Überfahrt nach Spitzbergen. Allerdings lag es weder an Jacksons Warnungen noch an ihrer Einsicht in die generelle Unmöglichkeit des Unterfangens, daß sich Nansen und Johansen am Ende dafür entschieden, auf das Schiff zu warten. Sie taten es, weil der Sommer bereits zu weit fortgeschritten war und sie damit möglicherweise keinem Walfänger in der Hinlopenstraße oder anderswo mehr begegnet wären.

Nansen hatte ungefähr einen Monat für die Segeltour veranschlagt, mögliche Komplikationen mit eingerechnet. Dann wäre es Ende September. Zu dieser Zeit traten die Fangschiffe gerade den Heimweg an. Die Alternative wäre dann die erneute

Das englische Schiff *Windward* nahm Nansen und Johansen von Franz-Josef-Land bis nach Vardø mit. An Bord schrieb Hjalmar einen Brief, der offenbarte, daß er sich schon wieder in die Arktis zurücksehnte. Nansen schwor, diese Gegend niemals wiedersehen zu wollen. In der Mitte steht Schiffskapitän Brown.

Überwinterung in einer Hütte gewesen, was sie unter allen Umständen vermeiden wollten.

Die *Windward* kam am frühen Morgen des 26. Juli. Zwölf Tage später standen Nansen und Johansen an Deck und winkten Jackson zum Abschied zu, der ein weiteres Jahr bei Kap Flora verbringen wollte.

Hjalmar rang mit widerstreitenden Gefühlen. In der letzten Zeit an Land hatte er mehr und mehr an Hilda denken müssen, und seine Empfindungen bewegten sich zwischen Hoffen und

Bangen. Auf seiner kleinen Felskuppe sitzend, hatte er eines Morgens notiert:

»Und bist du, meine Einzige, noch dieselbe wie früher? Bist du ungebunden? Ich kann mir nichts anderes vorstellen, du mußt ungebunden sein ... Aber ich war nicht fähig, dich zu erobern, als ich zu Hause war. Ich habe versagt, als es darum ging, mir eine Stellung zu verschaffen, mit der ich dich hätte erobern können ... Dafür bin ich immer blind gewesen, so nachlässig wie ich zu Hause war ... Aber jetzt sind neue Zeiten angebrochen!«

Unter den Mannschaftsmitgliedern befanden sich auch einige Norweger. Sie berichteten, daß zwischen Norwegen und Schweden Krieg ausgebrochen sei und Rußland einen neuen Zar habe. Außerdem seien sogenannte Röntgenstrahlen entdeckt worden, mit denen man durch Leute hindurchsehen könne.

Sie überbrachten darüber hinaus die sonderbare Nachricht, daß die *Fram* vom Packeis zerquetscht worden sei, Nansen und seine Leute sich aber wohlbehalten auf die Neusibirischen Inseln hätten retten können, nachdem sie vorher den Nordpol erreicht hätten.

Hjalmar nutzte die Tage an Bord auch zum Schreiben eines Briefes, nicht an Hilda, denn das wagte er nicht, sondern an seine alte Mutter in Venstøp.

Er betrachtete es immer noch als Auszeichnung, daß Nansen ihn als Gefährten für die Schlittenexpedition ausgewählt hatte. »Und so versteht es sich von selbst, liebe Mutter, daß Nansen und ich nach unserer Reise per du und gute Freunde geworden sind.«

Einen weiteren Brief schrieb er an seinen alten Freund Samuel Jørgensen:

»Was mich betrifft, habe ich Aussicht auf eine schöne Lebensstellung, eine gewisse Geldsumme habe ich mir verdient ... Ich gehe davon aus, daß mir zu Hause Ruhm zuteil wird, was mich sicherlich bewegen wird.«

Die Beklommenheit und Nervosität, mit der er sich seinem Heimatland näherte, behielt er für sich. Für einen Moment schien es fast so, als hätte er Lust, wieder umzudrehen, denn am 11. August, ein paar Tage vor dem geplanten Anlegen der *Windward* in Vardø, machte er folgende letzte Eintragung in sein Reisetagebuch:

»Wenn ich daran denke, wie herrlich ich es mir einst vorgestellt habe, dem Eis und allen Strapazen Lebewohl zu sagen, und diese Vorstellung jetzt mit der Wirklichkeit vergleiche, muß ich feststellen, daß diese doch nicht so strahlend ist, wie sie mir während unseres entbehrungsreichen Daseins vor Augen stand.«

Eine Ahnung dieser ambivalenten Gefühle vermittelte er jedoch auch Samuel:

»Ich habe auf dieser Tour sehr gelitten, doch schön war sie trotzdem – und weißt du was? –, ich will wieder los.«

Am Nachmittag des 13. August legte die *Windward* in Vardø an. Hjalmar hatte den Pullover angezogen, den er aus der Wolldecke in der Hütte auf Franz-Josef-Land angefertigt hatte.

FÜNFTER TEIL

NIEDERLAGE

21 Hilda Øvrum befand sich im Salon, als der Portier die Nachricht überbrachte, sie werde am Telefon verlangt. Die Gäste hatten zu Abend gegessen, die Bedienung servierte Kaffee und Gebäck. Sie sah den Portier an. Telefon? Wie merkwürdig.

Ein paar Tage zuvor hatte sie sich in einem Hotel in Tuddal, tief in der norwegischen Provinz Telemark, eingemietet. Sie hatte eine anstrengende Zeit hinter sich und benötigte ein wenig Ruhe. Sie hatte eine Stellung als Telegrafistin in Skien angetreten; manchmal schien die Anzahl der Telegramme, die erledigt werden mußten, einfach kein Ende zu nehmen. Nach Bergen und Trondheim, ja, manchmal sogar bis in die nördliche Provinz Finnmark wurden sie weitergeleitet, ganz zu schweigen von den Angeboten der Geschäftsleute, deren Wortlaut auf deutsch oder englisch ins Ausland übermittelt wurde. Doch es waren andere Pflichten und Gedanken, die sie mehr bedrückten.

Die Eltern begannen alt zu werden, der Vater hatte soeben seinen 70. Geburtstag gefeiert, und Hilda mußte sich jetzt mehr um sie kümmern.

Die alte Maren in Venstøp hatte es auch nicht leicht. Immer öfter mußte sie an ihren Sohn denken, der mit Nansen unterwegs war und von dem sie seitdem nie etwas gehört hatte. Hilda tröstete sie, so gut es ging. Hjalmar ist stark, pflegte sie zu sagen, du kannst vollkommen sicher sein, daß er nach Hause zurückkehrt. Aber Maren war untröstlich. Ein Jahr nach Hjalmars Abreise hatte sie ihre älteste Tochter verloren. Tilla war nicht einmal dreißig Jahre alt geworden.

Ja, Hilda hatte auch viele Besuche in Venstøp absolvieren müssen. Sie selbst wurde langsam unruhig. Mehr als drei Jahre waren vergangen, und immer noch kein Lebenszeichen. Zwar hatte er gesagt, es könne vier oder fünf Jahre dauern, aber ...

Sie hatten einander nichts versprochen. Sie hatte ihm nicht versichert, daß sie warten werde, und er hatte sie nicht darum gebeten. Vielleicht hatte er sich nicht getraut. Hjalmar war schüchtern. Das war eine der Eigenschaften, die sie an ihm am meisten schätzte. Angeber hatte sie in den letzten Jahren genug kennengelernt, und viele hatten versucht, sich bei ihr einzuschmeicheln.

Sie selbst hatte ihm nach Tromsø geschrieben, daß er frei sei. Sie erinnerte sich, etwas von einer Übergangszeit erwähnt zu haben, aber die galt wohl für sie beide. Doch wenn sie auch frei und ungebunden lebten und an die Zukunft dachten, so hatten sie doch ihre Verbindung nicht gelöst.

Vielleicht wollte er, daß sie sich frei fühlte. Er wußte schließlich nicht, ob er zurückkehren würde, und hatte nicht verheimlicht, daß die Expedition voller Gefahren steckte, wenngleich er Nansen und der *Fram* vollkommen vertraute. Das Schiff sei unsinkbar.

Im übrigen hatte sie bemerkt, daß sich Colin Archer unter den Hotelgästen befand. Manchmal sah sie ihn mit seinem weißen Vollbart in eine Schachpartie vertieft dasitzen. Seinen Mitspieler erkannte sie auch, den Parlamentsabgeordneten Gunnar Knudsen aus Telemark. Er war mehrere Jahre lang Bürgermeister der Gemeinde Gjerpen gewesen, zu der auch Venstøp gehörte.

Sie erhob sich und ging an die Rezeption. Man reichte ihr das Telefon.

»Hilda, bist du's?«

Sofort erkannte sie die Stimme. Es war Maren. Sie klang erregt und sprach ohne Zusammenhang.

»Er ist wiedergekommen.«

Hilda wurde von einer warmen Welle durchflutet.

»Was meinst du? Ist Hjalmar wiedergekommen?«

»Sie sind in Vardø eingetroffen, gestern nachmittag. Er und Nansen. Er hat ein Telegramm geschickt.«

Hilda legte auf. Sie lehnte sich benommen gegen den Tresen und nahm ein Schnupftuch aus der Handtasche. Der Mann an der Rezeption fragte, ob alles in Ordnung sei, und sie antwortete, fast überschwenglich, ja, danke, alles sei bestens.

Plötzlich erblickte sie die Herren am Schachbrett. Sie trocknete sich die Tränen ab, puderte Nase und Wangen. Zögernd trat sie an den Tisch.

»Entschuldigen Sie ...«

Die Männer hoben die Köpfe und sahen sie an. Archer hatte die schwarzen Figuren und war am Zug.

Sie stellte sich vor und sagte, sie habe soeben erfahren, daß am gestrigen Tag Fridtjof Nansen und Hjalmar Johansen in Vardø an Land gegangen seien. Sie seien mit einem englischen Schiff gekommen.

Die Meldung von Nansens und Johansens Rückkehr verbreitete sich wie ein Lauffeuer in der alten Festungsstadt Christians IV. Schon während die beiden auf dem Telegrafenamt waren, machte die Neuigkeit in Windeseile die Runde durch Straßen und Bootshäuser. Im Nu war die ganze Stadt auf den Beinen. Als Nansen und Johansen ihr Hotel erreichten, hatte die Musikkapelle »Nordpol« bereits Aufstellung genommen und spielte die norwegische Hymne.

In Norwegen hatte niemand etwas von der *Fram* gesehen oder gehört. Die beiden atmeten auf; es bestand also kein Grund, sich unnötig Sorgen zu machen. Um die Angehörigen der Besatzungsmitglieder und den Rest des Landes zu beruhigen, schickte Nansen ein Telegramm an Staatsminister Francis Hagerup, in dem er mit wenigen Worten mitteilte, daß die Expedition ihr Ziel erreicht habe, daß er und Leutnant Johansen nach

Vardø zurückgekehrt seien, nachdem sie zuvor bis 86° 14' und nach Franz-Josef-Land vorgestoßen waren. Die *Fram* erwarte er »noch in diesem Jahr« zurück.

Die *Windward* segelte bald weiter, und nur wenige Tage darauf nahmen Nansen und Johansen das Postschiff nach Hammerfest. Auf den Landungsbrücken wimmelte es von Leuten, die begeistert Hurra riefen, als sie in die Hafeneinfahrt einbogen. Die Vertreter der Stadt hatten sich herausgeputzt und ließen die Champagnerkorken knallen. Die modernen Wikinger waren von ihrer Fahrt nach Hause zurückgekehrt.

Nansen konnte sich endlich über ein Wiedersehen mit Eva freuen. Widerstrebend hatte auch sie sich auf die lange Reise von Kristiania in Richtung Norden begeben.

Aber auch hier gab es keine Nachricht von der *Fram*, was die Freude zusehends beeinträchtigte. Hjalmar selbst konnte nicht wirklich glücklich sein, »solange ihr Schicksal unbekannt war«. Auch Nansen begann nervös zu werden; mit Grauen dachte er an Herbst, Winter und den nächsten Sommer, sollten sie nicht bald zurückkommen.

In gewissen Kreisen des Landes meldeten sich die ersten Kritiker zu Wort. Daß Nansen und Johansen wohlbehalten nach Hause zurückgekehrt waren, sei ja schön und gut, aber daß sie allein gekommen waren? Hatte Nansen seine Männer im Stich gelassen, als er mit Hunden und Schlitten in Richtung Norden aufgebrochen war?

Weder Nansen noch Johansen fürchteten im Grunde, das Packeis könnte die *Fram* zerquetscht haben. Sie hatten selbst erlebt, wie das Schiff auch dem größten Druck widerstanden hatte, und vertrauten auf seine Robustheit. Doch abgesehen von der öffentlichen Meinung und den Stellungnahmen der Presse – was geschah, wenn die *Fram* auch in diesem Jahr nicht loskäme und die Kameraden ihrer vierten Polarnacht entgegensähen?

Am Morgen des 20. August kam schließlich die ersehnte Meldung. Der Chef des Telegrafenamts der Stadt überreichte Nansen persönlich das Telegramm:

»Skjervøy, 20. August, 9 Uhr morgens. Dr. Nansen. *Fram* heute hier angekommen. An Bord alles in Ordnung. Sofortige Weiterfahrt nach Tromsø. Willkommen zu Hause. Otto Sverdrup.«

»Die *Fram* ist angekommen«, war das einzige, was er hervorbrachte. Die Erleichterung raubte ihm fast den Atem.

Sie fuhren nach Tromsø.

Hjalmar zitterte, als er die *Fram* erblickte. Es wurde ein herzliches Wiedersehen mit den alten Kameraden. Und was für ein Zufall: Nach siebzehnmonatiger Trennung waren sie alle innerhalb einer Woche in ihre Heimat zurückgekehrt.

Auf ihrer Drift hatte die *Fram* 86° nördlicher Breite erreicht und war nur wenige Seemeilen von der Stelle entfernt gewesen, an der Nansen und Johansen umgekehrt waren. Am 13. August waren sie unmittelbar nördlich von Spitzbergen vom Eis freigegeben worden, am selben Tag, an dem Nansen und Johansen Vardø erreicht hatten.

Als der dichte Nebel plötzlich aufgerissen war, hatten sie an Backbord vor dem Bug ein Segelschiff erblickt und waren daraufzugesegelt. An der Flagge erkannte Sverdrup, daß es sich um die Galeasse *Søstrene* aus Tromsø handelte.

Ob Nansen und Johansen zurückgekommen seien, war das einzige, was Sverdrup wissen wollte. Er hatte die Kanonen bereitgemacht, falls die Antwort positiv ausfiel.

Aber die Antwort von Botolfsen, dem Kapitän des Schiffes, enttäuschte alle. Als man einige Wochen zuvor von Tromsø abgelegt habe, habe es keine Nachrichten gegeben, weder von Nansen noch von der *Fram*.

Botolfsen berichtete allerdings auch, es befinde sich eine schwedische Expedition auf Danskøya, nordwestlich von Spitzbergen. Vielleicht könne sie Auskunft geben.

Doch auch die Schweden hatten nichts von Nansen gehört. Sie wußten hingegen von Jacksons Expedition nach Franz-Josef-Land.

In gedrückter Stimmung steuerte die *Fram* auf Tromsø zu. Sie waren sich so sicher gewesen, daß Nansen und Johansen schon ein Jahr zuvor nach Hause zurückgekehrt waren. Jetzt sah es so aus, als würden sie die ersten sein.

Sverdrup berief im Salon eine Versammlung ein.

»Es beunruhigt uns alle, daß niemand etwas von unseren Kameraden gehört hat«, begann er. »Dennoch glaube ich nicht, daß wir uns Sorgen zu machen brauchen. Die Engländer haben sich zwei Jahre lang auf Franz-Josef-Land aufgehalten, und ich halte es für wahrscheinlich, daß Nansen und Johansen ihnen begegnet sind.«

Er blickte in die Gesichter, die um den Tisch versammelt waren – bärtig und müde nach dreijähriger Einsamkeit, voller Verlangen, nach Hause zu kommen.

»Aber«, fuhr Sverdrup mit tieferer Stimme fort, »wenn auch in Tromsø niemand über den Verbleib Nansens und Johansens Auskunft geben kann, ist unsere Aufgabe klar. Wir haben immer noch eine Menge Proviant an Bord; das einzige, was wir brauchen, ist Kohle für die Maschine. Sobald wir geladen haben, stechen wir mit Kurs auf Franz-Josef-Land wieder in See. Dort hoffen wir unsere Kameraden zu finden.«

Niemand widersprach dem Kapitän.

Nansen, Eva und Johansen waren mit einer Luxusjacht namens *Otaria* von Hammerfest nach Tromsø gesegelt. Sie hatten freudig eingewilligt, als ihr Eigentümer, ein englischer Bekannter Nansens, ihnen einen Platz auf seinem Schiff anbot. Vor der Abreise aus Tromsø hatte Hjalmar das Porzellan und die Samtkissen der *Otaria* wieder gegen die altbekannten Rentierfelle und Blechbecher auf der *Fram* eintauschen müssen. Nansen blieb schon deshalb an Bord der Jacht, die bis nach Trondheim mitsegeln sollte, weil Eva den »Schweinestall«, den sie auf dem Schiff ihres Mannes vorgefunden hatte, nicht ertrug.

Hjalmar hatte nichts dagegen, seine alten Kameraden zu begleiten, fühlte sich aber von seinem Duzfreund, dessen Schicksal er anderthalb Jahre geteilt hatte, beiseite geschoben. Auf der *Otaria* war Nansen wieder unter seinesgleichen, wie schon bei Jacksons Expedition bei Kap Flora, und in diesen Kreisen hatte Hjalmar nichts verloren. Bei der Begegnung mit der Zivilisation mußte der frischgebackene Held des Eises erneut die menschlichen Rituale zur Kenntnis nehmen, die zwischen der Nummer eins und der Nummer zwei eine klare Grenze ziehen.

Die Fahrt entlang der norwegischen Küste wurde von einem Jubelsturm begleitet, wie ihn die Bevölkerung in den Städten und auf den Schären nie zuvor erlebt hatte. Überall wurden Taschentücher geschwenkt; die Honoratioren standen Spalier. Am 8. September erreichte das Schiff Tolderodden, wo Colin Archer auf der Brücke stand, um sein hart geprüftes Schiff willkommen zu heißen.

Eine Delegation aus Skien, die auf dem Küstenschiff *Norsjø* die Felsenriffe bei Rakke umsegelt hatte, stand ebenfalls zum Empfang bereit. Hjalmar warf sich seiner Mutter in die Arme. Sie strahlte vor Glück und drückte ihren Sohn an sich.

»Laß dich ansehen, mein lieber Junge. Du hast dich ja überhaupt nicht verändert!«

»Aber doch«, lachte Nansen, der ebenfalls an Bord der *Norsjø* gekommen war, um Frau Johansen zu begrüßen. »Sie sehen doch wohl, daß er ordentlich zugenommen hat. Ich darf Ihnen gratulieren, daß Sie Ihren Sohn wohlbehalten zurückbekommen haben.«

»Danke, tausend Dank, daß Sie ihn zurückgebracht haben, Herr Dr. Nansen.«

»Sie haben einen prächtigen Jungen, den prächtigsten, den

ich jemals kennengelernt habe. Gäbe es nur viele von dieser Sorte!«

Ein einstimmiges Hurra ertönte vom Deck der *Norsjø*. Champagner wurde ausgeschenkt, und Hjalmar mußte berichten. Er erzählte von Kälte und Eis, der großen Robbe, dem Eisbären und dem Leben in der Hütte. Außerdem erzählte er, daß er auf dem Heimweg keinen Schlaf auf der *Fram* gefunden habe, weil ihm zu warm gewesen sei. Er sei an Deck gegangen und habe sich in eines der offenen Rettungsboote gelegt.

Plötzlich hielt er inne. Die entbehrungsreiche Zeit war erst vor kurzem zu Ende gegangen, doch während er von ihr erzählte, verspürte er eine Sehnsucht. Die Stille währte einige lange Sekunden, und die Anwesenden glaubten einen merkwürdigen Unterton in Hjalmars Stimme zu hören, als dieser endlich sagte: »Ich glaube, das Leben im Eis hat mich abhängig gemacht.«

Seine Mutter sah ihn erschrocken an.

»Aber Hjalmar, was sagst du denn da?«

Er besann sich und umarmte seine Mutter. »Du hast wohl meine alten Eschenskier versteckt?«

»Auf die habe ich gut aufgepaßt, das kannst du mir glauben.«

Während der Champagner erneut die Runde machte, erklärte Hjalmar den anwesenden Oddern, daß er am Mittwoch der folgenden Woche nach Skien kommen werde.

Kristiania bereitete ihnen einen wahrhaft königlichen Empfang mit Triumphbogen, Ehrenspalieren, Kanonendonner von der Akershus-Festung und einem Festessen im Schloß auf Einladung König Oscars II. Bei Piperviken beobachtete die Menge, wie die *Fram* unterhalb der Festung ankerte, bevor Nansen und seine Leute über das Fallreep in die wartenden Boote stiegen, die sie zu der neuen Ehrenbrücke ruderten. Im Fjord hatten Tausende von Segel- und Ruderbooten die *Fram* auf der letzten Viertelmeile ihrer langen Reise begleitet.

Kristiania: Die Besatzungsmitglieder der *Fram* warten vor der Universität darauf, daß ihnen der Kinderzug die Ehre erweist. Nansen in der Mitte, Hjalmar als vierter von rechts.

Das Volksfest hinterließ bei Hjalmar einen unauslöschlichen Eindruck. Er hatte gehofft und geglaubt, der Ruhm werde auch ihm zuteil werden, doch das, was jetzt geschah, übertraf alle Erwartungen. Hjalmar spielte an der Seite von Nansen und Sverdrup die Hauptrolle. Er wußte kaum, wohin er schauen sollte, als er gemeinsam mit seinen Gefährten an Land stieg und ein gewaltiger Chor »Lobet den Herren, den mächtigen König der Ehren« intonierte. Sowohl der Chor als auch die Menschenmenge stimmten danach weitere Lieder an, etwa »Ein feste Burg ist unser Gott« und natürlich die norwegische Hymne »Ja, wir lieben dieses Land«, die auch bei jedem Zwischenstopp an Land erklungen war, doch Hjalmar erinnerte sich später vor allem an »Lobet den Herren«.

Daraufhin bestiegen die Besatzungsmitglieder offene Pferdekutschen, um sich auf dem Weg zum Schloß von weiteren Menschenmassen bejubeln zu lassen. So viele Leute hatten sich vermutlich nie zuvor in den Straßen Kristianias zusammengefunden. An der Einfahrt zur Rosenkrantzgate hatten Turner ein »lebendes Portal« gebildet. Hjalmar war voller Stolz über die Disziplin, die er selbst betrieben und die ihn so entscheidend befähigt hatte, die Herausforderungen der Arktis zu bewältigen.

Vor der Universität entrichteten die Studenten ihren Gruß, ehe der feierliche Zug die letzte Steigung in Angriff nahm, die durch den kleinen Park zum Schloß hinaufführte, wo der aus Stockholm angereiste König die frischgebackenen Nationalhelden des untergebenen Landes schon seit mehreren Tagen erwartete.

Die heftig geführte Auseinandersetzung um die politische Union machte die Angelegenheit für den schwedisch-norwegischen Monarchen sehr delikat. Für die Norweger war es von größter Bedeutung, daß er nicht versuchte, ihnen die Ehre streitig zu machen. So hatte er sich einverstanden erklärt, die feierliche Begebenheit als eine *norwegische* herauszustellen. Bei seiner Tischrede, unter deren Zuhörern sich zahlreiche Vertreter sowohl der Regierung als auch des Parlaments befanden, äußerte er, daß man sich dieser Ruhmestat erinnern werde, »solange das Dovre-Gebirgsmassiv existierte«, womit er auf den Schwur anspielte, den die Abgeordneten in Eidsvoll nach Verabschiedung der norwegischen Verfassung 1814 abgelegt hatten.

Danach wurden die Teilnehmer der Nordpolexpedition dekoriert, und zwar nicht ihren Verdiensten, sondern ihrem Stellenwert in der Gesellschaft entsprechend. Nansen empfing das Großkreuz des St. Olavs-Ordens, während Sverdrup und der Schiffskonstrukteur Archer zu Kapitänen zur See ernannt wurden. Oberleutnant Scott-Hansen und der Arzt Blessing wurden zu Rittern Erster Klasse geschlagen.

Den gewöhnlichen Wasserträgern der Expedition blieb die Aura des Proletarischen erhalten, obwohl der König betonte, daß »diesen beherzten Männern« dieselbe Ehre gebühre – sie mußten sich mit der neuen Fram-Medaille in Silber begnügen, die im übrigen jeder Teilnehmer erhielt.

Seine Majestät machte beim Heizer Hjalmar Johansen allerdings eine Ausnahme. Als Dank für dessen Einsatz an Nansens Seite wurde auch er zum Ritter Erster Klasse geschlagen.

Die Hauptstadt veranstaltete zu Ehren der Polarhelden eine mehrtägige Feier auf dem Festplatz, die am 13. September ihren Abschluß fand. Der Volkstribun der Nation, der Dichter Bjørnstjerne Bjørnson, nannte das Nordpolarmeer den alten »Scheitel« Norwegens, und obgleich Nansen und seine Männer den Pol selbst nicht erreicht hätten, habe die Expedition doch erwiesen, daß der Weg dorthin nur mehr eine »Hundefrage« sei.

Hjalmar ließ den Blick über die Menschenmenge schweifen und wußte, daß mehr dazugehörte als eine ausreichende Anzahl an Hunden.

Er hatte in seinem Tagebuch einige unangenehme Charakterzüge Nansens geschildert, dessen Trägheit, Egozentrik und die fehlende Sensibilität den Hunden gegenüber; doch diese Notizen waren nicht für die Augen anderer bestimmt. Trotz der Bitterkeit, die er empfand, entschloß er sich, zu niemandem schlecht von Nansen zu sprechen. Diese Loyalität gegenüber Nansen sollte er auch nach Beendigung der Expedition bewahren.

Jetzt war er zu Hause, die Einsamkeit im ewigen Eis mochte herrschen, wie sie wollte. Aber, dachte er, während der Jubel zu Bjørnson emporbrandete, wenn er auch nicht den Pol erreicht hatte, so war er doch einer der dreizehn Menschen gewesen, die sich nicht um die angebliche Uneinnehmbarkeit des Eises gekümmert, sondern ihren Fuß in bisher unbekannte Gegenden gesetzt hatten.

Hjalmar Johansen kam am 16. September nach Skien. Das Empfangskomitee begrüßte ihn an der Bahnstation in Porsgrunn.

»Hjalmar ist unser« verkündet der Triumphbogen, der Hjalmar in seiner Heimatstadt Skien willkommen heißt.

Von dort aus legte er das letzte Stück des Skienflusses auf dem Dampfschiff *Inland* zurück. Von der Kommandobrücke aus sah er Scharen von Menschen zu beiden Seiten des Ufers, auf den Höfen hatten die Bauern die Fahne gehißt.

Noch vor allen anderen erblickte er *sie*. In einem hübschen Kleid und mit schräg sitzendem Hut stand Hilda auf der Tollbudbrücke und hatte einen großen Strauß Rosen mit Bändern in den norwegischen Farben im Arm.

Eine Musikkapelle spielte auf, ein Chor stimmte mit ein. Er ging die Landebrücke hinab, Hilda verneigte sich tief und hieß ihn daheim willkommen.

Ein von der Stadt geschmückter Triumphbogen trug die Aufschrift »Hjalmar ist unser«.

22 Die ersten Jahre nach der Expedition verliefen für Hjalmar zufriedenstellend. Die meisten Träume, die er in der Steinhütte auf Franz-Josef-Land gehegt hatte, gingen in Erfüllung. Er heiratete Hilda und bekam die erhoffte »sichere Lebensstellung«. Die Regierung ernannte ihn zum Hauptmann des Heeres.

Ihm war warm ums Herz geworden, als ihm Nansen ein Jahr nach ihrer Rückkehr seinen Bericht »Über das Nordpolarmeer« verehrte und einen Begleitbrief in Form einer Widmung hinzufügte:

»Für Hjalmar Johansen. Ich finde keine Worte für das, was ich so gern sagen würde, indem ich Dir mit diesem Buch für Deine zuverlässige Arbeit danke, dafür, daß Du mich auf der Wanderung durch das Eis begleitet und allen Strapazen zum Trotz so unerschütterlich durchgehalten hast – auch für das lange Jahr in der Hütte. Du warst ein guter Kamerad.

Doch nicht zuletzt möchte ich Dir für deine treue Freundschaft danken. Ich glaube, auch wenn wir einmal alt und grau sind, werden wir uns mit Freuden an die Zeit unserer gemeinsamen Reise erinnern, allein in der großen Einsamkeit, einsamer, als je ein Mensch gewesen ist. Dein stets ergebener Freund. Fridtjof Nansen.«

Hjalmar hob Briefe normalerweise nicht auf. Diesen jedoch bewahrte er.

Hjalmar und Hilda verlobten sich während einer Reise nach Kopenhagen im Jahr 1897. Die Königlich-Geographische Gesellschaft gab zu Ehren des berühmten Hjalmar Johansen und seiner zukünftigen Frau einen kleinen Empfang. Jeder von ihnen erhielt einen Silberteller, in den ein Bild der *Fram* eingraviert war. Die Positionslichter des Schiffes bestanden aus einem roten Rubin und einem grünen Smaragd.

Die Hochzeit fand im August des folgenden Jahres in der

Frühjahr 1897: Hjalmar Johansen (29) verlobte sich mit Hilda Øvrum (28) in Kopenhagen, ein halbes Jahr nach seiner Rückkehr von der Expedition ins Nordpolarmeer. Seit dem Ende ihrer Schulzeit waren sie ein Paar gewesen.

Kirche von Skien statt. Peder Rasmussen Øvrum und seine Frau Karin waren begeistert. Einen ansehnlicheren und freundlicheren Mann als Hjalmar hätte ihre Tochter gar nicht bekommen können. Ein Jahr später brachte Hilda ihren ersten Sohn zur Welt, den sie auf den Namen Trygve tauften. In gut einjährigen Abständen folgten Hjalmar jr., Margit und Per.

Nach dem Triumphzug von Kristiania hatten sich gewisse Kreise innerhalb des Heeres dafür eingesetzt, Hjalmar als Belohnung für seine Verdienste im Packeis eine Stellung als festbesoldeter Offizier zu verschaffen, und einige Monate nach der Hochzeit ernannte ihn die Regierung zum Oberleutnant. Sein

Dienstantritt wurde auf 1894 zurückdatiert, das Jahr, in dem er die Militärschule abgeschlossen hätte, wenn er damals weitergemacht hätte.

Vielleicht erinnerte sich König Oscar II. daran, daß er Hjalmar Johansen zwei Jahre zuvor den St. Olavs-Orden um den Hals gehängt hatte, als er die Ernennungsurkunde im Kreise der Minister auf dem Stockholmer Schloß gegenzeichnete. Im Jahr 1899 wurde Hjalmar zum Hauptmann befördert.

Doch die Beförderung hatte einen Haken. Die Heeresführung beorderte Hjalmar zum Dienst bei der neugegründeten Verteidigungseinheit der Provinz Tromsø, sobald diese ihre Arbeit aufnehmen würde. Früher oder später mußte das junge Paar also Freunde und Verwandte verlassen, um in eine Stadt überzusiedeln, die Hjalmar nicht sonderlich sympathisch und nach Hildas Vorstellungen dunkel und kalt war.

Während sie ihrem Umzug in den Norden entgegensahen, wohnten sie zwischenzeitlich in Kristiania, wo Hilda die Kinder versorgte und Hjalmar die staatliche Turnschule besuchte. Sie wohnten in Frognerveien und pflegten Umgang mit Hjalmars gutem Freund aus Expeditionstagen Sigurd Scott-Hansen und dessen Ehefrau.

Gelegentlich wurde Hjalmar zum Abendessen nach Lysaker eingeladen, wo er dem Ministerpräsidenten und anderen Honoratioren begegnete.

Obwohl Hjalmar inzwischen im ganzen Land bekannt war, hatte er im ersten Jahr nach seiner Heimkunft Schwierigkeiten, eine feste Anstellung zu erhalten. Er hatte Nansen daher gebeten, ihm »bis zum Anbruch besserer Tage« fünfhundert Kronen zu leihen. Nansen hatte seinen Sekretär angewiesen, das Geld zu schicken – vielleicht betrachtete er es auch als eine zusätzliche Erkenntlichkeit für Hjalmars Verdienste während der Schlittenexpedition. Nun aber, da bessere Zeiten angebrochen waren, freute sich Nansen für seinen Freund.

Im Frühjahr 1901 waren alle Vorkehrungen in Tromsø getroffen, und Hjalmar machte sich auf den Weg. Nachdem er in Tromsø ein Haus für die wachsende Familie gefunden hatte, schlief er während des ersten Sommers gemeinsam mit seinen Kameraden im Zelt auf dem am Ramfjord gelegenen Exerzierplatz, wo er nach einiger Zeit ein tausend Mann starkes Bataillon befehligte. Voller Freude sandte er seiner Frau Telegramme und Briefe. Er hatte das Gefühl, endlich den richtigen Platz im Leben gefunden zu haben.

Auch Hilda, die mit den Kindern nachgekommen war, fand sich besser zurecht, als sie zu hoffen gewagt hatte. Sie pflegten gesellschaftlichen Umgang; in ihrem hoch über der Stadt gelegenen Haus in der Skolegate waren häufig Offiziere, Anwälte und Lehrer zu Gast. Hjalmar wurde Mitglied des Turnvereins und fungierte als Sprungrichter beim Skispringen. Hjalmars Beliebtheit lag nicht nur in seinem Renommee begründet.

Dennoch entstanden Schwierigkeiten, erst unmerklich, später deutlicher erkennbar. Ein knappes Jahr nach ihrer Ankunft in Tromsø bekam die Familie trotz Hjalmars Hauptmannssold finanzielle Probleme. Das lag vor allem an Hjalmars Ehrgeiz, mit dem kostspieligen sozialen Leben der Stadt Schritt zu halten. Dazu waren sowohl ein repräsentatives Äußeres als auch ein standesgemäßes Heim erforderlich, und Hilda war glücklich, als sie sich eine gediegene Plüschgarnitur kauften.

Seit seinen Studententagen in Kristiania hatte Hjalmar von einem Leben an der Spitze der Gesellschaft geträumt. Die Expedition über das Eismeer hatte diesen Traum für eine Weile Wirklichkeit werden lassen. Aber die plötzliche Berühmtheit verleitete ihn zu dem Glauben, der grüne Zweig, auf dem er sich befand, werde für immer blühen, und als schließlich wieder der Alltag einkehrte, welkten schon die ersten Blätter. Hjalmar suchte immer häufiger Trost im Alkohol.

Mit der Zeit fühlte sich Hjalmar immer elender. Schließlich

nahm er allen Mut zusammen und klagte Nansen seine Not. Er fragte seinen Freund, ob er ihm zu einem Darlehen von achthundert Kronen bei der Tromsø Privatbank verhelfen könne. Kurz darauf schrieb er erneut und erkundigte sich, ob Nansen ihm nicht zusätzlich ein persönliches Darlehen über eintausendfünfhundert Kronen gewährte. Damit offenbarte er einen Geldbedarf, der seinem Jahresgehalt als Hauptmann entsprach.

Er entschuldigte sich bei Nansen, daß er sich in diesen Dingen an ihn wende, aber die Gründung des Hausstands habe nun einmal Geld verschlungen, und er selbst müsse als Hauptmann doch einen gewissen Lebensstil pflegen. Weil er darüber hinaus ein verheirateter Mann sei, könne er unmöglich mit seinem Gehalt auskommen, es sei denn, er begnügte sich mit den Lebensumständen eines gewöhnlichen Arbeiters. Zu den täglichen Unkosten kämen die Abgaben an die Witwen- und Rentenkasse hinzu. Und niemand könne ihm wohl verdenken, daß er seine alternde Mutter unterstützte, die auf einem Hof lebe, der keine großen Erträge abwerfe.

Während er sein Bittschreiben formulierte, betrachtete Hjalmar einige Fotos, die auf seinem Schreibtisch lagen. Sie zeigten Polhøgda, Nansens neues Haus in Lysaker. Es war aus Stein gebaut und hatte Türme und Säulengänge, fast wie ein Schloß. Er erinnerte sich, wie Nansen während der Schlittenexpedition von solch einem Haus geträumt hatte, und beglückwünschte ihn.

Die Anfragen kamen für Nansen überraschend, auch weil er wußte, daß Johansen mit seinem eigenen Buch über die Expedition einiges Geld verdient hatte. Es war zu Beginn des Jahres 1898 unter dem Titel *Nansen und ich 86° 14'* erschienen, wurde vom Publikum gut aufgenommen und in mehrere Sprachen übersetzt.

Mit seiner eigenen zweibändigen Schilderung, die nicht zuletzt in England ein großer Erfolg war, verdiente Nansen ein

Als Belohnung für seine Verdienste bei Nansens Nordpolexpedition wurde Hjalmar von der Regierung zum Hauptmann des Heeres ernannt. Er leistete seinen Dienst bei der neu gegründeten militärischen Einheit von Tromsø ab.

Vermögen. Er hatte Hjalmar ermuntert, selbst zur Feder zu greifen, und ihm Einsicht in seine Tagebücher angeboten, obwohl die Eintragungen oft privater Natur waren. Hjalmar fühlte sich durch das Vertrauen des Freundes geschmeichelt, verfügte aber über eigene umfangreiche Notizen.

Hjalmar war begabt. Seine Briefe an Samuel zeugen von Stil und Verstand; in seinen Tagebüchern beweist er seine Fähigkeit zu plastischen Schilderungen. Sein Buch lehnte sich dennoch eng an das von Nansen an, und schon die Wahl des Titels zeigt sein Bemühen, sich als die Nummer zwei der Expedition darzustellen.

Die in den Tagebüchern geübte Kritk an Nansen veröffentlichte er nicht.

Hjalmar hatte Freude an seiner schriftstellerischen Arbeit, die zudem leicht verdientes Geld in Aussicht stellte. Andererseits, schrieb er an Nansen, »ist das Geld wohl doch nicht so leicht verdient, wenn ich an unsere Plackerei zurückdenke«.

Nansen befand sich auf einer Vortragsreise durch die USA, als die ersten Kapitel gedruckt waren und Hjalmar den Verlag bat, seinem einstigen Kameraden die Fahnen zu schicken. Nansen war angetan und gratulierte ihm »von ganzem Herzen«.

Hjalmar schickte das fertige Buch auch an Otto Sverdrup, dessen Vorbereitungen für eine zweite norwegische Polarexpedition mit der *Fram* bereits auf Hochtouren liefen.

Am 22. Dezember 1897 antwortete Sverdrup mit einem Brief an Hjalmar. Sein Inhalt klang wie ein Echo aus der schwierigen Zeit, die sie gemeinsam durchgemacht hatten, als sie von der *Fram* aus die Schlittenexpedition vorbereiteten.

»Lieber Johansen! Skien. Danke für das Buch, daß Sie mir freundlicherweise zugeschickt haben. Ich will Ihnen gleich sagen, daß ich der Ansicht bin, die Leute werden es mit ebenso großem Interesse lesen wie das von Nansen. Ich ziehe Ihres vor, weil darin nicht ständig von diesen verdammten Träumen die Rede ist, die den Eindruck erwecken, der Mann sei mit den Nerven am Ende gewesen.«

Dieser bisher unbekannte Seitenhieb auf Nansen verdeutlicht die ausgeprägte Gegnerschaft, die sich zwischen den beiden Führungspersonen der *Fram*-Expedition nach ihrer Rückkehr entwickelte. Es war eine Feindseligkeit, die den Zeitgenossen verborgen blieb und sich hauptsächlich an Geldstreitigkeiten und unterschiedlichen Auffassungen über die Verwertungsrechte an den Expeditionsberichten entzündete. Eigentlich waren sie sich einig gewesen, daß Sverdrup ein eigenes Buch über die Zeit an Bord schreiben sollte, nachdem Nansen und Johansen das Schiff verlassen hatten; und Sverdrup, im Grunde kein Mann der Feder, hatte sich noch während der Drift im Eis gemeinsam mit Dr. Blessing an die Arbeit gemacht.

Sie setzten diese Zusammenarbeit nach ihrer Heimkehr fort, waren dann aber beide der Meinung, sie sollten auch Hjalmar miteinbeziehen, der nach seiner Schlittenexpedition sicherlich die packendsten Episoden beisteuern konnte. Im November 1896 telegrafierte Blessing an Hjalmar und deutete ein schwindelerregendes Honorar von vierzigtausend Kronen für eine skandinavische Ausgabe an. Doch noch bevor Hjalmar antworten konnte, meldete sich Nansen durch seinen Bruder, den Rechtsanwalt Alexander Nansen, zu Wort: Er allein besitze die Rechte. Sverdrups Bericht könne im Anhang seines eigenen erscheinen, jedoch nicht als eigenes Buch.

In Tromsø arbeitete Hjalmar neben seiner Tätigkeit beim Militär als Turnlehrer an der Lateinschule und verdiente sich einige weitere Kronen als Anleiter für die Damenriegen des Turnvereins dazu. Dennoch war er ständig blank, und obwohl es ihm unangenehm war, Nansen mit seinen Problemen zu behelligen, bat er ihn schriftlich um ein weiteres Darlehen über tausend Kronen. Auch dieses Mal wies Nansen seinen alten Gefährten nicht ab.

Binnen kurzer Zeit hatte sich Hjalmar in eine erniedrigende Abhängigkeit begeben, und beide wußten, daß er seine Schulden nie würde zurückzahlen können.

Zwei Jahre vergingen. Hjalmars Schwierigkeiten wuchsen unaufhaltsam. Die Familie isolierte sich zusehends von der Gesellschaft.

Obwohl Hilda sich bemühte, wurde sie in Tromsø doch nie heimisch. Die dunkle Winterzeit wurde ihr von Jahr zu Jahr unerträglicher, das rigide militärische Milieu blieb ihr fremd. Aber auch die enge Bindung an ihre Familie in Skien führte dazu, daß sie sich mehr und mehr nach dem Süden des Landes zurücksehnte.

Im Sommer 1904 reiste sie mit den Kindern in ihre Heimatstadt und zog zu ihren Eltern. Hjalmar hatte sich mit Händen und Füßen dagegen gewehrt, doch am Ende war die Trennung nicht mehr zu verhindern gewesen. Hjalmar glaubte, daß auch Hilda sie im Grunde nicht gewollt habe, und machte den Druck anderer, insbesondere ihres Vaters, für die Entscheidung verantwortlich.

Peder Rasmussen Øvrum war ein strenger und gottesfürchtiger Mann. Seit fünfzig Jahren hatte er als Grundschullehrer den hoffnungsvollen Kleinen die Botschaften des Katechismus über den Glauben und die christliche Moral vermittelt. Hildas Vater engagierte sich in der Gemeindearbeit und sang im Kirchenchor. Als er begriff, daß Hjalmars ausschweifender Lebenswandel den Zusammenhalt seiner Familie gefährdete, verlor er das Vertrauen zu seinem Schwiegersohn und forderte seine Tochter auf, nicht nach Tromsø zurückzukehren.

Im Herbst desselben Jahres wurde Hjalmar zu einem anderthalbmonatigen Schießkurs nach Elverum geschickt. Auch er hatte von Tromsø genug und versuchte verzweifelt, eine Referendarstellung an seiner alten Turnschule in Kristiania zu erhalten. Mit seinem Hintergrund als Polarfahrer und Sportler rechnete er sich die besten Chancen aus, mußte aber alle Hoffnungen begraben, als ein Bewerber mit mehr Berufserfahrung das Rennen machte. Nach Beendigung des Schießkurses nahm er einen mehrmonatigen unbezahlten Urlaub und fuhr nach Skien.

Als sein Schwiegervater ihm die Tür wies, zog er zu seiner Mutter nach Venstøp.

Wie gewöhnlich war er in finanziellen Schwierigkeiten. In Elverum hatte er in einem zum Bersten gefüllten Saal einen Vortrag über die Schlittenexpedition gehalten; das brachte ihn auf den Gedanken, eine kleine Vortragsreise durch verschiedene Städte in Telemark und Sørlandet zu veranstalten.

Er schrieb nach Polhøgda und durfte sich Nansens Lichtbilder ausleihen. Doch die Expedition lag bereits einige Jahre zurück, und die Menschen richteten ihr Interesse auf andere Dinge.

Genau zu dieser Zeit trat der Unionsstreit in seine letzte entscheidende Phase. Die Zeitungen der Hauptstadt warnten erneut vor einem möglichen Krieg mit Schweden. Auf dem Gebiet der Polarforschung war die Arktis inzwischen außerdem ein alter Hut. Die neuen Rekordjäger konzentrierten sich immer mehr auf den Südpol und die Geheimnisse der Antarktis. Die Norweger erwarteten eine Nachricht vom jungen Roald Amundsen, der im vorigen Jahr mit dem bescheidenen Schiff *Gjøa* seinen Angriff auf die Nordwestpassage begonnen hatte.

Als Hjalmar mit seinen Lichtbildern in Kristiansand, Arendal, Risør und Kragerø erschien, sprach er vor spärlich besetzten Bänken. Die Einnahmen deckten gerade mal die Unkosten. In Arendal kamen so wenige Leute, daß Hjalmar die Saalmiete aus seinen eigenen dürftigen Mitteln bestreiten mußte.

Einige Tage vor seiner Rückreise nach Tromsø berichtete er Nansen in einem ratlosen Brief von dem Fiasko. Er bedankte sich für ihr kurzes Treffen in Kristiania und schrieb, er hätte Nansen gern noch einmal gesehen, solange er selbst im Süden des Landes weilte. Doch er habe verstanden, daß dieser sehr beschäftigt sei, und so müsse er es bei dem Brief bewenden lassen. Auch tue es ihm leid, daß Nansen immer noch nicht sein Geld zurückerhalten habe. Doch seine finanziellen Probleme seien nur noch größer geworden. Er habe Schwierigkeiten mit seiner Bank und Schulden bei der Steuerbehörde. Da er darüber hinaus seinen Stellvertreter bei der Arbeit selbst habe entlohnen müssen, verstehe Nansen sicherlich, wie schlimm die Lage sei.

Verzweifelt bat er seinen Freund, ihm bei der Erlangung eines Kredits über eintausendzweihundert Kronen bei einer Bank in Tromsø oder Kristiania behilflich zu sein.

Hjalmars Familie in Venstøp. Hinter ihm am Pfosten stehen seine Schwester Hanna und seine Mutter Maren. Hilda sitzt ganz rechts auf dem Geländer. Das Bild entstand, als Hjalmar 1904 sein Elternhaus besuchte.

Während die Unionszeit mit Schweden zu Ende ging und Nansen dazu beitrug, den dänischen Prinzen Karl zum König des neuen Norwegen zu machen, versank Hjalmar immer tiefer im Elend. Die Kontrolle über seine Finanzen hatte er schon seit langem verloren. Jetzt verlor er die Kontrolle über seine Nerven.

Lange Zeit hatte er gehofft, Hilda und die Kinder würden nach Tromsø zurückkehren, doch Hilda blieb in Skien und reichte die Scheidung ein. Hjalmar gab das gemietete Haus auf und bezog ein Dachgeschoßzimmer in der Vestregate.

Dort starrte er die Wand an, während der Alkohol ihm Gesellschaft leistete, oder er war mit Kollegen auf Sauftour in der Stadt oder der Kasernenkantine. Im soldatischen Milieu war er nicht der einzige, der sich einsam fühlte. Viele Offiziere stammten wie er aus dem Süden, und so fehlte es ihm nicht an trinkfreudigen Kameraden. Doch während die anderen nach einigen Jahren des Pflichtdienstes im Norden nach Hause zurückkehrten, saß Hjalmar fest.

Als er zum Hauptmann bei der Verteidigungseinheit in Tromsø ernannt worden war, hatte ihm der Militärausschuß des Parlaments garantiert, er werde nach wenigen Jahren in den Süden versetzt werden. Die Ernennung verstieß allerdings gegen die allgemein üblichen Regeln und säte Mißgunst im Offizierskorps, wo man sich zuraunte, daß jetzt schon Zivilisten die Hauptmannsuniform tragen dürften. Hjalmar Johansen sei zwar Nansens Gefährte bei der Expedition gewesen, solle sich aber ja nicht einbilden, deswegen besondere Rechte zu haben. Seine Vorgesetzten schworen sich, daß er seinen Dienst bis zum letzten Tag in Tromsø ableisten werde. Die militärische Hackordnung siegte schließlich über die Macht des Parlaments.

Die Jahrhundertwende war für Tromsø die Zeit des großen Umbruchs. Die neuen Gründerväter brachten das nötige Kapital, die Industrie wuchs. Die Küstenfischer mußten sich von Rudern und Segeln auf Motoren und Heizöl umstellen. Tromsø, die Stadt am Eismeer, entwickelte sich rasant. Die Fangschiffe wurden umgerüstet und konnten mit den neuen Motoren ihren Aktionsradius bei der Jagd nach Robben, Walrossen und Eisbären immer weiter ausdehnen. Gleichzeitig etablierte sich die Stadt als Stützpunkt für Forscher und Abenteurer, die sich in wachsender Zahl von den Herausforderungen der Arktis verführen ließen.

Die Veränderungen verursachten aber auch soziale Spannungen, und am politischen Horizont zeichneten sich die Konturen einer neuen Klassengesellschaft ab. Die Stadt erlebte Arbeiterunruhen und Streiks. Die Zeitungen Kristianias sprachen von anarchischen Zuständen in Tromsø.

Die Parlamentswahlen von 1903 bestätigten, was sich bereits angedeutet hatte. Die Fischer des Regierungsbezirks Troms entsandten ihre ersten Abgeordneten für die Arbeiterpartei ins Parlament. Ihr Anführer war der Pfarrer Alfred Eriksen.

Auf lokaler Ebene entzündete sich der heftigste Streit an der Alkoholpolitik. Die Bürger der Stadt waren über die zunehmende Trunkenheit und den Radau auf den Straßen empört. Vor allem Pietisten und Logen engagierten sich für ein Verbot des Schnapsverkaufs in den staatlichen Spirituosengeschäften. Traditionell waren es einzelne Fischer, Besatzungsmitglieder der großen Fangschiffe und nicht zuletzt die Mannschaften der russischen Handelsflotte, die das Bild in den Kneipen der Sjøgate oder anderswo geprägt hatten. Inzwischen gesellte sich eine neue Gruppe hinzu: die wehrpflichtigen Soldaten und deren zugereiste Offiziere.

»Ist Tromsø zum Hort militärischer Herumtreiber geworden?« fragte eine Zeitung, die die Äußerungen eines Polizisten im Stadtrat mit der öffentlichen Meinung gleichsetzte. Dieser hatte vom angeblich zügellosen Lebenswandel vieler Offiziere berichtet und seiner Hoffnung Ausdruck verliehen, die Einwohner würden im Interesse ihrer Stadt in Zukunft von der zweifelhaften Ehre verschont bleiben, die Gastgeber dieser »dekorierten Taugenichtse« spielen zu müssen.

Der Abstinenzbewegung gelang es, 1907 eine Volksabstimmung über die Rechtmäßigkeit des öffentlichen Schnapsverkaufs herbeizuführen; sie verlor diese jedoch knapp.

Hjalmars Engagement in politischen Fragen hielt sich in Grenzen. Für die »sogenannten Fachverbände«, wie er die neuen Arbeiterorganisationen bezeichnete, hatte er ebenfalls nichts übrig. Geradezu mit Abscheu hatte er in den dunklen Vorweihnachtstagen des Jahres 1902 die handfeste Auseinandersetzung auf Holmboes Kohlenkai beobachtet, bei der die Gewerkschaft der Gelegenheitsarbeiter mit den Repräsentanten des Kohleunternehmens aneinandergeraten war. Hjalmar fand das Auftreten der Arbeiter disziplinlos und unberechenbar. Größere Sorgen bereitete ihm hingegen die mangelnde Entschlossenheit und insgesamt miserable Verfassung der Polizei. Der Kampf wurde erst beendet, nachdem der Provinzpräsident Militäreinheiten aus Harstadt herbeigerufen hatte.

Hjalmar besaß keine richtigen Freunde, aber doch einen guten Bekannten in Erling Steinbø, dem Redakteur der linksgerichteten Zeitung *Tromsø*. Sie kannten sich aus ihrer gemeinsamen Tätigkeit als Sprungrichter beim Skispringen. Steinbø begutachtete Hjalmars Tätigkeit als Anleiter der Damenriege und schrieb in der Zeitung einen positiven Artikel darüber. Wenn sie sich sonst trafen, geschah dies mit Skiern an den Füßen und Portwein im Rucksack, nicht, um Fragen der Zeit zu erörtern.

Vielleicht war dieser Mangel an Freunden für Hjalmar am schwersten zu ertragen. Nachdem Hilda ihn verlassen hatte, nahm eine Einsamkeit von ihm Besitz, die er in dieser Form nicht kannte. Nicht jene angenehme aus der Expeditionszeit, sondern die zerstörerische, ermüdende Einsamkeit, die Menschen verspüren, die sich allein gelassen fühlen.

Hjalmar verkam mehr und mehr. Er zog aus seinem Zimmer im Dachgeschoß aus und wohnte eine Zeitlang in seinem Büro, bevor er in eine Pension übersiedelte, in der ihm Nansen als nichtsahnender Bürge ein Leben auf Pump ermöglichte.

Von seinem selbstverdienten Geld bezahlte er verschiedene Gläubiger, kaufte Schnaps oder schickte Hilda dann und wann ein paar Kronen. Die wachsende Sehnsucht nach ihr und den Kindern machte alles noch schlimmer. Es war sein größter Wunsch, wieder mit seiner Familie zusammenzuleben, und in den schwersten Augenblicken entsprang diesem Gedanken seine einzige Lebenshoffnung. Er ließ Hilda durch seine Schwester Hanna und ihren Mann inständig bitten, keine Schritte zu unternehmen, die für sie beide von schicksalsschwerer Bedeutung sein könnten; doch eines Tages erhielt er die Nachricht, daß er ein geschiedener Mann war.

Hanna war der einzige Mensch, dem er sich wirklich anvertraute. Ihr schrieb er:

»Eines will ich dir sagen, Hanna. Ich habe alle seelischen und körperlichen Leiden auf Erden erlebt. Nichts kann mich mehr überraschen, geschweige denn mir Schaden zufügen. So gesehen bin ich obenauf. Ich bin ein Philosoph ... Ich verstehe nur nicht, warum Hilda über die Scheidung so verzweifelt ist. Sie ist doch ihr Werk! Es ist doch das, was sie wollte. Ich hatte gehofft, meine geliebte Frau und meine Kinder wiederzusehen – trotz allem. Aber auch diese Hoffnung ist jetzt dahin! ... Hilda hat schlechte Ratgeber! Niemals werde ich jemand anderen lieben können als Hilda ... Sie ist das Licht in meinem Leben.«

Jetzt könne ihm nichts mehr Schaden zufügen, schrieb er, so gesehen gehe es ihm gut!

Ähnlich hatte er gedacht, als er sich mit den Schlitten abmühte und ihm die Finger erfroren oder als er in der Hütte von Verzweiflung gepackt wurde. Damals hatte jedoch noch ein Hoffnungsfunke in ihm geglüht, genug, um sich zu sagen, es hätte noch schlimmer kommen können. Er hatte gewußt, wenn er nur durchhielte, würde er schließlich nach Hause kommen. Das war keine Frage der Kälte oder unbezähmbarer Sehnsucht, sondern eine des Willens gewesen.

In Tromsø war dieser Funke erloschen. Hjalmar hatte sich gewünscht, mit Hilda zusammenzuleben – sah er den Balken im eigenen Auge, nachdem sie fort war?

Er war nicht gerade ein Meister der Selbstanalyse. Immer waren es die »Umstände«, die ihm finanzielle Probleme bereiteten, und wenn ihm jemand einen Schuldschein zeigte, faßte er dies geradezu als Ungerechtigkeit auf. Besonders setzten ihm diese bedrängenden Umstände zu, wenn er mit Bankaktien, die er sich von dem Honorar seines Buches angeschafft hatte, einen

Reinfall erlebte. Er konnte sich den Verlust nicht anders erklären als damit, daß ihn jemand hereingelegt hatte.

Wenngleich die Gegensätze zwischen ihm und Nansen groß waren, hätte er so gern eine enge Beziehung zu seinem alten Freund aufrechterhalten. Er hatte das Begleitschreiben, das ihm Nansen mit seinen Büchern geschickt hatte, nicht vergessen. Aber Lysaker lag weit entfernt, und Nansen war ein vielbeschäftigter Mann.

Während der Schlittenexpedition und in der Hütte war Nansen in hohem Maß von Hjalmar abhängig gewesen, doch in der Zivilisation hatten sie die Rollen getauscht. Voller Schuldgefühl begann Hjalmar Nansen als Sicherheitsventil zu benutzen, und jeder Brief an diesen bereitete ihm größere Qualen. Wochen- und monatelang streifte er wie auf der Flucht durch Tromsøs Straßen, bis der Gerichtsvollzieher schließlich mit dem Pfändungsbescheid vor der Tür stand oder ein Anwalt ihn vorlud, um nicht beglichene Schulden einzutreiben.

Nansens Geldspritzen waren sicherlich gut gemeint, bezeugen aber wohl zugleich sein schlechtes Gewissen, den Kontakt zu Hjalmar nicht aufrechterhalten zu haben. Auch Nansen besaß nur wenige Freunde. Ihm fiel es schwer, andere an sich herankommen zu lassen, und obwohl er seine Frau liebte, gab es immer wieder lange Phasen, in denen er auch Eva vernachlässigte.

Nansen besaß ein ausgeprägtes Bedürfnis, der Gesellschaft von Nutzen zu sein. Sein Engagement in Wissenschaft und Politik sowie sein Entdeckerdrang waren für ihn daher oft wichtiger als die Hinwendung zu den Menschen in seiner Nähe. Aufgaben, die andere ebenso gut lösen konnten wie er, interessierten ihn nicht. Er verfolgte stets neue Ziele und verlor dadurch Freunde aus den Augen, die er nicht mehr benötigte. Das mußte nicht zuletzt Hjalmar Johansen erfahren, der nach der Schlittenexpedition keine nützliche Rolle in Nansens Leben mehr spielen konnte.

So kam es, daß Hjalmar in Nansens Schatten lebte.

Nansen litt tatsächlich unter dem Bewußtsein, Hjalmar einst tief verletzt zu haben. Während der Überwinterung auf Franz-Josef-Land war Hjalmar einige Tage lang mürrischer als gewöhnlich gewesen. Nansen hätte gern gewußt, was der Grund dafür war, fragte allerdings nicht nach. Doch dann war es aus Hjalmar herausgebrochen: Er könne einfach nicht vergessen, daß Nansen ihn als Weib bezeichnet hatte, nachdem er ein Jahr zuvor im Eis eingebrochen war.

»Das hatte ich nicht verdient«, beschwerte er sich.

Nein, natürlich nicht. Seitdem fühlte sich Nansen von dieser Geschichte verfolgt.

Nicht weniger peinlich war ihm die Erinnerung daran, daß Hjalmar ihm ohne zu zögern seine Hose gegeben hatte, nachdem er hinter den Kajaks hergeschwommen und völlig durchgefroren war. Dabei stand ihm auch dieses rührende Bild vor Augen: Hjalmar, der in Unterhosen frierend auf der Eisscholle hin und her lief und sich nicht traute, die kochenden Alken im Topf anzurühren, weil sie für ihn, Nansen, bestimmt waren.

Insgesamt hatte Hjalmar den Doktor um ungefähr siebentausend Kronen gebeten, ohne jedoch selbstkritisch Rechenschaft abzulegen, wozu er das Geld wirklich brauchte. Sonst hätte er Nansen gestehen müssen, daß ein Großteil des Geldes für Portwein und Schnaps ausgegeben wurde sowie dazu diente, daß er in der Stadt weiterhin den spendablen Herrn spielen konnte. Der Alkohol hatte Hjalmar zu einem Meister des Selbstbetrugs werden lassen, was ihm zugleich ermöglichte, die wirkliche Tragweite seiner Probleme zu verdrängen.

Dann kam der Spätsommer 1906. Es war der letzte Tag, an dem die Sonne sich vor dem Einbruch der Winterdunkelheit zeigte.

Hjalmar streifte mit einigen Soldaten durch einen lichten Birkenwald, und während sie sich verstreuten, blieb er plötzlich stehen und betrachtete den letzten Schimmer der untergehenden Sonne.

Wie unendlich leer und gleichgültig ihm das Leben plötzlich erschien! Diese Sonne wirst du niemals wiedersehen, schau sie dir gut an, es ist das letzte Mal!

Er zitterte. Es war wohl kaum die Furcht vor der Dunkelheit, die ihn erschreckte. Nein, es war die andere, die ihm durch Mark und Bein ging.

Er hatte versucht, sich mit Schmerzen das Glück zu erkaufen, doch wieviel Schmerz mußte man in Kauf nehmen?

Er dachte nicht an die körperlichen Leiden der Expeditionstage – die waren nichts im Vergleich zu den gegenwärtigen. Er spürte, daß er am Abgrund stand. Hatte das Leben noch einen Sinn?

Er wandte sich in der Überzeugung vom Licht ab, daß er dessen Wiederkehr nicht mehr erleben würde.

Auch in der Kaserne lief es schlechter. Hjalmar, der sich um die administrativen Belange von eintausend Soldaten kümmern mußte, bewältigte das Pensum der sich auftürmenden Büroarbeiten nicht mehr.

Der Gedanke, noch Jahre in Tromsø aushalten zu müssen, wurde ihm unerträglich. Erneut hatte er sich erfolglos um eine Versetzung in den Süden bemüht. Es endete damit, daß Hjalmar beim Kommandanten sein Abschiedsgesuch einreichte. Er wurde in Ehren entlassen und glaubte eine Weile, er werde ein Übergangsgeld beziehen, was jedoch nicht der Fall war. Sein Monatsverdienst betrug nun achtunddreißig Kronen und dreiunddreißig Öre.

Zur selben Zeit rutschte der Wert seiner Aktien in den Keller. Darüber hinaus war seine Steuerschuld inzwischen so groß, daß der Gerichtsvollzieher in seinem Zimmer eine Zwangsversteigerung durchführte. Er mußte sich von seinen Silbertellern aus Kopenhagen trennen, die später jedoch von einem Bekannten gerettet wurden, der es untragbar fand, daß Hjalmar ausgerechnet diese liebgewonnenen Erinnerungsstücke verlieren sollte.

Seinem Vermieter schuldete er mehrere Monatsmieten, doch der wollte dies nicht länger hinnehmen. »Schreib Nansen«, hatte er gesagt.

In diesem schwierigen Winter starb die Mutter.

Es war lange her, daß Hjalmar gewagt hatte, sich an Nansen zu wenden. Doch jetzt blieb ihm nichts anderes übrig.

»Würdest Du so nett sein und mir aus dieser elenden Situation mit einem Betrag von tausend Kronen heraushelfen?« schrieb er und fügte hinzu, sein einziger Wunsch sei es, wieder an einer Expedition teilzunehmen, egal, wohin.

Der Brief ist datiert vom 15. Februar 1907.

Diesmal antwortete Nansen nicht.

Am 19. März schrieb Hjalmar erneut. Er hatte den letzten Rest seiner Selbstachtung verloren und versuchte, völlig im Widerspruch zu seiner Natur, Nansen unter Druck zu setzen. Er spielte seine beste Karte aus, seinen Einsatz während der Expedition: »Wenn Du überhaupt der Meinung bist, ich sei Dir von Nutzen gewesen, und Du aus diesem Grund vielleicht helfen möchtest ..., dann ist die Hilfe im höchsten Grad vonnöten.«

Nansen antwortete immer noch nicht.

Statt dessen wandte er sich an den Polizeipräsidenten Carl Scaar in Tromsø, der, wie er wußte, ein gewisses Interesse an seinem Freund, dem Hauptmann Hjalmar Johansen, besaß. Nansen hatte zu seiner Besorgnis in Erfahrung gebracht, wie schlecht es um Hjalmar stand, »und daß er seinen Abschied nehmen mußte«.

Nansen setzte Scaar davon in Kenntnis, daß Johansen ihn um

Geld gebeten und nur den einen Wunsch habe, wieder an einer Expedition teilzunehmen.

Nansen wollte gern helfen, doch nicht mehr finanziell. Gegenüber den Schulden, die Johansen angehäuft hatte, fühlte er keine Verpflichtung. Das mußten die Leute regeln, die Hjalmar ein Darlehen gewährt hatten.

Was eine neue Expedition betraf, so fürchtete Nansen, der Alkohol und sein gesamter Lebenswandel hätten Johansen so zugesetzt, daß er dazu nicht mehr in der Lage wäre. Schließlich hatte man ihm auch berichtet, Johansen habe im Delirium gelegen.

Nansen bat den Polizeipräsidenten um Rat, was zu tun sei. Um Johansen vor der blanken Not zu bewahren, wolle er, bis eine endgültige Lösung gefunden sei, die notwendigen Kosten mit bis zu fünfzig Kronen monatlich finanzieren. Er hoffe, der Polizeipräsident sei ihm insofern behilflich, daß Johansen das Geld nicht selbst in die Finger bekäme.

Der Brief wurde in London aufgegeben, wo Nansen als erster Botschafter des unabhängig gewordenen Norwegen arbeitete.

Carl Scaar hatte eine schwache persönliche Verbindung zu Johansen, weil ein Verwandter von ihm vor einigen Jahren Taufpate für dessen drittes Kind geworden war.

»Er ist schon so lange auf den Hund gekommen, daß er nicht mehr die geringste Rücksicht nimmt«, antwortete Scaar nach London und fügte geradeheraus hinzu, Johansen solle am besten aus Tromsø verschwinden. Das einzige, was ihn an der Umsetzung dieses Wunsches hindere, seien die nicht bezahlte Hotelrechnung und die Kosten für die Fahrkarte. Da Johansen immer noch Einkünfte aus der Gymnastikschule und dem Turnverein beziehe, meinte Scaar, sei er wohl noch nicht völlig am Ende, »aber diese Stellungen dürfte er wohl auch bald verlieren, und dann wird es schlimmer«.

Der Polizeipräsident bestätigte, daß Hjalmar seinen Abschied nicht freiwillig genommen habe, sondern daß ihm nahegelegt worden sei, ein Abschiedsgesuch einzureichen. Der Kommandant hatte ihn also vor die Tür gesetzt, auch wenn dies »in Ehren« geschehen war.

Die Situation war verfahren. Gerade aber, als alles aussichtslos schien, sowohl für Johansen als auch für Nansen, der nicht wußte, wie er helfen konnte, sollte der sprichwörtliche Vogel Phönix aus der Asche steigen.

Im Frühsommer war eine Expedition unter Führung des schottischen Ozeanographen William S. Bruce zu einer Forschungsreise nach Spitzbergen aufgebrochen. Ihr Schiff trug den Namen *Phönix*, und als Bruce auf dem Weg nach Norden in Tromsø Station machte, begegnete er zu seiner freudigen Überraschung Hjalmar Johansen.

Sie waren einander schon früher begegnet. Bruce war seinerzeit ein Besatzungsmitglied der *Windward* gewesen, als diese Jackson bei Kap Flora mit Nachschub versorgte. Er hatte dort überwintert, doch zuvor die Bekanntschaft der beiden Norweger von der *Fram* gemacht. Seitdem korrespondierte er mit Nansen über ozeanographische Fragen.

Jetzt erkundigte er sich, ob Hjalmar mit nach Spitzbergen wolle. Und ob dieser wollte!

Kaum aber hatte Bruce seine Frage gestellt, da stürzte sie Hjalmar auch schon in Verzweiflung. Er befand sich immer noch in einem Abhängigkeitsverhältnis, nicht dem Heer gegenüber, sondern der Regierung bezüglich seiner Pension. Er konnte nicht einfach auf Reisen gehen, ohne den letzten Rest seines Anstands zu verlieren.

Andererseits mußte er diese Chance einfach nutzen, und so berichtete er Bruce offenherzig von seinem Dilemma. Der Schotte ging der Sache nach und wandte sich an Nansen. Man solle Johansen reisen lassen. Seine Bekannten seien der Ansicht, ein Aufenthalt im Eis würde ihm den ersehnten Neuanfang ermöglichen. Doch zuerst müsse Johansen seine Angelegenheiten regeln, und danach könne er mit dem ersten Schiff nach Spitzbergen nachkommen.

Die *Phönix* reiste ab, und Hjalmar bereitete sich auf seinen abschließenden Kanossagang zu Nansen vor.

Einige Wochen zuvor hatte Nansen endlich auf Hjalmars Bittbriefe geantwortet. Seine Worte waren bitter für Hjalmar gewesen. Nach der Rücksprache mit dem Polizeipräsidenten schrieb Nansen unverblümt, er könne kein Geld mehr schicken, da Hjalmar es ohnehin nur versaufe. Außerdem merkte er an, Hjalmar habe seine Entlassung aus der Armee selbst verschuldet.

Hjalmar hatte versucht, Nansen von einer anderen Sicht der Dinge zu überzeugen. Er habe das Geld nicht »versoffen«, und selbst wenn er eine gewisse Drückebergerei bei der Arbeit einräumen müsse, sei er doch nicht entlassen worden. Wenn Nansen an seinen Worten zweifle, könne er Zeugen beschaffen. Hjalmar fügte sogar hinzu, das Abschiedsgesuch sei ein Fehler gewesen.

Doch Nansen hatte die Geduld verloren. Zudem war er enttäuscht darüber, daß Hjalmar seine elende Situation so lange vor ihm geheimgehalten hatte.

Hjalmar hoffte nun darauf, das Angebot von Bruce werde eine Wende herbeiführen, und konzentrierte sich auf seinen letzten Brief – und seine letzte Demütigung.

»Willst Du mir nicht helfen? Es bedeutet so viel für mich. Es würde die Wende sein. Eine andere Hoffnung habe ich nicht ...«

Am 7. Juli, einen Monat nach Auslaufen der *Phönix*, erreichte den Polizeipräsidenten Scaar folgendes Telegramm:

»Sei so gut, Johansen nach Spitzbergen zu verhelfen, und begleiche die Rechnungen nach eigenem Gutdünken bis zu 1000 Kronen auf meinen Namen. Fridtjof Nansen.«

Bis zu dieser Antwort hatte es lange gedauert. Der Minister hatte sich in den USA aufgehalten, als der Hilferuf ihn erreichte.

23 Hjalmar blieb ein Jahr auf Spitzbergen. Eigentlich hatte er im September, nach Abschluß des Sommeraufenthalts, mit Bruce wieder nach Tromsø reisen wollen, aber der Gedanke, in die Stadt zurückzukehren, schreckte ihn, und als er einen Deutschen traf, der nach einem Partner für eine geplante Überwinterung Ausschau hielt, willigte er ein. Es mangelte nicht an Warnungen, denn der Deutsche galt als Dummkopf und Phantast. Doch Hjalmar wollte Eis und Schnee nicht wieder gegen ein Leben ohne sichere Basis eintauschen. Lange genug war er auf der Verliererstraße gewesen.

Er hatte sich rasch mit seinem neuen, altvertrauten Reich angefreundet. Die dunklen Gedanken, die ihn einst bei den Soldaten im Birkenwald und in den folgenden Monaten beschäftigt hatten, verschwanden unter den kalten Sternen des Polarhimmels, doch er mußte sich eingestehen, daß nicht viel gefehlt hatte ... Er dankte seinem Schicksal, daß er noch am Leben war. Der Winter 1906/1907 war die schwierigste Zeit seines Lebens gewesen.

Der Deutsche hieß Theodor Lerner. Er bezeichnete sich als Journalist, Schriftsteller und Polarforscher und betonte gern, er reise in Diensten des deutschen Kaisers. Zehn Jahre zuvor hatte Kaiser Wilhelm II. ihm eine Audienz gewährt, nachdem Lerner die Bäreninsel als einen Teil des Deutschen Reichs proklamiert hatte.

Lerner hatte Kohlevorkommen auf der Insel nachgewiesen und plante deren Förderung. Die Russen, die seit langem auf der

Insel siedelten, hatten sich provozieren lassen und ihren Kreuzer *Svetlana* geschickt, um ihn zu vertreiben. Doch Lerner und seine Helfer griffen zu ihren Gewehren und schafften es zu ihrem eigenen und der anderen Erstaunen, die Russen daran zu hindern, an Land zu gehen. Lerners »Regierung«, wie Nansen sie spöttisch bezeichnete, hatte es dann jedoch nur wenige Monate auf der nebelreichen und unwirtlichen Insel ausgehalten.

Lerner erhielt den Beinamen »Nebelfürst« und kehrte später oft in nordische Gefilde, insbesondere nach Spitzbergen, zurück. Als Hjalmar ihm begegnete, plante er, am Eisfjord zu überwintern, damit er einen guten Ausgangspunkt hatte, um im nächsten Frühjahr in Begleitung von Hunden über den Gletscher an die Nordküste Spitzbergens zu gelangen. Darüber hinaus hegte er vage Pläne, von dort aus nach Nordostland und weiter nach dem vermuteten Gilles-Land zu gelangen.

Von der noch unerforschten Route über den Gletscher beabsichtigte Lerner, unterwegs eine Karte anzulegen. Am wichtigsten waren ihm jedoch sein geplantes Buch und die Artikel, die er für die deutsche Presse schreiben wollte. Als er Hjalmar engagierte, konnte er ihm als Gegenleistung zunächst nichts anderes als Verpflegung anbieten. Doch er versprach seinem neuen Reisegefährten die Hälfte des Honorars, und der gutgläubige Hjalmar ging darauf ein.

Ein Kohleunternehmen überließ ihnen eine Hütte bei Kap Boheman, schräg gegenüber von Longyearbyen auf der anderen Seite des Eisfjords. Ein kleines Dampfschiff setzte sie dort ab, bevor die Eisdecke sich schloß.

Dann begann ein Winter, der weitaus frustrierender war, als Hjalmar sich vorgestellt hatte. Sowohl die physischen als auch praktischen Fähigkeiten, die er sich auf Franz-Josef-Land angeeignet hatte, waren nun gefragt.

Lerners Leibesfülle ließ Hjalmar bald an der Eignung des Deutschen für eine entbehrungsreiche Überwinterung zweifeln. Lerner lag die meiste Zeit über im Bett und war ansonsten Hjalmar im Weg, der den Großteil der Arbeit allein verrichten mußte.

Die Warnungen, die man ihm in Longyearbyen hatte zukommen lassen, waren nur zu berechtigt gewesen, und Hjalmar bedachte den Gefährten in seinem Tagebuch, ungewöhnlich genug für ihn, mit den deftigsten Schimpfworten. Er beschrieb Lerner als nervös und jähzornig, egoistisch, rücksichtslos und unsympathisch, stupide und nichtssagend, ungepflegt und vergeßlich – und nicht zuletzt als einfältig.

Außerdem brach Lerner ein ungeschriebenes Gesetz aller Expeditionen: Er las heimlich in Hjalmars Tagebuch. Dieser beschloß daraufhin, das Buch bei sich zu tragen.

Er konnte vor Wut über den Deutschen außer sich geraten, probte aber nie den Aufstand: Hatte er sich einmal den Teufel auf den Hals geladen, dann blieb er ihm treu.

Seine Beherrschung hatte jedoch noch einen anderen Grund: »Hier ist man weit entfernt von allen Übeln«, notierte er im November. Das Leben mit dem deutschen Hanswurst war den Preis wert. Tromsøs Bierstuben lockten ihn nicht.

Einige Tage später schrieb er: »Übrigens vergeht die Zeit schnell in der Einsamkeit.«

Was die Zeit bis Weihnachten anging, machte sich Hjalmar mehr Sorgen über die dahinschwindenden Vorräte als über Lerner. Sie hatten damit gerechnet, sich durch Bären- und Robbenjagd mit Frischfleisch versorgen zu können, aber die Region der Boheman-Landzunge war im Gegensatz zu Franz-Josef-Land keine Vorratskammer. Hjalmar taufte sie »Kap Nichts«.

Hjalmar vermißte Bärenfleisch und Speck, hätte aber dennoch nicht mit Franz-Josef-Land tauschen wollen. Bei Kap Boheman konnten sie sich direkt in der Hütte mit Heizkohle aus einem kleinen Tagebau versorgen und verfügten über trockene Schlafplätze.

Einmal hatte Lerner allerdings vorgeschlagen, einen doppelten Schlafsack anzufertigen, doch Hjalmar hatte nur gelacht; lieber wollte er frieren, als mit dem Mann des Kaisers den Schlafsack teilen.

Hjalmar bemühte sich weiterhin um einen Neuanfang. Sein *annus horribilis* ging dem Ende entgegen, und an Silvester konnte er den Blick wieder nach vorne richten: »Es gibt immer noch vieles, für das es sich lohnt zu leben – möglicherweise steht das Beste noch aus, und vielleicht ist das Schicksal mir gnädig, wenn ich es wie früher herausfordere.«

Im Februar gingen ihre Vorräte zur Neige. Sie konnten die elektrischen Lichter von Longyearbyen auf der anderen Seite des Fjords sehen, und nach mehreren Versuchen gelangten sie über das Eis dorthin. Bevor sie in den Ort gingen, verlangte Lerner eine schriftliche Versicherung, daß Hjalmar nichts über ihre Streitigkeiten bei Kap Boheman verlauten ließe. Hjalmar sah ihn verächtlich an und fragte, ob er ihn für ein Klatschmaul halte.

Während des Aufenthalts in Longyearbyen quälte Hjalmar die Frage, ob er mit Lerner, wenn der Frühling gekommen war, über den Gletscher gehen sollte. Er wußte um die Unfähigkeit des Deutschen und hätte in Longyearbyen sicherlich eine Beschäftigung finden können.

Doch loyal wie immer kehrte er mit Lerner gemeinsam über den Eisfjord zurück. Während der Überfahrt brach der Schlitten zweimal im Eis ein, so daß ein Großteil des ersehnten Proviants durch das Meerwasser ungenießbar wurde. Dennoch setzten sie die Überquerung fort.

Ende April brachen die beiden Männer Richtung Gletscher auf. Sie hatten sechs Hunde.

Der erste Teil der Tour führte über den Nordfjord und den Dicksonfjord. Das Frühjahr war schon weit fortgeschritten; das Salzwasser drang durch die Eisfläche und machte den Schnee matschig. Hjalmar erinnerte sich an das »Lager der Sehnsucht«.

Er nahm Kurs auf Lykten, einen spitzen Gipfel in der Nähe der alten Fangstation bei Kap Wijk. Ohne lange zu diskutieren, hatte er die Führung übernommen, denn der Nebelfürst erwies sich bald als zögerlich und unsicher.

Da der Schlitten für diese Bodenbeschaffenheit zu schwer war, kamen sie nur langsam voran. Doch schließlich waren sie am Ende des Dicksonfjords angelangt und standen am Fuße des Battysgletschers.

Inmitten des Gletschermassivs gerieten Männer und Hunde zunächst in einen mehrtägigen Schneesturm, dem eine Woche undurchdringlichen Nebels folgte. Tiefe Spalten zerklüfteten den Gletscher, die Männer wagten jedoch nicht zu kampieren, weil ihre Vorräte an Proviant und Paraffin bedrohlich dahinschwanden. Auf dem Dicksonfjord hatten sie eine einsame Robbe erlegt, die von den gierigen Hunden aber sofort verschlungen worden war.

Während sie sich wie mit verbundenen Augen vorwärtsquälten, fiel Lerner mehrmals in Ohnmacht. Hjalmar mußte ihn in warme Sachen hüllen, auf den Schlitten legen, ihm Suppe einflößen und die ausgehungerten Hunde verscheuchen. Die Belastungen zeigten immerhin, daß Hjalmar nach wie vor in guter Verfassung und von großer Zähigkeit war.

Am 15. Mai, Hjalmars 41. Geburtstag, gelangten sie nach einer halsbrecherischen Klettertour über den felsigen Monacogletscher zum Liefdefjord hinab. Nach der Schlittenexpedition mit Nansen war Hjalmar glücklich gewesen, seinen Fuß wieder an Land setzen zu können. Nun hieß er das ebene Eis des Fjords willkommen.

Ein gemütlicher Geburtstag wurde es dennoch nicht. Lerner

und er waren inzwischen so zerstritten, daß sie nicht mehr miteinander redeten.

Vom Liefdefjord gelangten sie in den Raudfjord und danach entlang der Küste zum Virgo-Hafen auf Danskøya. Sie verteilten den letzten Rest ihres Proviants, teilten das Zelt in zwei Hälften und kampierten mehrere hundert Meter voneinander entfernt. Hjalmar erklärte ihre Zusammenarbeit für beendet; nach Gilles-Land könne Lerner allein gehen.

Wochenlang gingen der Nebelfürst und Hjalmar an verschiedenen Enden des Strands auf und ab und warteten darauf, daß ein Schiff käme.

Anfang Juli glitt die *Holmengrå* mit dem Geologen und Polarforscher Adolf Hoel an Bord um die Landspitze herum. Hoel leitete die vom norwegischen Staat ausgerüstete Expedition zur Kartierung Spitzbergens. Hoel staunte nicht schlecht, die beiden Männer an unterschiedlichen Abschnitten des Strands vorzufinden. Hjalmar fragte Hoel, ob er sich der Expedition anschließen könne. Hoel bejahte, obwohl es ihm unangenehm war, einem so kompetenten und bekannten Mann wie Hjalmar Johansen nur eine Assistentenstelle anbieten zu können.

Lerner blieb beim Hafen von Virgo zurück. Er hatte seinen Plan, Gilles-Land und Nordostland zu erreichen, noch nicht aufgegeben. Und er hatte einen Fischer kennengelernt, der ihn begleiten wollte. Sie zogen los, kehrten aber schon nach einem Tag wieder um.

Hjalmar sollte dem Nebelfürsten nie wieder begegnen, von dem er im übrigen nicht eine müde Öre erhalten hatte.

Hjalmar arbeitete den gesamten Sommer hindurch mit Hoel zusammen, bevor er im August auf der *Holmengrå* nach Tromsø zurückkehrte. Seine finanzielle Situation war dieselbe wie vor der Abreise. Doch er hatte sich ein anderes und wichtigeres Kapital erworben. Bevor das Schiff von Spitzbergen lossegelte,

Zwischen 1907 und 1909 nahm Hjalmar an mehreren Expeditionen nach Spitzbergen teil. Nach schwierigen Jahren in Tromsø war er endlich wieder in seinem Reich.

konnte er seiner Schwester Hanna einen weitaus optimistischeren Brief schreiben als den Hilferuf, den er ihr im Jahr zuvor aus Tromsø hatte zukommen lassen: »Ich bin quicklebendig. Mir geht es gut.«

Er hatte sein Selbstvertrauen zurückgewonnen.

Zu dieser Zeit hatte Hilda vertretungsweise eine Assistentinnenstelle bei der Norges Bank in Skien bekommen. Innerhalb eines Jahres waren ihre Eltern gestorben, und nachdem Hjalmar seine Zahlungen an sie eingestellt hatte, mußte sie mit der Versorgung ihrer vier Kinder allein fertig werden.

Die Stellvertretung sollte bei nächster Gelegenheit in eine feste Beschäftigung umgewandelt werden, und dann würde alles schon sehr viel hoffnungsvoller aussehen.

Sie hatte in ihrem Leben kaum einen Menschen jemals um Hilfe gebeten, doch nachdem sie alles gründlich durchdacht hatte, ließ sie alle Hemmungen außer acht und schrieb einen Brief an Fridtjof Nansen: Ob Sie den Herrn Botschafter um die Gefälligkeit bitten dürfe, beim Bankdirektor in Kristiania, der für ihre Einstellung zuständig sei, ein gutes Wort einzulegen?

Nansen erklärte sich sofort zur Hilfe bereit und wandte sich direkt an den Direktor. Einige Monate später erhielt Hilda die Stelle.

Ihre Sorge galt aber nicht allein den Kindern, sondern auch Hjalmar. Im August konnte sie den Zeitungen entnehmen, daß er nach der Überwinterung auf Spitzbergen nach Tromsø zurückgekehrt war. Sie hoffte inständig, er werde eine feste Anstellung finden, um seinen Lebensunterhalt bestreiten zu können. Wiederum wandte sie sich an Nansen. Ob der Professor keine geeignete Stelle für ihn wisse? Im übrigen konnte sie Nansen darüber informieren, daß sich Johansen auf dem Weg in Richtung Süden befand und Nansen in Kristiania gerne treffen würde. Es würde sie daher sehr freuen, wenn dieser ihn empfangen könnte. Vielleicht wäre ein persönliches Gespräch ja von Nutzen.

Hjalmar hatte sich bereits mit Nansen in Lysaker verabredet, wo er Ende September auf seinem Weg nach Kristiania vorbeikommen würde. Er war Nansen jedoch seit mehreren Jahren nicht mehr begegnet, und die Demütigung, die er sich durch seine Bettelbriefe selbst zugefügt hatte, saß immer noch tief. Auf dem Weg nach Lysaker verließ ihn daher der Mut, und er wagte es nicht, dem Volkskönig in seinem eigenen Schloß unter die Augen zu treten. Er machte kehrt und fuhr nach Skien weiter.

Von dort aus entschuldigte er sein Fortbleiben damit, daß er »leider verhindert« gewesen sei.

Doch er hatte noch mehr auf dem Herzen. Am 10. November 1908 hatte Roald Amundsen vor der Geographischen Gesellschaft in Kristiania seine Pläne über eine Nordpolexpedition mit der *Fram* dargelegt, und den Zeitungen zufolge war Fridtjof Nansen zugegen gewesen. Die Überwinterung auf Spitzbergen hatte bewiesen, daß Hjalmar immer noch gut in Form war und im Eis auch weiterhin vieles ausrichten konnte. Sein größter Wunsch war daher nach wie vor, an einer neuen Expedition teilzunehmen, doch seine Erfahrungen mit Lerner hatten ihn gelehrt, daß diese auf soliden Beinen stehen mußte. Er setzte seine Hoffnungen darauf, daß Nansen ihm einen Platz bei Amundsen verschaffen würde.

Ungeduldig, ohne Nansens Reaktion abzuwarten, schrieb er am 24. November an Amundsen und fragte ihn, ob er an der Expedition in den Norden teilnehmen könne. Drei persönliche Vorzüge hob er hervor: Er war mit der *Fram* über das Nordpolarmeer gesegelt. Er war auf Spitzbergen gewesen und hatte »die Erfahrung gemacht, für eine solche Aufgabe immer noch nicht untauglich« zu sein. Und vor allem »erlaube ich mir im übrigen, auf Professor Nansen zu verweisen«.

Erneut setzte er auf Nansen seine Hoffnung, und nach dem Jahr in Spitzbergen tat er es voller Selbstvertrauen, nicht aus Schwäche heraus.

Doch letztlich lag die Entscheidung bei Roald Amundsen.

LETZTER TEIL

TRAGÖDIE

24

Ein Schneesturm tobte zwischen den rabenschwarzen Felsen von König-Eduard-VII.-Land. Am Boden ließ der Schnee die Spuren verschwimmen. Die drei gekrümmten Gestalten kniffen die Augen zusammen. Sie hatten ihre Säcke voller Steine und vertrauten darauf, daß die Hunde zum Zelt zurückfinden würden.

Wochenlang waren sie auf der großen Eisbarriere in östlicher Richtung gewandert und hatten nach den Bergen Ausschau gehalten, die der englische Kapitän Robert F. Scott von seinem Schiff aus beobachtet, die aber noch nie ein Mensch betreten hatte.

Sie hatten gehofft, auf sonnenbeschienene Hänge und lärmende Pinguinscharen zu treffen, aber alles, was sie zu Gesicht bekommen hatten, war schneebedeckt und weiß gewesen. Den Worten Roald Amundsens zufolge erfüllten sie einen wichtigen Auftrag, doch sie fühlten sich wie Hampelmänner, die einem sinnlosen Abenteuer nachjagten. Das einzige, was sie beschäftigte, war der Südpol, zu dem Roald Amundsen unterwegs war.

Nun gut, sie hatten im Interesse der Wissenschaft einige Steine gesammelt, um zu beweisen, daß sie jenseits der Eisbarriere wirklich auf Land gestoßen waren. Sie hatten darüber hinaus die norwegische Fahne aufgepflanzt und das Land im Namen seiner Königlichen Majestät in Besitz genommen.

Der Sturm wurde immer heftiger, und es gelang ihnen nur unter Aufbietung aller Kräfte, zum Zelt zurückzukehren. Der Orkan hielt Männer und Hunde mehrere Tage lang gefangen. Immer wieder mußten Kristian Prestrud, Jørgen Stubberud und Hjalmar Johansen den Schnee wegschaufeln, um nicht darunter begraben zu werden.

Seit dem Tag, an dem Hjalmar Johansen durch Amundsen von der Südpolexpedition ausgeschlossen worden war, fühlte er sich verstoßen und gedemütigt. Er hatte seinem Kameraden, der nun neben ihm im Zelt lag, das Leben gerettet und dem Chef die Wahrheit über dessen Flucht ins Gesicht gesagt. »Das nenne ich keine Expedition, sondern Panik!« hatte er am Frühstückstisch in Framheim ausgerufen. Er stand zu jedem Wort. Jetzt, völlig eingeschneit im Niemandsland, mußte er dafür bezahlen.

Es würden noch einige Monate vergehen, bis die *Fram* zur Bay of Whales kommen und die Expedition wieder in Empfang nehmen würde, worauf eine endlose Seereise folgte. Und was erwartete ihn schließlich zu Hause?

Er hegte keine Illusionen darüber, welches Gewicht seine Aussage verglichen mit der Amundsens haben würde. Letztlich hatten ihn sogar seine Kameraden in Framheim im Stich gelassen, als er sie am meisten benötigte. Doch Nansen wollte er sich anvertrauen.

Amundsen, Wisting, Hansen, Bjaaland und Hassel erreichten den Südpol am 14. Dezember 1911. Sie sahen keine englische Fahne. Amundsens Angst, den Wettlauf zu verlieren, dessen früher Start viele Hunde das Leben und Hjalmar die Mitgliedschaft in der Mannschaft gekostet hatte, löste sich in Wohlgefallen auf. Scott war besiegt. Die Engländer hatten zu diesem Zeitpunkt immer noch gut siebenhundert Kilometer vor sich.

Amundsen stellte ein Zelt auf und erdreistete sich zu einer Handlung, deren Hochmut ihresgleichen suchte. Er deponierte einen Brief an den norwegischen König Haakon VII. und bat Scott, ihn persönlich zu überbringen, um den König von der norwegischen Eroberung in Kenntnis zu setzen sowie davon, daß der Südpol fortan nach Haakon VII. benannt werde.

Sie rauchten Zigarren und eilten auf dem schnellsten Weg zurück nach Framheim, das sie am 26. Januar 1912 erreichten. Sie

Roald Amundsen erreichte den Südpol am 14. Dezember 1911. Er hatte den Engländer Robert Scott geschlagen. Hjalmar zählte nach der Auseinandersetzung in Framheim nicht mehr zu Amundsens Begleitern.

hatten in neunundneunzig Tagen dreitausend Kilometer zurückgelegt. Von den ursprünglich zweiundfünfzig Hunden waren elf noch am Leben. Die toten Hunde hatten den lebenden sowie den Männern als Nahrung gedient.

Gleichzeitig bildete diese Expedition den Schlußpunkt traditioneller Entdeckungsreisen, bevor Motoren und Flugzeuge Einzug hielten.

Amundsens Plan war genial. Wenn überhaupt, dann hatten nur sehr wenige eine so einwandfrei verlaufene Polarexpedition durchgeführt wie Amundsen bei der Eroberung des Südpols. Die fünf Männer verfügten über ausreichende Verpflegung, die sie unterwegs sogar noch an Gewicht zunehmen ließ. Als sie nach Framheim zurückkehrten, waren die Depots auf der Strecke immer noch so gut gefüllt, daß diese weitere Expeditionen hätten versorgen können.

Die Engländer hatten sich bei ihrem Vorstoß zum Pol auf sibirische Ponys und motorisierte Schlitten verlassen. Sowohl die Tiere als auch die Technik hatten jedoch versagt, und so mußten

Scotts Männer einen Großteil der Lasten selbst ziehen. Gegen die norwegische Kombination aus Skiern und Hunden – konzipiert von Nansen, weiterentwickelt von Amundsen – waren sie von Anfang an chancenlos.

Die Niederlage im Wettlauf um den Pol schmerzte das erfolgsgewohnte britische Empire, und viele vertraten die Ansicht, Amundsen habe einfach mehr Glück mit dem Wetter gehabt als Scott. Amundsen jedoch wußte, daß sich Glück nicht nur zufällig einstellt, sondern auch erarbeitet werden muß. Mit Skiern, Hunden und genügend Verpflegung war man in der Lage, ein höheres Tempo zu halten. Daher konnten die Norweger auch zum Schiff zurückkehren, bevor die Stürme und eine strengere Kälte einsetzten. Anders hingegen Scott und seine Männer. Sie starben, anderthalb Monate nachdem Amundsen nach Framheim zurückgekehrt war, an Hunger und Kälte auf dem Ross-Schelfeis.

Dennoch: Hätte Hjalmar Johansen während des ersten Aufbruchs keinen Heldenmut bewiesen und nicht auf Kristian Prestrud gewartet, hätte Amundsen wohl kaum so viele Lorbeeren ernten können. Wäre Prestrud in der Kälte umgekommen, hätte vermutlich die Erkenntnis der Kameraden, ihn im Stich gelassen zu haben, die Expedition moralisch gebrochen. Und wäre es Amundsen trotzdem gelungen, seine Männer für eine Eroberung des Südpols zu mobilisieren, hätten Kritiker später hervorgehoben, er sei um des Sieges willen über Leichen gegangen.

Ein ganzes Jahr lang hatte der Koch Lindstrøm zwei Flaschen Champagner in seinem Bett aufbewahrt, um zu verhindern, daß ihr Inhalt gefror. Nach der Rückkehr der Südpolexpedition organisierte er rasch ein Fest, bei dem alle auf Roald Amundsens heroische Tat anstießen. Von Hjalmars Einsatz sprach niemand.

Prestrud, Stubberud und Johansen waren noch vor Weihnachten von König-Eduard-VII.-Land zurückgekehrt. Während sie auf Amundsen warteten, hatten sie einige kleinere Touren im Gebiet um die Bay of Whales unternommen. Eines Tages befanden sie sich gerade auf dem Weg nach Hause, als Hjalmar draußen im Rossmeer einen schwarzen Punkt erspähte. Es war die *Fram*. Das Schiff wurde am 9. Januar an der Eiskante vertäut.

Im soeben vergangenen Jahr hatten auch Thorvald Nilsen und seine unterbesetzte Mannschaft Schiffsreisen unternommen, die zu den schlimmsten und dennoch am wenigsten beachteten der norwegischen Seefahrtsgeschichte gehören. Das lag vor allem daran, daß ihr Schiff, die *Fram*, ein solcher Waschzuber war. Auf ihrem Weg über das Rossmeer und das südliche Eismeer in Richtung Kap Hoorn hatte ein Sturm den anderen abgelöst. Das Schiff schlingerte bei Nebel und Schneeregen zwischen Eisbergen, die zuweilen den zweiunddreißig Meter hohen Großmast überragten. Die Leiden an Bord waren unbeschreiblich gewesen. Nachdem sie schließlich wohlbehalten Buenos Aires erreicht hatten, machten sie die argentinische Hauptstadt zu ihrem Stützpunkt, um von dort aus mehrere Monate lang ozeanographische Untersuchungen im Südatlantik durchzuführen.

Während Amundsen den Südpol eroberte, legte die *Fram* eine Strecke zurück, die einer kompletten Erdumseglung entspricht. Die Seeleute betonten selbst, das Leben an Bord sei schlimmer als das in Framheim gewesen. Amundsen gab ihnen recht.

Vier Tage nachdem Amundsen und seine Leute nach Framheim zurückgekehrt waren, setzte Kapitän Nilsen bei dichtem Nebel in Hobart auf Tasmanien die Segel. Zum vierten Mal wollte er dieses windgepeitschte Meer überqueren und verfügte jetzt zumindest über eine vollständige Besatzung.

Hjalmar hatte Post von zu Hause erhalten. Er saß in der Kabine und spürte den Druck der sich nähernden Zivilisation. Er besaß keinen Heldenstatus und war sich darüber im klaren, was nach außen hin zählte. Während er Schwierigkeiten hatte, das Tintenfaß bei den Schlingerbewegungen des Schiffes an seinem Platz zu halten, versuchte er zu antworten. Es fiel ihm nicht leicht, denn wie sollte er das Unerklärliche erklären – daß er nicht am Südpol gewesen war?

Einer der Briefe, mit Datum von Ostern des vergangenen Jahres, war von Hilda. Die Kinder seien glücklicherweise gesund. Nach langem Zögern habe sie sich fünftausend Kronen geliehen und die übrigen Familienmitglieder ausbezahlt, so daß sie im Haus ihrer Eltern wohnen bleiben könnten; ob er glaube, daß sie einen Fehler begangen habe?

Seiner Meinung nach war es zweifellos ein Fehler gewesen. Denn sollten sie jemals wieder zusammen wohnen, mußte er mit seiner alten Umgebung brechen. In Skien konnte er nicht mehr leben, denn dort fühlte er sich unverstanden, nicht zuletzt von ihrer Familie, aber auch von seiner eigenen.

Hjalmar hatte Ruderwache und ging an Deck. Dort stand er in der Gischt und fixierte einige Eisberge in Lee.

Hätte er nur den Südpol erreicht! Wie anders dann alles wäre.

Später schrieb er:

»Ich bin also nicht zum Pol gekommen. Ich hätte es mir natürlich gewünscht und fühlte mich auch dazu imstande; meine Kameraden waren derselben Ansicht. Darüber ist ein Streit entstanden. Später kannst Du Einzelheiten erfahren ... Wir haben gute Arbeit geleistet, aber Du weißt, daß die Masse danach fragt, wer am Pol gewesen ist.«

Er zögerte, denn er spürte das Bedürfnis, ihr schon jetzt die Einzelheiten anzuvertrauen und damit vielleicht seine Bitterkeit zu lindern. Hilda war, gemeinsam mit Hanna, immer noch der Mensch auf der Welt, der ihm am nächsten stand.

Auf dem Briefbogen war nicht mehr viel Platz, doch er brachte noch einige zusammengedrängte Zeilen am Briefkopf unter, an dem sich ein Foto der *Fram* befand. Er erwähnte Amundsens »wilde Flucht« und Prestrud, den er nicht habe im Stich lassen können. Von der Szene am Frühstückstisch berichtete er nicht, hoffte jedoch, sie könne zwischen den Zeilen lesen.

Hjalmar hatte auch einen Brief von Hanna erhalten, die schrieb, daß ihr Mann gestorben sei. Das schmerzte Hjalmar, denn sein Schwager war einer der wenigen Menschen in Skien gewesen, die ihn unterstützten. Auch Hanna gegenüber schwieg sich Hjalmar aus, er deutete nur an, warum er beim Aufbruch zum Pol aus der Mannschaft ausgeschlossen worden war: »An mangelnden Fähigkeiten oder fehlenden Kräften lag es nicht; um die ist es Gott sei Dank immer noch gut bestellt.«

Den ausstehenden Brief an Nansen schrieb er eine Woche später. Immer noch zweifelte er; sollte er Nansen jetzt schon von Amundsens Handlungsweise berichten oder damit warten, bis er zu Hause war? Er entschied sich für das letztere: »Ich würde mich über ein Treffen freuen, wenn die Zeit gekommen ist.«

Außerdem bestätigte er Nansens Vermutung, die dieser bereits in der Hütte auf Franz-Josef-Land geäußert hatte: Es sei leichter, das Eis der Antarktis zu überqueren, als das Packeis im Norden. Er unterstrich dies, indem er Amundsen zitierte, der, nach Framheim zurückgekehrt, gesagt hatte, die Fahrt zum Pol sei ohne größere Anstrengungen verlaufen. Hunger, Kälte und Entbehrungen, »von denen andere Expeditionen heimgesucht« worden seien, seien ihnen erspart geblieben.

Bei schlechtem Wetter kamen sie langsam voran. Unter den Männern kursierte eine Liste. Nachdem der Südpol nur eine »Extratour« gewesen war, stand das eigentliche Ziel, der Nordpol, noch aus. Amundsen hatte einst alle von ihnen ursprünglichen Verträgen entbunden, als er während des Aufenthalts auf Madeira bekanntgab, daß die Reise zum Südpol gehe. Jetzt wollte er wissen, ob seine Mannschaft noch zu einer Fahrt durch die Beringstraße ins Nordpolarmeer bereit sei. Er bat um ein Ja oder ein Nein. Die Liste galt nicht für Hjalmar Johansen.

Alle bis auf einen verneinten. Wie bereits in Framheim rief Amundsen die Männer einzeln zu sich, und jetzt antworteten alle außer zweien mit ja. Bjaaland konnte die Gesellschaft des Chefs nicht länger ertragen, und so wie er »den Alten« einschätzte, stand ihnen eine lange und widrige Reise bevor. Sverre Hassel hatte von Amundsen dermaßen die Nase voll, daß er über Kopfschmerzen klagte.

Hjalmar scherte sich nicht um das ganze Theater. Er hatte sich entschieden, am nächsten Hafen abzumustern.

In der Zwischenzeit näherte sich die *Fram* Tasmaniens Küste. Schon vor drei Tagen hatten sie Land gesichtet und versucht, mit dem schwerfälligen Schiff inmitten zahlreicher Riffe und mit zerissenem Vorsegel bei stürmischem Ostwind an Höhe zu gewinnen.

Doch erst am Donnerstag, dem 7. März, konnte Nilsen nach fünf stürmischen Wochen auf See mit der *Fram* den Leuchtturm umschiffen und Storm Bay ansteuern, von wo aus sie Mount Wellington hinter Hobart Town sichteten. Auf dem Weg durch den Fjord kamen Lotsen an Bord, und aufgeregt erkundigte sich Amundsen nach der *Terra Nova*.

Niemand hatte etwas von Kapitän Scotts Schiff gehört.

Amundsens strenges Gesicht verzog sich zu einem Lächeln. Er wußte aus eigener Erfahrung, daß er den Sieg erst in der Tasche hatte, nachdem die Nachricht über ihn in Umlauf gebracht worden war. Auch wenn er zuerst am Pol gewesen war, hätte er in den Augen der Welt als Verlierer dastehen können, falls Scott zuerst ein Telegrafenamt erreichte. Als er sieben Jahre zuvor die Nordwestpassage durchfahren hatte und die *Gjøa* vor der arktischen Küste Alaskas vom Eis eingeschlossen worden war, hatte er eine höchst unwillkommene dritte Überwinterung in Kauf nehmen müssen. Weil er aber wußte, daß die Verbreitung der Neuigkeit keinen Aufschub duldete, machte er sich mit Skiern und Hunden auf den Weg in das neunhundert Kilometer entfernte Eagle City, wo sich die nächste Telegrafenstation befand, und setzte Nansen von seiner Tat in Kenntnis.

Sein Entsetzen war groß, als er später erfuhr, daß jemand den Inhalt des Telegramms an verschiedene Zeitungen in den USA weitergegeben hatte. Das Exklusivrecht, das Nansen der Londoner *Times* zugesichert hatte, war hinfällig, und Roald Amundsen verlor Tausende von Kronen.

So etwas sollte sich nicht wiederholen, und während am Battery Point an der Mündung zum Derwent River die Ankerkette aus der Klüse ratterte, ging er an Land und untersagte seiner Mannschaft, das Schiff zu verlassen und mit Journalisten oder anderen zu sprechen, bevor das Telegramm über die Eroberung des Südpols aufgegeben war. Um sich vor einer erneuten Sabotage zu schützen, verlangte er den Postdirektor der tasmanischen Stadt persönlich zu sprechen.

Sicherheitshalber benutzte er einen Code. Das letzte Wort des Telegramms buchstabierte er folgendermaßen: *Z h m b w*. Nur Leon Amundsen, sein Bruder in Kristiania, wußte, daß die Buchstaben Roald bedeuteten. Er sollte den Inhalt übersetzen und an König Haakon sowie Nansen weiterleiten.

Darauf nahm sich Amundsen ein Zimmer in Hadley's Orient, dem mondänsten Hotel der Stadt, wo er mit seinem Seemannspullover jedoch laut eigener Aussage für einen Herumtreiber gehalten und mit »einer ärmlichen kleinen Kammer« abgespeist wurde.

Draußen auf der Reede warteten seine bierdurstigen Männer, die seit anderthalb Jahren keinen zivilisierten Boden unter ihren Füßen gespürt hatten.

Dennoch verstrichen einige Tage, bevor sie an Land gehen durften. Amundsen wartete zum einen auf die Bestätigung, daß seine Meldung angekommen war, zum anderen sollte das Schiff auf Vordermann gebracht werden, bevor die Fotografen und Journalisten an Bord gelassen wurden. Die Lokalzeitung *The Mercury* war entrüstet, daß über die erste Weltneuheit, die Hobart je erlebt hatte, zuerst in Kristiania und London berichtet werden sollte. Seit Tagen hatten Zeitungen aus aller Welt die Redaktion des *Mercury* telegrafisch um Informationen gebeten, doch diese hatte antworten müssen, daß sie nichts wisse.

Über das Wochenende ging es in die Stadt. Amundsen stattete jeden mit einem halben Pfund Taschengeld aus. Manche vergnügten sich damit mehr als andere. Hjalmar ließ sich volllaufen. Er trank aus Schwermut, nicht aus Lust, und der Alkohol entfaltete eine lähmende Wirkung.

Er hatte durchgehalten, bis das letzte Segel geborgen war, und noch während er im Beiboot saß, das ihn an Land brachte, hatte er einen gewissen Optimismus verspürt, denn unter dem Pullover bewahrte er einen Brief an Hanna, den er aufgeben wollte: »Meine Stellung hat sich Gott sei Dank zum besseren gewendet. Jetzt kann ich eine neue Existenz gründen; die Leute, die glauben, ich sei vor die Hunde gegangen – und solche Leute gibt es drüben in Skien zur Genüge –, sollen sehen, daß sie sich verrechnet haben.«

Doch die Dämonen lauerten unweit des Kais. Es war, als stünde sein Verstand in Flammen; er spürte, wie das Geld in seiner Tasche brannte. Er ging ins »Hope and Anchor« und leerte den ersten Krug.

Zur gleichen Zeit befand sich Roald Amundsen in festlicher Kleidung bei den Honoratioren der Stadt und ließ sich vom Gouverneur Tasmaniens das Glas mit Champagner füllen. Bereits im November hatte der norwegische Konsul der Stadt, der ehrwürdige Mr. James Macfarlane, einen Brief des Außenmini-

Roald Amundsens Südpolexpedition nach der Ankunft in Hobart. Amundsen in der Mitte, Hjalmar Johansen ganz links. Kristian Prestrud und Jørgen Stubberud, Mitglieder der »Ostexpedition«, sitzen links auf dem Boden.

steriums in Kristiania erhalten, in dem er gebeten wurde, sich für einen gebührenden Empfang Amundsens und der *Fram* einzusetzen, wenn das Schiff, vermutlich im Laufe des Februars, auf seiner Rückreise von der Antarktis den Hafen von Hobart anlaufen würde. Macfarlane hatte sich mächtig ins Zeug gelegt, denn selbst die Kirchenglocken erklangen zu Amundsens Ehren, und auf den Kanzeln dankten die Pfarrer für die glückliche Heimkehr der Besatzung.

Hjalmar trieb sich in den folgenden Tagen in der Stadt herum. Er streifte um die Lagerhäuser, aus denen es nach Fisch, Holz und Wolle roch, und wanderte entlang der Princess Wharf, an der das eine oder andere norwegische Walfangschiff lag. In den hinter dem Kai gelegenen Straßen befanden sich die Wirtshäuser, die einst von den freigelassenen britischen Strafgefangenen, die die Stadt aufgebaut hatten, bevölkert worden waren. Jetzt waren sie von Fischern, Seeleuten und den Arbeitern der größten Marmeladenfabrik Australiens in der Hunter Street abgelöst worden. Im »Hope und Anchor« dagegen blieb Hjalmar, verschlossen und eingeschüchtert wie er war, lieber für sich allein. Seinen Vorsatz, sich auch an Land zusammenzureißen, hatte er nicht einlösen können.

Er hatte Amundsen um seine Abmusterung und Geld für die Heimreise gebeten. Am 15. März bestellte ihn dieser zu sich ins Hotel. Er bewohnte nicht mehr ein schäbiges Zimmer zum Hinterhof, sondern eine Suite mit Blick auf die Kathedrale der Stadt. In aller Stille hatte er unabhängig von Hjalmars Wünschen schon alles vorbereitet.

Er schob ein Dokument über den Tisch und bat Hjalmar, es zu unterschreiben:

»Hiermit erkläre ich, bei meiner Abmusterung Kr. 600,– (£ 39:1:2) erhalten zu haben; eine ausreichende Summe, um nach Hause zu gelangen. Gleichzeitig versichere ich – auf Treu und Glauben –, mich in vollem Umfang an den zwischen dem Leiter der Framex(pedition), Roald Amundsen, und mir in Kristiania geschlossenen Vertrag zu halten.«

Mit dem erneuten Hinweis auf den Vertrag wollte Amundsen sichergehen, daß Hjalmar seiner Schweigepflicht nachkam. Der Vertrag untersagte den Teilnehmern, Einzelheiten über die Expedition bekanntzumachen, bevor drei Jahre seit der Rückkehr nach Norwegen vergangen wären. Für Hjalmar bedeutete dies eine fast zehnjährige Schweigepflicht, denn die Expedition sollte noch weitere fünf bis sechs Jahre im Nordpolarmeer verbringen.

Das Treffen zwischen dem Triumphator und dem Verlierer hatte den Charakter eines Standgerichts. Amundsen hatte eine Anklageschrift ausgearbeitet, die er nicht verlas. Ohne es zu wissen, wurde Hjalmar des schwersten Verbrechens bezichtigt, das bei einer Expedition möglich war. In einem Telegramm teilte

Amundsen der Norwegischen Geographischen Gesellschaft mit, Johansen habe nach Hause fahren müssen, weil er sich der Meuterei schuldig gemacht habe.

Amundsen ließ bei seinem Tribunal keine Zeugen zu. Er pflegte sonst zwei Offiziere einzubestellen, wenn jemand entlassen wurde, wie beispielsweise der Stuart auf Madeira. Über diese Vorgehensweise fand sich auch ein Passus in den Mannschaftsverträgen. Die Offiziere waren dazu da, die sachliche Richtigkeit der Entlassung zu bestätigen.

Vor Zeugen hätte Amundsen darlegen müssen, warum Johansen das Schiff verlassen sollte. Aber verfügte er überhaupt über zwei Offiziere, die ihm bestätigt hätten, daß sich Hjalmar der Meuterei schuldig gemacht hatte, als er dem Chef sein panisches Verhalten während des Rückzugs nach Framheim vorwarf? Aus Gründen der Glaubwürdigkeit hätten diese damals anwesend sein müssen, und in diesem Falle wäre Amundsen auf die Aussage des Offiziers Kristian Prestrud angewiesen gewesen, der Hjalmar sein Leben verdankte: Genau deshalb ging Amundsen der üblichen Prozedur aus dem Weg.

Hjalmar hatte womöglich gehofft, die Eroberung des Südpols hätte Amundsen so besänftigt, daß er ihn wieder aufnahm. Doch Amundsen war unnachgiebig; selbst als Sieger war er nicht zu einer Versöhnung in der Lage. Hatte sich jemand Amundsens Feindschaft zugezogen, währte diese ein ganzes Leben.

Gleichwohl verfolgte er noch eine weitere Absicht: Indem er zu Hause die Botschaft von einer Meuterei verbreitete, wollte er Johansen mundtot machen. In einem Telegramm an die Geographische Gesellschaft äußerte er mit Nachdruck, es dürfe um Johansens Person kein Aufheben gemacht werden, wenn er vor den übrigen Teilnehmern der Expedition nach Hause käme, und vor allem solle die Presse darüber Stillschweigen bewahren.

Amundsen hatte nicht im Sinn, den Meuterer zu schützen, wie später einige glaubten. Er wollte sich selbst schützen. Hjalmar Johansen war in Norwegen immer noch ein bekannter Mann, und Amundsen befürchtete, sein eigener Ruf könnte beschädigt werden, wenn die Geschichte um Kristian Prestrud ans Tageslicht käme.

So gesehen lag Amundsen auch viel daran, Nansen und seinen alten Freund zu entzweien. Nach Lysaker schrieb er:

»Leider enthält dieser Brief nicht nur gute Nachrichten. Ich bin gezwungen gewesen, Hjalmar Johansen an Land zu schicken. Sein Benehmen an Bord war von Beginn an alles andere als angenehm. Da er mir während der Überwinterung in einer bestimmten Angelegenheit die Gefolgschaft verweigerte, habe ich ihn von der Expedition zum Pol ausschließen müssen. Das machte alles natürlich noch schlimmer. Nachdem wir hier angekommen waren, betrank er sich, begann Streitereien mit seinen Kameraden und hinderte sie an der Arbeit ...

Er erhält bei seiner Abmusterung sechshundert Kronen sowie die erwünschte Kleidung, um ihm eine ordentliche Heimreise zu ermöglichen. Doch ich zweifle daran, daß er diesen Weg einschlagen wird.«

An dieser Stelle berief sich Amundsen auf Hjalmars Weigerung, die Expedition nach König-Eduard-VII.-Land anzutreten, um seinen Vorwurf der Meuterei zu bekräftigen. Er verschwieg, daß Hjalmar in Gegenwart aller sein, Amundsens, Verhalten beim Rückzug nach Framheim kritisiert hatte und deshalb ausgeschlossen worden war. Hjalmars Befehlsverweigerung war eine *Folge* des Ausschlusses, nicht dessen Ursache gewesen, wie Amundsen Nansen glauben machen wollte.

Es ist durchaus denkbar, daß auch die Schlägerei zwischen Amundsen und Johansen eine Rolle bei dem Vorwurf der Meuterei gespielt hat.

Im Grunde hatte sich Roald Amundsen selbst der Meuterei

schuldig gemacht. Er hatte Kristiania verlassen, ohne Nansen davon in Kenntnis zu setzen, daß sein Ziel der Südpol war. Damit hatte auch er eine Vereinbarung gebrochen. Die Voraussetzung dafür, daß Nansen ihm die *Fram* zur Verfügung gestellt hatte, war sein Ziel im Norden gewesen. Als er seinen Kurs änderte, handelte er nicht nur eigenmächtig, sondern beraubte Nansen darüber hinaus seines ureigenen Plans, der ihm so nachdrücklich vor Augen gestanden hatte. Seit der Überwinterung auf Franz-Josef-Land hatte Nansen vom Südpol geträumt.

Im Jahr, das Amundsens Triumph folgte, schrieb Nansen an den Eroberer des Südpols:

»So war ich im Grunde der Ansicht, Ihre Drift über das Nordpolarmeer sei von größerer wissenschaftlicher Bedeutung als meine Entdeckung des Südpols ... und so mußte ich mich blutenden Herzens von meinem seit langem gehegten Plan verabschieden, der die Erfüllung meines Lebens hätte sein sollen – um Ihrer Expedition willen ... Doch was es wirklich hieß, mich von den Gedanken, die ich so lange verfolgt und die in mir Wurzeln geschlagen hatten, zu trennen, das wurde mir erst später bewußt ...«

Auch Hjalmar hatte sicherlich gehofft, Nansen werde seine Südpolexpedition, über die sie auf Franz-Josef-Land so viel gesprochen hatten, in die Tat umsetzen. Doch letztlich entpuppte sich Nansens Traum vom Südpol als Lebenslüge.

Seine berühmte Expedition bis 86° 14' forderte ihren Tribut, den Nansen nicht nur der Familie, der Diplomatie und der Wissenschaft zu entrichten hatte. Vielleicht fürchtete er, der schon zu Jackson bei Kap Flora gesagt hatte, daß er nie mehr in die Arktis zurückkehren wolle, ganz einfach eine erneute Begegnung mit dem Packeis. Aber das hätte Nansen niemals eingestehen können, weder sich selbst noch anderen und schon gar nicht seinem treuen Gefährten Hjalmar Johansen.

Die Eroberer des Südpols erregten großes Aufsehen, als die *Fram* in Hobart auf Tasmanien vor Anker ging. Hjalmar ging in dieser Stadt von Bord.

Außer der Post hatte die *Fram* auch einen ganzen Jahrgang heimischer Zeitungen dabei. Amundsen, der wegen seines Coups Nansen gegenüber ein schlechtes Gewissen hatte, durchforstete sie nach etwaigen Reaktionen. Zu seiner Erleichterung hatte Nansen ihn gegen den Groll der öffentlichen Meinung in Schutz genommen.

In einem Brief, den er Nansen aus Hobart schickte, schrieb er: »Immer und immer wieder habe ich versucht, die richtigen Worte zu finden, um meinen Dank Ihnen gegenüber zum Ausdruck zu bringen, aber vergeblich. Mit Ihrem Namen bürgten Sie für meine Handlungen. Mit Ihrer Autorität brachten Sie die skandallüsterne Menge zum Schweigen.«

Amundsen erhielt Absolution, als er sie am stärksten herbeisehnte. Hjalmar dagegen ließ er hängen.

Doch Amundsens Feldzug gegen Hjalmar war noch nicht beendet. In einem weiteren Telegramm bat er seinen Bruder, die

Vorschußzahlungen von Hjalmars Heuer einzustellen. Als Leon Amundsen einige Monate darauf einen Stapel Fotografien von der Schlittenexpedition erhielt, darunter Olav Bjaalands berühmtes Foto vom Südpol, bekam er folgendes Begleitschreiben: »Johansen rausgeworfen. Hoffnungsloser Fall.« Niemand gab Hilda in Skien eine Erklärung dafür, warum die Zahlungen ihres Mannes plötzlich eingestellt wurden.

Alle verließen Hobart am selben Tag, dem 20. März 1912. Am Morgen reiste Amundsen auf das australische Festland, um seinen ersten Vortrag über die Südpolexpedition zu halten. Kurz vor 14 Uhr lichtete die *Fram* den Anker und nahm Kurs auf Kap Hoorn und Buenos Aires. Am Abend begab sich Hjalmar Johansen an Bord des Frachtschiffes *Palma*, das mit siebzehntausend Obstkisten im Laderaum nach London aufbrach. Auf seinem Weg sollte das Schiff einen kurzen Zwischenstopp in Melbourne machen.

Hjalmars letzte und schwierigste Reise hatte begonnen.

25

An der Tür in Lysaker klopfte es. Draußen stand ein Bote mit einem Telegramm. Ein Diener signierte zur Bestätigung des Empfangs und brachte das Telegramm die Stufen zum Turm hinauf, in dem Fridtjof Nansen in seinem Arbeitszimmer saß.

Nansen sah, daß es aus Melbourne kam. Um was konnte es sich handeln? Er kannte doch niemanden dort.

Er öffnete das Kuvert und las.

Um Gottes willen ...

Er nahm den Briefbogen, trat ans Fenster und blickte über den Fjord. Schlagartig erinnerte er sich an damals, als sie mit der *Fram* unterwegs gewesen waren.

Der April war eine Woche alt. Draußen am Strand holte ein einsamer Fischer sein Netz ein.

Er las erneut.

»Kannst Du mich nach Hause holen? Grüße – Hjalmar.«

Ungefähr zur gleichen Zeit traf beim norwegischen Außenministerium ein Telegramm des norwegischen Generalkonsulats in Melbourne ein: »Captain Hjalmar Johansen member Amundsen expedition applies assistance sending home telegraph instruction.«

Das Außenministerium wandte sich schriftlich an den Anwalt beim Obersten Gerichtshof, Alexander Nansen in der Karl Johan Gate 27. Der Bruder Fridtjof Nansens fungierte als Amundsens Anwalt und war Mitglied des Komitees, das die Interessen der Nordpolexpedition – derzeit der Südpolexpedition – in Norwegen vertrat. Das Außenministerium fragte an, ob das Komitee in dieser Sache eine Verfügung erlassen könne.

Alexander Nansen war unschlüssig, denn er wußte nicht, ob Johansen freiwillig seinen Abschied genommen hatte oder von Amundsen rausgeworfen worden war. Der einzige Bescheid, den er erhalten hatte, war, die Zahlungen an Johansens Frau einzustellen.

Er telefonierte mit dem Ministerium, und man einigte sich, daß Johansen nach Hause geholfen werden müsse, um einen Skandal zu vermeiden. Das Komitee hatte sich bereiterklärt, die Kosten zu übernehmen. Das Ganze müsse jedoch auf die billigste Weise geschehen, und außerdem dürfe Johansen kein Geld in die Finger bekommen.

Das Ministerium telegrafierte zurück nach Melbourne und erstellte eine Kopie des zu Protokoll gegebenen Textes. Der Sachbearbeiter notierte am Rand: »Johansens Rang als Offizier sollte in jedem Fall eine Reise Zweiter Klasse rechtfertigen.«

Doch die Anweisung war eindeutig, Johansens Fahrkarte war

eine unwillkommene Belastung des Expeditionsbudgets, die Heimreise sollte immer noch auf die billigste Art erfolgen. Dem Generalkonsulat gelang es, Hauptmann Johansen »einen guten Schlafplatz Dritter Klasse« für siebenundzwanzig Pfund und sechzehn Schilling zu verschaffen. Hjalmar war zufrieden. Am 20. April verließ er Melbourne auf dem Dampfschiff *Gneisenau*. Bestimmungsort: Bremen.

Das Telegramm, das er Nansen geschickt hatte, war nicht beantwortet worden.

Irgendwann im Mai erhielt Nansen den Brief vom Eroberer des Südpols aus Hobart. Nun hatte er Amundsens Version. Benötigte er die Hjalmars? In seinem Brief, geschrieben an Bord der *Fram*, hatte der Verstoßene sich ja nicht zu der Sache geäußert.

Sechsundvierzig Tage lang brütete Hjalmar in der feuchtwarmen Dritte-Klasse-Kabine des deutschen Schiffes vor sich hin. Woran dachte er? Er war das Eis leid. Sieben Jahre waren genug. Er beschloß, daß dies seine letzte Reise ins Polargebiet gewesen war.

Aus irgendeinem Grund landete er in Antwerpen. Er war mittellos, begab sich aufs Konsulat und bat um Hilfe für Unterkunft, Kleidung und die Heimreise. Der Generalkonsul gab ihm zweihundert belgische Francs, genug für einen fünftägigen Aufenthalt in der Stadt, bis das nächste Schiff nach Norwegen ablegen würde. Dem Außenministerium teilte der Generalkonsul mit:

»Da Johansen der erste der Teilnehmer ist, der nach Hause zurückkehrt, war ich der Meinung, daß seine Ankunft von allgemeinem Interesse sein könnte.«

Das Außenministerium warnte Anwalt Nansen. Es werde Aufregung geben. Am selben Tag, an dem die *Brabant* mit Hjalmar an Bord in Sandefjord einlief, informierte der Anwalt sämtliche Zeitungsredaktionen in Kristiania. Er klärte sie über den Hintergrund von Johansens Rückkehr auf und bat darum, von Interviews mit diesem Abstand zu nehmen. Die Zeitungen folgten seinem Wunsch.

Roald Amundsen hatte in seiner Vertuschungskampagne den ersten Stich gemacht.

Ein Journalist des *Sandefjords Blad* hatte dennoch bereits einige Worte mit Hjalmar gewechselt, die von der Morgenzeitung abgedruckt wurden, bevor der Bannspruch wirksam wurde. Doch auch in diesem Fall sammelte Amundsen Punkte, denn Hjalmar sagte vor allem gleichgültige Dinge: Doch, es sei eine angenehme Reise gewesen; nein, auf der Eisbarriere gebe es keine Bakterien.

Als sei Hjalmar ein Bestandteil des Komplotts gegen sich selbst, äußerte er sich auch positiv über Amundsens Qualitäten als Expeditionsleiter. Aber dazu war er »wohl oder übel« gezwungen, wie Alexander Nansen kurz darauf in einem Brief nach Buenos Aires schrieb, wo sich Amundsen wieder der *Fram* anschloß.

Hjalmar reiste nicht nach Skien, sondern schickte nur ein Telegramm, daß alles in Ordnung sei. Er fuhr mit der *Brabant* weiter nach Kristiania, wo er am späten Abend des 11. Juni eintraf.

Würde er endlich Fridtjof Nansen begegnen und seine Sicht der Dinge erläutern können, was er sich schon in Framheim und später während der Fahrt über das Rossmeer gewünscht hatte?

Vielleicht. Doch die Qualen und Grübeleien der langen Reise hatten ihn zermürbt. Außerdem kam er zu spät. Nansen war schon dabei, für eine Expedition nach Spitzbergen die Segel zu setzen, wo er den Sommer zu wissenschaftlichen Zwecken mit seiner Jacht *Veslemøy* verbringen wollte. Nansen hatte im übrigen keinen Versuch unternommen, mit Hjalmar Kontakt aufzunehmen, obwohl er von dessen Ankunft wußte.

Amundsens Brief hatte offenbar Eindruck gemacht. Seinem Bruder gegenüber hatte er geäußert, Johansens Verhalten sei »sowohl unangenehm als auch aufsässig« gewesen. Amundsens Kampagne war dabei, den früheren Volkshelden in eine Unperson zu verwandeln, selbst in Nansens Augen. Außerdem hatte ihn Hjalmars Telegramm aus Melbourne beunruhigt. Es klang wie ein Hilferuf aus vergangenen Zeiten, von denen er gehofft hatte, sie seien vorbei, als er Hjalmar zu seiner goldenen Chance verhalf.

Nansen mußte sich entscheiden, ob er sich in die Auseinandersetzung einmischen wollte. Sich von Amundsen zu distanzieren war nach dem nationalen Ereignis der Südpoleroberung unmöglich. Nur wenige kannten Hjalmar so gut wie Nansen – dessen Gefühle, dessen Stärken und Schwächen. Er wußte, wenn der Freund von einst je Hilfe nötig hatte, dann jetzt. Nansen jedoch verließ die Bühne, bevor er sich überhaupt ein Bild davon gemacht hatte, was in der Antarktis wirklich vorgefallen war. Offenbar wollte er es auch nicht wissen.

Die Fahrt nach Spitzbergen kam ihm noch aus einem anderen Grund gelegen. Als Amundsen seine Pläne geändert und statt des Nordpols den Südpol ins Auge gefaßt hatte, hatte er ihn verteidigt. Im Grunde aber hatte ihn Amundsens Geheimniskrämerei gekränkt, und er begann ernsthaft daran zu zweifeln, ob dieser jemals eine Nordpolexpedition unternehmen würde – Nansens eigentliches Faustpfand, um weiterhin seine Rolle als Bürge zu spielen. Daher besaß er auch kein besonderes Interesse daran, Amundsen bei seiner Rückkehr persönlich zu empfangen. Er zog es vor, erst eine Weile später aufzutauchen. Seine Forschungsarbeit verschaffte ihm ein willkommenes Alibi.

Während Amundsen den Rest seiner Mannschaft von Buenos Aires aus mit einem Passagierschiff nach Hause schickte, blieb er im selbstgewählten Exil bei seinem norwegisch-argentinischen Mäzen Don Pedro. Als das Budget der Expedition am stärksten belastet war, hatte der wohlhabende Don Pedro ihre Fortsetzung finanziell ermöglicht, und nun hatte er Amundsen zu einer komfortablen Unterkunft verholfen, wo dieser sich bis auf weiteres auf das Schreiben seines Expeditionsberichts konzentrieren konnte.

Immer noch wußte niemand, wann Amundsen zu seinem Volk, falls ein solches überhaupt existierte, zurückkehren würde. Mit Nansens Ausstrahlung, seiner Warmherzigkeit und seinem Charme konnte der Eismann von der Barriere es nicht aufnehmen, der nach wie vor von einzelnen bezichtigt wurde, den Pol auf unlautere Weise erobert zu haben. Eine Begrüßung, wie sie Nansen und Johansen nach der *Fram*-Expedition erlebt hatten, wäre Amundsen niemals zuteil geworden.

Während also Nansen und Amundsen sich jeweils ihrem Teil der Erde widmeten, streifte Hjalmar durch die Sommernacht Kristianias. Doch auch die vermochte nicht, ihn aufzuheitern.

Erneut war er blank, und nachdem eine Woche vergangen war, suchte er Alexander Nansen in seinem Büro beim Obersten Gerichtshof auf. Hjalmar vertrat die Ansicht, ihm stünden noch dreihundert Kronen aus seiner Heuer zu.

Der Anwalt sah ihn durchdringend an. Hjalmar habe sowohl in Hobart als auch in Melbourne Geld für Fahrkarten bekommen; weitere Verpflichtungen seitens der Expedition könne er, Nansen, nicht erkennen.

Hjalmar protestierte; wieder einmal stand er als Bittsteller vor einem Nansen. Das, was er in seinem Brief nach Lysaker nicht erwähnt hatte, versuchte er jetzt Fridtjof Nansens Bruder zu berichten. Er habe sich erlaubt, Amundsen auf die Gefahr hinzuweisen, die der frühe Start von Framheim mit sich brachte – so sei das ganze »Durcheinander« entstanden.

Der Anwalt verabschiedete sich und lieh ihm bis auf weiteres zehn Kronen. Hjalmar nahm das Almosen entgegen.

Die Tage vergingen. Am 1. Juli erreichte die Besatzung der *Fram* an Bord der *Venus* Bergen. Am folgenden Tag wurde im Grand Hotel von Kristiania ein Fest veranstaltet. Alexander Nansen war Mitglied des Festkomitees, doch Hjalmar zählte nicht zu den Gästen. Hatte man ihn vergessen?

Während des Fests sprach der Anwalt mit den Mannschaftsmitgliedern. Das Gespräch mit Hjalmar noch in Erinnerung, erkundigte er sich, was in Framheim vorgefallen sei, »um den wirklichen Hergang zu erfahren«, wie er später Amundsen schrieb. »Von diesem habe ich auch sofort Kenntnis erlangt.«

Erneut fielen die Männer Hjalmar in den Rücken. Sie waren Helden. Nur die offizielle Version durfte verbreitet werden. Schließlich mußten sie an ihr Schweigegelöbnis denken.

Hjalmar war zum Aussätzigen geworden, den man mied.

An einem rauschenden Sommerfest bei St. Hanshaugen nahm Hjalmar allerdings teil und gehörte für einen Moment wieder dazu. Die Stimmung war ausgelassen, und während eine Musikkapelle aufspielte, applaudierte die Menge den Eroberern des Südpols. Hjalmar bahnte sich den Weg zum Rednerpult, und es sah so aus, als wollte er das Wort ergreifen. Doch jemand hielt ihn zurück. Es war Alexander Nansen, der immer noch panische Angst vor einem Skandal hatte.

Hjalmar versuchte, sich loszuwinden, hielt aber inne, als er den Anwalt sagen hörte:

»Sie schaden sich selbst. Ich habe so gute Karten gegen Sie in der Hand, daß ich mich an Ihrer Stelle schön zurückhalten würde.«

Gute Karten? Dachte er an den Vorwurf der Meuterei?

Nansen mußte sie nicht ausspielen. Hjalmar kuschte, und Nansen berichtete nach Buenos Aires, Hjalmar sei »natürlich betrunken« gewesen.

Hjalmars Zustand beunruhigte Roald Amundsens Interessenvertreter in Norwegen. Nicht der Mann an sich bereitete ihnen

Sorgen, sondern der Gedanke, er könne Amundsen jederzeit Schaden zufügen. Hier mußte gehandelt werden.

Vor Hjalmars Rückkehr nach Norwegen hatte Hilda seinen Brief an Leon Amundsen weitergeleitet mit der Frage, ob die Zeitungen in Skien Auszüge abdrucken dürften. Sie wollte ein wenig Geld hinzuverdienen, nachdem Hjalmars Heuer nicht mehr an sie ausgezahlt wurde.

Leon Amundsen las den Brief aufmerksam. Durch diesen Zufall erfuhr der Bruder des Chefs als einziger außer Hilda von Hjalmars Version der Vorgänge, die sich während des Rückzugs von der Eisbarriere zugetragen hatten, davon, daß Roald geflüchtet sei und Prestrud im Stich gelassen habe.

Der Brief durfte unter keinen Umständen an die Öffentlichkeit gelangen. Nach neun Tagen schickte er ihn Frau Johansen mit dem Bescheid zurück, daß eine Veröffentlichung einem Bruch von Hjalmars Heuervertrag gleichkäme.

Aber der Brief offenbarte, daß Hjalmar eine Geschichte zu erzählen hatte, und aufgrund des Ansehens, das Nansens alter Reisegefährte immer noch genoß, konnte Roald Amundsens Bruder ein öffentliches Interesse an Hjalmars Äußerungen nicht ausschließen. Er fürchtete, der Geldmangel könne Hjalmar auf dumme Gedanken bringen, und schickte einen Brief an den Bruder in Argentinien: »Er besitzt nicht eine müde Öre, und ich fürchte, es könnte ihm einfallen, Artikel und Bücher zu schreiben – das würde alle weiteren Vorhaben gefährden. Ich frage mich, ob es nicht klug wäre, etwas für ihn zu tun.«

Der Chef wußte, daß es Spuren zu verwischen galt, und richtete für den Übeltäter ein Konto mit dreihundert Kronen ein, die Hjalmar in kleinen Portionen aufbrauchen konnte.

Das Mißtrauen, das Alexander Nansen und Leon Amundsen gegenüber Hjalmar hegten, zeugte von ihrem schlechten Gewissen. Schon auf der Brücke in Sandefjord hatte Hjalmar, der ein ausgeprägtes Ehrgefühl besaß, signalisiert, daß er genausowenig vorhatte, sein Schweigegelöbnis gegenüber Amundsen zu brechen, wie er nach seiner Heimkehr vom Nordpolarmeer über seine Kontroversen mit Fridtjof Nansen gesprochen hatte. Trotz der Strafe, die Amundsen ihm in Framheim zugedacht hatte – für wie ungerecht er sie auch hielt –, entschloß sich Hjalmar, sein Stillschweigen zu bewahren.

Die Flucht Amundsens sowie der Aufruhr in Franheim sind den Zeitgenossen daher nie bekannt geworden. Erst mit der Veröffentlichung von Hjalmars Tagebüchern fünfzig Jahre später wurde seine Tragödie deutlich. Dann erst erfuhr die Polarnation, warum Hjalmar Johansen selbst nicht den Südpol erreicht hatte.

Roald Amundsen gelangte Ende Juli unbemerkt nach Kristiania. Die letzte Etappe seines Wegs von Buenos Aires hatte er mit dem Zug aus Kopenhagen zurückgelegt. War es die Angst vor fehlender Aufmerksamkeit, die ihn verkleidet und unter falschem Namen reisen ließ? Keine Musikkapelle, keine Triumphbögen, keine Journalisten – nur eine Straßenbahn beförderte ihn in die Stadt. Er nährte damit die Vorstellung, die Expedition sei noch nicht abgeschlossen und Norwegens Hauptstadt lediglich ein notwendiger Zwischenstopp auf dem Weg zum Nordpol.

Hjalmar wußte noch nicht, daß sich sein Widersacher wieder in der Stadt aufhielt. Er selbst hatte sich in Fru Byes Hotel am Egertorget mehr oder minder verkrochen.

Drei Wochen darauf veranstaltete das Königspaar für Roald Amundsen und seine Mannschaft ein Festbankett im Schloß. Hjalmar gehörte nicht mehr dazu. Vielleicht stand er draußen im Park, als die anderen in der Eingangshalle Aufstellung nahmen und zum König hineinmarschierten.

Jørgen Stubberud beschrieb, was dann folgte: »Roald Amundsen trat vor und heftete jedem von uns die Südpolmedaille samt Inschrift an.«

Das Licht im Festsaal brannte lange an diesem Abend.

Hjalmar war längst nach Hause gegangen, ohne Medaille an der Brust.

Dann kam der Herbst. Das Laub verfärbte sich. Roald Amundsen begab sich mit seinem Vortrag über den Südpol auf Europatournee. Fridtjof Nansen wiederum hielt es für an der Zeit, von seiner Expedition aus Spitzbergen zurückzukehren.

Gunda Bye wollte Hjalmar nicht länger auf Pump in ihrem Hotel einquartieren. Daraufhin zog dieser in ein schäbiges Haus in der Bakkegate, inmitten des schlimmsten Bezirks. Dort bewohnte er ein kahles Dienstmädchenzimmer, das nur durch einen Vorhang von der Küche getrennt war. Sein einziger Besitz waren einige verschlissene Kleidungsstücke und ein Kästchen für seine Rasierutensilien.

Tagsüber streifte er ziellos durch die Stadt. Hatte er ein wenig Geld, ging er ins Grand Café. Dort begegnete er hin und wieder dem Journalisten und Schriftsteller Sven Elvestadt, der Hjalmar folgendermaßen beschrieben hat:

»Wie jedermann weiß, war er ein höchst durchschnittlicher Mann, der nichts Außergewöhnliches ausstrahlte. Bei Gesprächen gab er sich meistens einsilbig. Doch manchmal fiel mir auf, wie seine Augen einen sonderbar abwesenden Ausdruck annahmen. Einen suchenden. Auch konnte er schwermütig und schweigsam, gleichsam lauschend, in einem schummrigen Winkel sitzen. Wenn ihn dann jemand ansprach, zuckte er zusammen, und seine Antwort zeigte, daß er weit weg gewesen war.«

Eines Nachmittags blieb Hjalmar vor dem Schaufenster einer Buchhandlung stehen. Roald Amundsens Expeditionsbericht war erschienen. Er trug den Titel *Südpol* und umfaßte zwei Bände mit Ledereinband. Auf Seite 4 schreibt der Eroberer:

»Der tapferen kleinen Schar, die an jenem Abend auf Madeira versprach, mir beim Kampf um den Südpol beizustehen – meinen Kameraden widme ich dieses Buch.«

Während Amundsen in Argentinien noch mit seinem Manuskript beschäftigt war, saß Nansen in seinem Turmzimmer in Lysaker und verfaßte das Vorwort zu einem Buch, das er nicht gelesen hatte. Immer noch betrachtete er den Mann, der ihn betrogen hatte, mit Skepsis, schrieb aber dennoch: »Wenn der Entdecker siegreich nach Hause zurückkehrt, jubeln ihm alle zu.« Auch an Lob ließ er es nicht fehlen: »Auf den einzelnen Mann kommt es an, hier wie überall sonst ... Der Glanz der Tat wird unvergänglich sein.«

Was war mit Hjalmars Tat? Amundsen war es gelungen, aus dem vormaligen Helden eine Persona non grata zu machen, doch sein Rachedurst war noch immer nicht gestillt, und im Buch führte er den letzten und entscheidenden Stoß aus.

Über den Rückzug von der Eisbarriere schreibt der Sieger: »Die beiden ersten Schlitten kamen um vier Uhr nachmittags an, der nächste um sechs. Zwei weitere folgten um halb sieben. Der letzte kam nicht vor halb eins in der Nacht – Gott weiß, was sie unterwegs getrieben haben.«

Eines Tages hörte Hjalmar durch den Vorhang, daß sich ein Mann draußen an der Treppe nach ihm erkundigte. Er war Besuch nicht gewohnt und versuchte zu verhindern, daß der Fremde ihn in seiner Erniedrigung zu Gesicht bekam. Aber es war zu spät, der Wirt hatte den Mann bereits zur Küche hereingelassen.

Bei dem Mann handelte es sich um Adolf Hoel, den Geologen, der Hjalmar im Hafen von Virgo aufgenommen hatte, nachdem dieser gemeinsam mit Lerner Spitzbergen durchquert hatte. Eine gemeinsame Bekannte hatte ihn darüber informiert, wie schlecht es um Hjalmar stand und daß er Hilfe brauchte.

Die Bekannte hieß Dagmar Lehne. Sie war die Tochter von einem Freund Hjalmars in Tromsø und wohnte in Fru Byes Hotel. Sie hatte Mitleid mit Hjalmar, den sie hin und wieder finanziell unterstützte. Als eines Tages auch sie eine seiner Rechnungen nicht bezahlen konnte, bat sie Nansen in einem verzweifelten Brief um fünfzig oder hundert Kronen, um Hjalmar aus der Klemme helfen zu können. Den Rest würde sie schon allein schaffen. Doch, so erzählte sie Hoel, Hjalmar habe umziehen müssen, und seitdem sei es mit ihm stetig bergab gegangen. Schließlich hatte sie Hoel seine jetzige Adresse gegeben.

Hoel trat in Hjalmars Zimmer und war über die Armseligkeit seiner Lebensumstände erschrocken.

»Hier können wir nicht reden. Laß uns spazierengehen«, sagte Hjalmar.

Hoel nahm ihn mit ins Grand Café. Er mußte an die Begegnung mit dem Vorsitzenden der Norwegischen Geographischen Gesellschaft vor einigen Monaten denken. Dieser hatte ihm von einem Telegramm erzählt, das er von Amundsen erhalten habe: Hjalmar Johansen habe eine Meuterei begangen. Hoel, der Hjalmar von seiner Spitzbergenexpedition her kannte, weigerte sich, das zu glauben.

Er erwähnte das Telegramm jedoch nicht. Statt dessen versuchte er, Hjalmar zum Reden zu bringen. Hjalmar aber war schweigsam wie immer und starrte die meiste Zeit auf das Tischtuch. Es war nicht leicht, ihn aus der Reserve zu locken.

»Hast du Nansen getroffen?« fragte Hoel plötzlich.

Hjalmar schaute ihn an. Nein, er habe Nansen nicht getroffen. Es habe sich nicht ergeben.

In der Vorweihnachtszeit trafen sich Hoel und Hjalmar mehrere Male im Grand Café. Hjalmar sprach weder von seiner Familie noch von Nansen. Doch nachdem er mit der Zeit Hoels Vertrauen gewonnen hatte, begann er von Roald Amundsen zu erzählen.

Er sprach von seinen Warnungen vor einem zu frühen Start

und von dem Rückzug von der Eisbarriere. Zum ersten Mal berichtete er auch vom Wortgefecht am Frühstückstisch und der Auseinandersetzung mit dem Chef.

Adolf Hoel begriff, daß er keinem Meuterer gegenübersaß. Er hatte mit einem Freund der staatlich geförderten Spitzbergenexpeditionen gesprochen, an denen er selbst teilnahm. Der Winter sollte dazu genutzt werden, Forschungsergebnisse auszuwerten und die Expedition des nächsten Jahres auszuarbeiten. Der Freund hielt sich in Tingelstad in Hadeland auf und benötigte einen Assistenten. Hoel fragte Hjalmar, ob er an dieser Stelle interessiert sei.

Hjalmar lächelte. Er sei froh über das Angebot und wolle gern nach Tingelstad reisen.

Die Arbeit, fuhr Hoel fort, solle erst nach Neujahr aufgenommen werden, doch wenn Hjalmar Lust habe, könne er gerne mit ihnen in Hadeland Weihnachten feiern. Hjalmar nickte, und sie verabredeten, sich am 23. Dezember beim Ostbahnhof zu treffen.

Der Zug fuhr um drei Uhr ab. Hjalmar war nicht erschienen.

Zwischen Weihnachten und Neujahr zog Hjalmar in Fru Byes Hotel zurück. Das Jahr 1912 ging seinem Ende entgegen.

Das neue Jahr begann frostig. Am Abend des 3. Januar zog Hjalmar seinen Wintermantel an und begab sich hinaus in die Kälte. Die Hände tief in den Taschen vergraben, durchquerte er langsam den kleinen Park Studenterlunden und bog ab auf die Drammensveien.

Bei der Universitätsbibliothek ging er über die Straße und in den Sollipark. Im Schutz der Bäume holte er die sechsläufige Pistole hervor, die ihn begleitet hatte, seit er an Bord der *Fram* gegangen war.

Er hielt sie an den Kopf und drückte ab.

NACHWORT

Hjalmar Johansen wurde 45 Jahre alt. Die Trauerfeier fand am 9. Januar 1913 in der Odd-Turnhalle in Skien statt.

Für ein gewisses Aufsehen sorgte, daß Fridtjof Nansen nicht gekommen war. Sein jüngster Sohn war schwer erkrankt. Außerdem hielt ihn sein Verhältnis zu kirchlichen Ritualen davon ab, Beerdigungen zu besuchen. Gleichwohl schickte er einen Kranz: »Dank für die treue Kameradschaft«. Und er bot an, die Beerdigung zu bezahlen.

Auch Roald Amundsen erschien nicht. Er befand sich gerade auf dem Weg über den Atlantik, als der Schuß durch den Sollipark hallte.

Leon Amundsen erwog zwar, im Namen der Eroberer des Südpols einen Kranz niederzulegen, nahm dann aber davon Abstand, weil das Verhältnis seines Bruders zu Hjalmar Johansen so schlecht gewesen war.

Von der Südpolmannschaft erschienen Kristian Prestrud, Sverre Hassel und der Kapitän der *Fram,* Thorvald Nilsen; von der Nordpolexpedition kam Sigurd Scott-Hansen.

Während der Trauerfeier sagte Prestrud: »Wir werden dich als den kraftstrotzenden Kerl in Erinnerung behalten, der du gewesen bist, der nie einer Gefahr auswich und immer nach vorne sah.«

Die Zeitungen der Hauptstadt brachten Nachrufe. Das *Morgenbladet* schrieb: »... er war einsam und fühlte sich hier an Land nicht sonderlich wohl. Es waren die Fahrten und die Strapazen, die ihn aufrecht hielten. Zwischen diesen Schlachten aber sank er in sich zusammen. Der Tod war für ihn sicherlich eine Befreiung.«

Am 18. Juli bedachte das Parlament die Teilnehmer der Roald-Amundsen-Expedition mit einem Ehrensold. Die Eroberer des Südpols erhielten je viertausend Kronen, die anderen, auch die Mannschaft der *Fram*, bekamen dreitausend. Die Familie von Hjalmar Johansen ging leer aus.

Am 29. August beklagte sich Frederick Gjertsen, der stellvertretende Kommandeur der *Fram*, in einer Zeitung über diese Taktlosigkeit. Er lehne seine Prämie ab, solange nicht auch den Angehörigen Hjalmar Johansens Gerechtigkeit widerfahre.

Am 27. Februar 1914 verkündete die Regierung auf königlichen Erlaß, daß die vier Kinder von Hjalmar Johansen je eintausend Kronen erhalten sollten.

Roald Amundsen trieb sein schlechtes Gewissen um, und so veranlaßte er, daß auch Hjalmar Johansen posthum die Goldmedaille König Haakons des Siebten für die Teilnahme an der Südpolexpedition verliehen wurde. Am 28. September schrieb Hilda Johansen in einem Brief an Roald Amundsen: »Ich bitte Sie, meinen herzlichen Dank für die Südpolmedaille meines Mannes entgegenzunehmen, die Sie mir freundlicherweise zuschickten. Wir haben uns so darüber gefreut; meine Kinder und ich werden sie immer in Ehren halten. Herzlichen Dank!«

Hilda Johansen ist später gefragt worden, ob Amundsen sich Hjalmar gegenüber ungerecht verhalten habe. Sie antwortete: »Darüber spreche ich nicht. Ich will mich nicht daran beteiligen, den Ruf eines großen Mannes in den Schmutz zu ziehen.«

Sie arbeitete weiterhin als Angestellte einer Filiale der Norges Bank in Skien und schaffte es tatsächlich, ihren vier Kindern das Abitur zu ermöglichen.

Sie sprach selten von der Tragödie ihres verstorbenen Mannes.

Drei Wochen nach seinem Tod schrieb sie einen Brief an Fridtjof Nansen: »Haben Sie herzlichen Dank für Ihre Güte!

Hilda schaffte es, alle vier Kinder das Abitur machen zu lassen. *Von links*: Trygve, Hjalmar, Margit und Per.

Vielen Dank für die Freundschaft und Warmherzigkeit, die Sie Hjalmar zu seinen Lebzeiten erwiesen haben und auch jetzt, da er tot ist, entgegenbringen.«

Es sollte fast ein Jahr vergehen, bis Fridtjof Nansen sich äußerte. Am 13. Dezember schrieb er für das Jahrbuch der Norwegischen Geographischen Gesellschaft einen Nachruf auf Hjalmar:

»Ich erinnere mich nicht mehr daran, wie ich HJALMAR JOHANSEN kennengelernt habe. Er bewarb sich bei mir für die Fram-Expedition, tat dies aber vermutlich mit der ihm eigenen Zurückhaltung und Bescheidenheit, so daß sich mir unsere erste Begegnung nicht eingeprägt hat.

Ich erinnere mich aber, daß ich den einfachen und umgänglichen Kerl mit der gedrungenen Figur und den treuherzigen Augen auf Anhieb sympathisch fand – außerdem hatte ich ja gehört, daß er der beste Turner des Landes und ein guter Skiläufer sei. Ich wollte ihn gerne in die Mannschaft aufnehmen, doch da kein anderer Platz mehr frei war, bestand die einzige Möglichkeit darin, ihn als Heizer zu beschäftigen. Er erklärte sich sofort bereit. Für ihn war entscheidend, daß er dabei war. In welcher Position, schien ihm völlig nebensächlich zu sein.

So wurden wir uns einig. Er hatte keine Erfahrung auf See, und die Arbeit in dem warmen Maschinenraum des schaukelnden Schiffs war alles andere als angenehm, aber er verrichtete seine Arbeit als Heizer mit einer Beständigkeit und einer Zuverlässigkeit, die bewundernswert war. Und so war es mit allem, dessen er sich annahm, man konnte sicher sein, daß es gut und zuverlässig ausgeführt wurde ...

Und dann erinnere ich mich noch genau an den Augenblick, als ich ihm den Plan erläuterte, die *Fram* zu verlassen, um mit Skiern, Schlitten und Hunden zum Pol vorzustoßen, und dann Richtung Franz-Josef-Land und Spitzbergen. Ich hatte die Schwierigkeiten, die uns erwarteten, nicht verschwiegen und bat ihn, alles gründlich abzuwägen, bevor er eine Entscheidung träfe. Er sah mich ganz ruhig an, als ob es lediglich um eine Stelle als Bürogehilfe ginge, und antwortete, er brauche nicht länger zu überlegen, er sei gerne dabei. Und so, ohne viel Gerede, wurde er mein Reisegefährte. Wir verbrachten fünfzehn Monate gemeinsam im Eis, die ganze Polarnacht hindurch, und wir hatten einiges durchzustehen, doch niemals enttäuschte er mich. Einen zuverlässigeren Kameraden im Eismeer hat es niemals gegeben.«

In diesem Nachruf räumt Nansen auch ein, in all den Jahren seit der Expedition über das Nordpolarmeer eine »schmerzliche Erinnerung« bewahrt zu haben. In ihren Tagebüchern erwähnen sowohl Nansen als auch Hjalmar jene Episode, als Hjalmar in den Spalt fiel und seine Kleider steiffroren. Keiner von ihnen zitiert jedoch Nansens Antwort auf Hjalmars Frage, ob sie nicht ein Lager aufschlagen könnten:

»Herrgott, wir sind doch keine Weiber!«

Erst im Nachruf erzählt Nansen die ganze Geschichte und berichtet auch, wie sich Hjalmar ein Jahr später in der Hütte auf Franz-Josef-Land darüber beklagte, er habe es nicht verdient gehabt, als Weib bezeichnet zu werden. »Er hatte recht, das hatte er wirklich nicht verdient; diese Geschichte habe ich nie vergessen«, schreibt Fridtjof Nansen.

Er beschließt seine Erinnerung an Hjalmar folgendermaßen:

»Möge HJALMAR JOHANSEN in der Erinnerung seiner Nachkommen als der treuherzige Mann weiterleben, der er war, als das Bild eines furchtlosen norwegischen Sportsmannes. Er versprach nie etwas, das er nicht halten konnte, und tat immer genau, was er sagte. Ein tapferer, umgänglicher Mann, ein guter Kamerad, treuer Freund, so aufrichtig und natürlich, bescheiden und schweigsam, eine Seele, die keinen Verrat kannte.«

Es war Hjalmar Johansen, der »dritte Mann«, der die Heldentaten der anderen ermöglichte. Durch seine Geduld während der Eisüberquerung mit Fridtjof Nansen und seinen Aufstand gegen Roald Amundsen in Framheim eroberte er sich einen herausragenden Platz in der Polargeschichte.

Selbst als sie ihn im Stich ließen, blieb er ihnen gegenüber loyal.

Ohne Hjalmar Johansen hätten weder Fridtjof Nansen noch Roald Amundsen den Heldenstatus erlangt, den sie bis heute genießen.

Dank: Viele haben mir bei der Arbeit an diesem Buch geholfen. Besonders möchte ich mich bei dem Enkel Hjalmar Johansens, Fred Johansen, in Sørreisa bedanken. Er stellte mir unschätzbar wertvolles Quellenmaterial zur Verfügung und war während der Arbeit ein guter Gesprächspartner.

Dank schulde ich auch Åse und Reidar Jenssen in Skien. Sie wohnen heute in Hildas Haus in Snipetorp und haben sich seit langem mit Hjalmars Schicksal beschäftigt. Sie gewährten mir Einblick in ihr eigenes Material und vermittelten mir weitere Gesprächspartner, insbesondere Else und Bjørn Akelsen, Verwandte von Hjalmars gutem Freund Samuel Jørgensen. Auf diese Weise erhielt ich Informationen über Hjalmars Jugendzeit. In dieser Hinsicht waren auch Roger Kolstad und Ragnar Nilsen für mich wertvoll.

Ich hatte fruchtbare Gespräche mit Helge Ingstad und Arne Skouen, die mein Interesse an Hjalmar Johansen teilen.

Ferner gebührt mein Dank dem Roald Amundsen Biographen Tor Bomann-Larsen für seine nützlichen Informationen. Dasselbe gilt für Olav Bjaalands Familie in Morgedal, Fridtjof Nansens Biographen Roland Hunterford, Otto Sverdrups Biographen Per Egil Hegge und den Verfasser der Geschichte Tromsøs, Pål Christensen. Ich danke auch Susan Barr vom Polarinstitut, Tor Gardåsen vom Landesmuseum in Telemark, Torbjørn Trulsen vom Polarinstitut in Tromsø und Kåre Berg vom Frammuseum.

Schließlich danke ich meiner Lebensgefährtin Sidsel Wold. Sie hatte die Idee zu diesem Buch.

Ragnar Kvam jr.,
Oslo im Oktober 1997

LITERATURANGABEN

Amundsen, Roald: *Die Eroberung des Südpols: 1910–1912*. Mit einem Vorwort von Fridtjof Nansen. Übers. v. Pauline Klaiber. Darmstadt: Wissenschaftliche Buchgesellschaft, 1993.

Amundsen, Roald: *Die Nordwest-Passage. Meine Polarfahrt auf der Gjöa 1903 bis 1907*. Übers. v. Pauline Klaiber. München: Langen, ca. 1912.

Amundsen, Roald: *Mein Leben als Entdecker*. Übers. v. Georg Scharz. Leipzig/Wien: Tal, 1929.

Arnesen, Odd: Fram. *Hele Norges skute*. Oslo 1942.

Astrup, Eivind: *Unter den Nachbarn des Nordpols*. Leipzig: Haessel, 1905.

Austbø, Johan: *Olav Bjaaland. Idrottsmann og polfarer*. Oslo 1945.

Barr, Susan: *Fram mot Nordpolen. En hundreårsbragd. Framferden 1893–1896*. Oslo 1996.

Bomann-Larsen, Tor: *Den evige sne. En skihistorie om Norge*. Oslo 1993.

Bomann-Larsen, Tor: *Roald Amundsen*. Oslo 1995.

Borchenius, J.: *Skien før branden 1886*. Skien 1937.

Brox, Karl H.: *Eva og Fridtjof Nansen. Et samliv*. Oslo 1991.

Cherry-Garrard, Apsley: *The Worst Journey in the World*. London 1937.

Christensen, Pål und Gunnar Pedersen: *Tromsø gjennom 10 000 år. Ishavsfolk, arbeidsfolk og fintfolk. 1900–45*. Tromsø 1995.

Fuglum, Per: *Norge i støpeskjeen. 1884–1920*. Oslo: Cappelens Norgeshistorie, 1978.

Gardåsen, Tor Kjetil: *Slik var Skien ...* Skien 1986.

Gran, Trygve: *Slik var det*. Oslo 1945.

Gran, Trygve: *Wo das Südlicht flammt. Scotts letzte Südpol-Expedition und was ich dabei erlebte*. Übers. v. Adrian Mohr. Berlin: Wegweiser-Verlag, 1928.

Greve, Tim: *Fridtjof Nansen 1861–1904*. Oslo 1973.

Greve, Tim: *Fridtjof Nansen 1905–1930*. Oslo 1974.

Hagemann, Gro: *Det moderne gjennombrudd.* Oslo: Aschehougs Norgeshistorie, 1997.

Hanssen, Helmer: *Der harte Weg. Mit Amundsen im Kampf um die Pole.* Übers. v. Tabitha von Bonin. Wiesbaden: Brockhaus, 1955.

Hegge, Per Egil: *Otto Sverdrup. Aldri rådløs.* Oslo 1996.

Henriksen, Bredo: *Polarfareren Hjalmar Johansen og Skien. Et minneskrift.* Skien 1961.

Hunterford, Roland: *Fridtjof Nansen, mennesket bak myten.* Oslo 1996.

Hunterford, Roland: *Scott og Amundsen.* Oslo 1982.

Hunterford, Roland: *Shackleton.* London 1985.

Idrætsforeningen Odd: *Diverse Jubiläumsschriften.*

Jackson, Frederick: *A Thousand Days in the Arctic.* London 1899.

Johansen, Hjalmar: *»Om isbjørnjakt«.* Artikel für Northern Newspaper Syndicate. Kendal 1900.

Johansen, Hjalmar: *Nansen und ich auf 86° 14'.* In: Bernhard Nordahl: Wir Framleute. 2. Auflage. Leipzig: Brockhaus, 1922.

Kagge, Erling: *Nordpolen. Det siste kappløpet.* Oslo 1990.

Knutsen, Nils M.: *Nordens Paris. Vandringer i Tromsøs liv og historie.* Tromsø 1996.

Nansen, Fridtjof: *Auf Skiern durch Grönland. Eskimoleben.* Hrsg. und übers. v. Rudolf Kähler. Berlin: Volk und Welt, 1991.

Nansen, Fridtjof: *Brev.* Oslo 1961.

Nansen, Fridtjof: *In Nacht und Eis. Die norwegische Polarexpedition 1893–1896.* Neuausgabe, 4. Auflage. Wiesbaden: Albert, 1995. Neue gekürzte Ausgabe des bei F. A. Brockhaus, Leipzig, erschienenen zweibändigen Werkes.

Nansens røst. Artikler og taler. Bd. I: 1884–1905; Bd. II: 1908–1930. Oslo 1942.

Nansen, Fridtjof: *Spitzbergen.* 2. Auflage. Leipzig: Brockhaus 1922.

Nansen-Høyer, Liv: *Mein Vater Fridtjof Nansen: Forscher und Menschenfreund.* Wiesbaden: Brockhaus, 1957.

Nordahl, Bernhard: *Wir Framleute.* 2. Auflage. Leipzig: Brockhaus, 1922. (Fridtjof Nansen: In Nacht und Eis; Suppl.)

Østvedt, Einar: *Hjalmar Johansen. Et liv i dåd som endte i tragedie.* Skien 1967.

Østvedt, Einar: *Skiens historie.* Skien 1959.

Øverland, Janneken: *Cora Sandel. En biografi.* Oslo 1995.

Stubberud, Jørgen: *Mitt liv og mitt yrke*. Unveröffentlichtes Manuskript. Frammuseet.

Ytreberg, N. A.: *Tromsø bys historie*. Bd. II. Tromsø 1962.

QUELLEN

Öffentliche Archive: Frammuseet
Fylkesmuseet für Telemark und Grenland
Krigsskolens arkiv
Norsk Polarinstitutt
Norsk Sjøfartsmuseum
Polarmuseet in Tromsø
Riksarkivet
Gemeindearchiv in Skien
Staatsarchiv in Tasmania, Australia
Staatsarchiv in Tromsø
Gemeindearchiv in Tromsø
Universitätsbibliothek in Oslo, Handschriftensammlung

Private Archive: Else und Bjørn Akselsen, Skien
Familie Bjaaland, Morgedal
Åse und Reidar Jenssen, Skien
Fred Johansen, Sørreisa
Roger Kolstad, Skien
Ragnar Nilsen, Seljord

Tagebücher: Roald Amundsen
Olav Bjaaland
Sverre Hassel
Hjalmar Johansen
Fridtjof Nansen
Otto Sverdrup

Zeitungen: Aftenposten
The Mercury, Hobart, Tasmania
Morgenbladet
Tidens Tegn
Varden
Verdens Gang
Tromsø
Tromsø Stiftstidende

BILDNACHWEISE

Erling Kagge Frontispiz, 6, 265
Aschehoug 11, 137
Norwegisches Volksmuseum/Wilse 38
Gyldendal 39, 42, 81, 99, 142, 169, 177, 207, 229, 237, 251, 291
Fred Johansens Privatarchiv 75, 106, 211, 235, 256, 260, 323
Halfdan Egedius 203
Landesmuseum für die Telemark und Grenland/Nyblin 254
Norwegisches Polarinstitut 283
Tasmanian Museum 299, 304
Ditta Ahmadi & Peter Palm 332–335

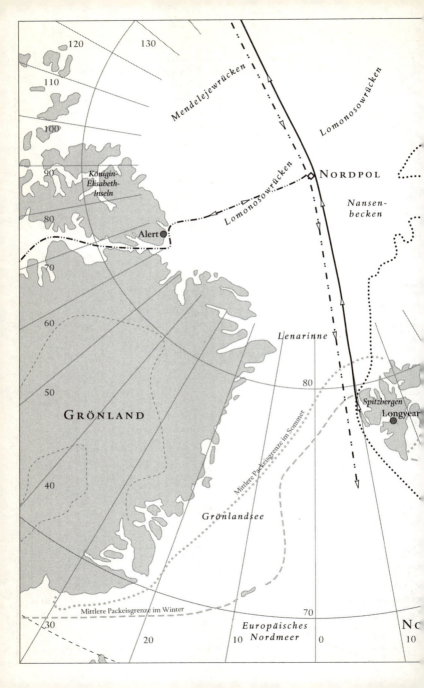

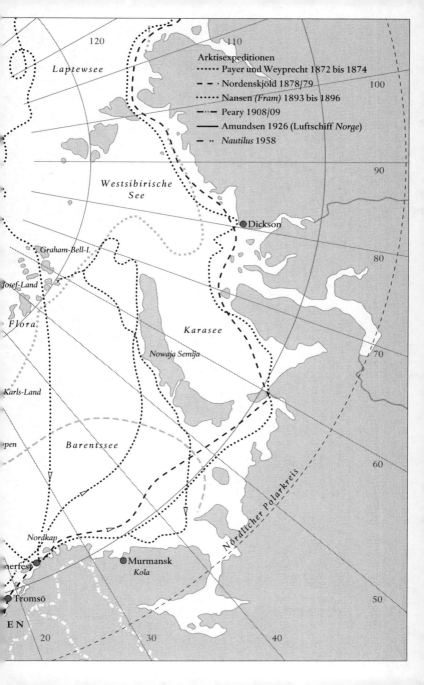

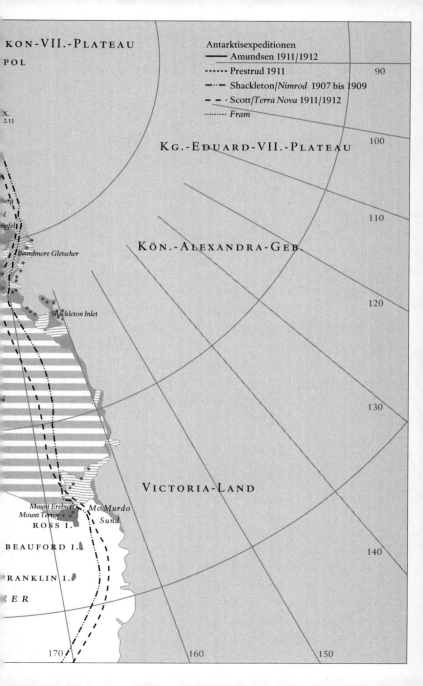